「催眠」人際術

現代人最該學的溝通法

張祥斌 編著

INTERPERSONAL HYPNOSIS

有意識、無意識、下意識、潛意識，都蘊含著內心的真實意思！
掌握看不見的心理節奏，才能真正改變關係

「說話」不等於「溝通」！
學會潛意識的語言，才真正打開人心之門
（想讓人喜歡你、相信你、跟你合作？）
說穿了，人際關係就是一場催眠術！

目錄

前言 005

第一章　催眠術的原理 007

第二章　解開心結：催眠的治癒力量 051

第三章　看懂他人：催眠式心理洞察 091

第四章　實戰催眠——人際中的攻心策略 193

目錄

前言

為什麼有的人年富力強卻事業無成？

為什麼有的人能力不如自己卻如魚得水、名利雙收？

為什麼有的人談吐高雅，每句話都能說到他人的心坎裡？

為什麼有的人對人際交往的高手一見傾心，言聽計從？

我們都知道人際關係是我們為人處世、得以進退自如的根本，相信大多數人都不願拒絕他人的友誼，而是渴望擴大交際圈，期盼結交更多的朋友。沒有人天生是交際天才，成就人際關係需要的是行之有效的心理策略。

我們身邊的人際交往的高手都掌握著一個不便透露的祕密武器——人際交往過程中使用的催眠術。在我們日常工作和生活中，催眠交流是一種很普遍、很有效的溝通方式。不管我們是否意識到這一方式的存在，有不少善於處理人際關係的高人在溝通中常常使用催眠的方法。儘管在人際交往中，有時我們並沒有察覺到被催眠，但是，我們都不可否認催眠術的客觀存在。

催眠術，是心理學最有前景的領域之一，它是人類潛意識的窗口，可以將人的潛能充分發揮出來。建立在催眠術基礎上的良好人際關係對我們十分重要：如何讓他人喜歡自己、

前言

如何讓他人積極效力、如何化解他人的敵意、如何了解他人的真實意圖……研究催眠術可以為我們揭密這些高超的交際技巧，本書可以教我們不露痕跡地運用心理催眠戰術，迅速化敵為友，變被動為主動，讓我們擁有超強人氣，成為人際關係的終極贏家。

本書針對華人的生活習慣、思考模式、工作環境、社會環境等闡述我們身邊的人際關係，教我們靈活處世的技巧和睿智生存的哲學。這也是一本破解催眠現象的入門書，本書簡潔明快地敘述了催眠的原理與技巧，使催眠術變得簡明、易懂、好學、好用。不僅學會怎樣防止他人的催眠，還能懂得如何催眠他人，掌握成就人際關係時運用的心理策略，並充分開發潛意識的神奇能量。

本書適合所有期待自己成就良好人際關係的職場、官場、商場、情場的有志人士。

人際關係如此重要，我們要破解迷夢，就需要懂得一些催眠術。

第一章
催眠術的原理

催眠術是以人為誘導（如放鬆、單調刺激、集中注意、想像等）而引起的一種特殊的、類似睡眠又非睡眠的、意識恍惚的心理狀態。人處在催眠狀態下最容易接受暗示，這個時候大腦思維，甚至身體都會出現身不由己的現象，會按照催眠師的指令做出一些不可思議的舉動。

在成就良好的人際關係中，催眠術這一心理策略占據著極其重要的地位。催眠術對人際交往雙方心理的正向影響猶如一次成功的心理重塑，讓對方剔除排斥、拒絕、怠惰、膽怯、懷疑的心理，培養對方接受、贊同、樂觀、勇敢、信任的陽光心理。可以說，催眠術在成就良好的人際關係中巧妙地扮演著心理醫生的角色。

我們要科學地看待催眠術，不要把催眠術想像得很黑暗、很恐怖，或者使其目的性太強。我們應該掌握催眠術的正向作用，應用催眠術理順我們的人際關係，擴大我們的社會交往，讓它更好地為我們的工作、生活而服務！

第一章　催眠術的原理

走進催眠術的世界

提到催眠術，我們在大量影視作品中多少也了解到一些，尤其是諜戰題材的影視作品中，特務人員經常把一個人催眠後再盤問出他心裡的機密。催眠術給我們的印象是，似乎用了它就可以探知對方的一切隱私。其實不然，影視作品中催眠術的這種神奇效果，絕大多數是為了提高故事情節的精采程度而人為誇大了的，不足為信。

醫學和心理學研究者認為：催眠需要催眠者和被催眠者雙方的有效配合，需要被催眠者對催眠者存在一定程度的信任，還需要比較適宜的環境，而且被催眠者很難違背自己內心根深蒂固的一些價值觀念。不可能像電影中演的這樣，僅僅說幾句話、做幾個動作就可以隨意控制一個人，那就不是催眠，而是神話故事中的魔法了。

催眠術究竟有多神祕，一些研究邊緣意識狀態的專家透過類似的研究和試驗解開了其中一些不為人知的謎團。接下來，我們客觀地走進催眠術，了解催眠術，探討催眠術的祕密，以及它在我們人際關係中的實際作用。

◇ 催眠術的歷史與演變

19世紀，一位德國醫生發明了一種神奇的「催眠氣流」療法，並應用在治療實踐中，治癒了一些病人。在此基礎

上，英國的一位眼科醫生詹姆斯・布雷德（James Braid）對這個發現進行了深入的研究。西元 1842 年，他根據希臘語的「睡眠」一詞發明了英文單字「催眠」，他當時的解釋是「催眠是一種神經疲勞而引起的睡眠狀態」。

總體來說，催眠術在 19 世紀曾引起研究的熱潮，包括精神分析學派的創始人西格蒙德・佛洛伊德（Sigmund Freud）也曾深受催眠術的影響。華人對催眠術的了解最早來自日本，「催眠」這一術語，最早是由日本的學者從西方催眠術的研究成果中翻譯來的，這個詞彙一直沿用至今。一百年多來，「催眠」這一詞語已經成為我們的習慣用語了。

催眠術作為心理學的一門分支學科，自 20 世紀早期走上實驗科學的軌道以來，逐漸為越來越多的人所關注。20 世紀後期，許多實驗心理學家們的介入，使得對催眠術的研究與探索步入了一個新的層次，英國、美國、日本等醫學催眠家協會陸續建立，並出版了各自的科學雜誌。現在，催眠術不僅是心理醫生及廣大醫護人員治療心理疾病的重要手段，還被廣泛應用於人類潛能的開發活動中。例如，在心理方面它可以提高人的自信心、激發潛在的動力、增強人的注意力及記憶力、提高人的學習能力與創造力，還能誘導人們對內心事件的回憶；在身體方面可以增強體能、促進健康、改善美容與減肥效果、治療失眠、戒菸戒毒、減輕生育和無藥物麻醉手術或拔牙疼痛等；在工作和生活方面可以改善人際關係、

第一章　催眠術的原理

去除不良習性、減輕壓力、消除恐懼、克服焦慮等等。

不僅如此，催眠術還被應用到管理工作中，藉助心理暗示的作用，提高管理效率和管理技巧；在市場行銷中，催眠術能增強顧客的購買欲和認知度；在人際交往中，催眠術還能提高人的社會交往能力和適應能力。可以說，催眠術已經成為人們向自己的潛意識索要能量的一種手段和途徑。

那麼，催眠和催眠術又是怎樣定義呢？1986年出版的《簡明大英百科全書》（*Micropædia*）對催眠的解釋是：「類似於睡眠，但對刺激尚保持多種形式反應的心理狀態。被催眠者似乎只與催眠者保持聯繫，自動地、不加批判地按照暗示來感知刺激，甚至引起記憶、自我意識的變化，暗示的效果還會延續到催眠後的覺醒活動中。」

事實上，隨著對催眠術的深入研究，各國的學術界對於催眠的定義一直都存在爭議，許多研究者根據自己的研究成果嘗試對催眠術進行新的解釋。查閱催眠術的相關資訊，不同的研究者或催眠師對催眠的構成原理或催眠狀態的解釋提出了不同的解釋理論：動物磁學理論、睡眠理論、暗示理論、精神病理論、精神分裂理論、精神分析理論、目標理論等形形色色的理論。這些理論從認為催眠是一種不可抗拒的魔力到認為催眠是一個人按自己知道的規則來活動的遊戲等，簡直令人眼花撩亂。這些爭議一直存在，至今統一的理論也未形成。這種理論之爭擴展到應用催眠術方面，人們也無法達

成一致的意見。因此,在為催眠術建立一個大家都普遍贊成的定義之前,還需要心理學家和醫學研究人士進行大量的試驗和研究。

那麼,催眠術究竟是怎樣作用於被催眠者的?被催眠者在這一過程裡的感覺又是怎樣的?催眠術與我們日常熟悉的心理學及心理活動的相關之處是怎樣連繫在一起的?有的專家認為,催眠術作為一種神祕而又令人迷惑的心理現象,它打開了通向潛意識的大門;有的醫學研究人員傾向於認為,催眠術是非睡非醒的狀態;有的評論家乾脆稱之為偽科學。但有一點他們是認可的:人處在催眠狀態下最容易接受引導和暗示,可以讓被催眠者做出一些事前設定的行為,乃至一些不可思議的舉動,因為這個時候,被催眠者的大腦,甚至於身體,都處於催眠者的操縱之下。

目前一個流行的觀點是接受並且認可催眠和暗示有些類似之處,但催眠的程度較暗示更深。催眠其實就是利用深入引導和暗示,讓被催眠者進入一種意識恍惚、注意力扭曲、似睡非睡的特殊狀態中。催眠狀態下的確可以做出很多清醒時不可能的事情,甚至喪失痛感、消除某段記憶、使心情愉悅、使自信心增強、使力量倍增的現象等等,這也許充分體現出了我們的自我意識對肉體發揮的作用。

我們解讀催眠術,目的是為了了解其在心理方面的正向作用和使用其成就人際關係的心理及行為的技巧。透過催眠

第一章　催眠術的原理

術關注的一些事項，及時破解對方的語言、行為、服飾、肢體動作中等蘊藏的隱祕心理和真實意圖。提高我們的交際能力、管理能力、工作能力、生活能力等。在日常工作和生活中，我們可以因勢利導對他人進行語言交流、行為暗示、內心探祕、情境製造、表情與動作感化等，使用催眠技巧的目的就是讓對方的觀念和行為發生有利我們的變化，使對方接受和建立一種新的行為模式。在了解和掌握其心理機制與規律的基礎上，探討催眠術中應用的方法與技巧，對提高我們的工作和生活品質有著十分重要的意義。

◊ 打開心理障礙的鑰匙

隨著社會文明的不斷進步，人們對事業的追求有了更強的動力，對幸福生活和身體健康也有了更高的追求，都希望能更好地展示自己、表現自己的個性，這就對人際交往提出了的更高的要求。然而現實中，許多人的人際交往都存在著諸多障礙，或者受到拒絕，或者受到排斥，或者受到孤立等等。產生這些問題的根本原因，基本上都是心理因素造成的，換句話說，就是心理障礙在發揮作用。

那麼究竟什麼是心理障礙？它的日常表現又有哪些？

心理障礙，英文名稱 psychological disorder。指一個人由於生理、心理或社會原因而導致的各種異常，在臨床上，常採用「心理病理學」的概念，將範圍廣泛的心理異常或行為異

常統稱為「心理障礙」，或稱為異常行為。

　　無論在職場還是社會生活中的人際關係，我們都清楚，一個人面對利益衝突、事業挫折、人際交往異常問題而不能及時妥善解決，就可能會因時間長、壓力大而引起心理障礙。這些心理障礙通常表現如下：拒絕症、強迫症、恐懼症、焦慮症、憂鬱症、身心疾病、人際關係緊張引起的煩惱、退縮、自暴自棄，或者表現憤怒甚至衝動報復。這些人往往是過度應用防衛機制而採取自我保護，且表現出一系列與人和環境有所衝突的行為。

　　催眠術跨越的心理障礙是指重新建立雙方認可的心理思維和心理健康，這是一種持續的心理情況，能充分發揮對方身心的潛能。不僅是要有工作效率，不僅是要有生活幸福，也不僅是有心理滿足感，而是能愉快地讓對方接受我們主導的某種規範、某種邏輯、某種思想和行為，以此確保個人既定目標的實現和人際關係的良好發展。

　　職場與社會交往提倡培養健康的心態、陽光的心態，也就是我們常提到的心理健康。這項容易被忽略的人類心理健康的重要指標，如今在各行各業正受到越來越多人的關注。一些基於解決心理障礙的應用成果正逐漸滲透到各個領域，我們探討的催眠術也是出於這一目的而進行的心理障礙疏通。

　　心理障礙在個人職業生涯以及生活中都有負面的不利因素，需要及時排解和疏導。心理學研究結果表明，一個人的

第一章　催眠術的原理

心理健康與否在相當程度上對其一生的發展有著至關重要的影響。健康的心態是事業成功的基礎、家庭幸福的根基、人際關係良好的基石。對於競爭激烈的社會，良好的人際關係還是人生美滿的護身符，是生活和事業的最佳助手。如果想擁有明察秋毫的智慧，想掌握八面玲瓏的人際關係，想建立事業輝煌的成功之路，就請了解一下催眠術，了解一下它在人際關係應用中的一些心理策略，這是幫助我們實現人生願望不可缺少的一段階梯！

為了改善生活品質和實現個人理想而打拚的年輕人是知識和智力水準都比較高的一個群體。求知欲強，接受新思想新事物快，善於學習和創新，心理發展趨於成熟，認知能力強，情感穩定且深刻，意志堅強，人格成型，是社會未來希望之所在。可是，由於現代社會變遷劇烈，年輕人面對的矛盾空前複雜，人與人之間的摩擦不斷加劇，心靈的碰撞日趨頻繁，內心的壓力經常超負荷，心理承受力卻相反表現得相當脆弱，在處理人際關係中經受不住壓力的衝擊，心理障礙大有越演越烈之勢。

我們探討催眠術的目的是為了跨越這種心理障礙，對目標對象進行深入了解和充分交流、改善敵對心理、解除心理困惑、化解心理隔閡、促進心理交流、提高抗壓性、跨越心理障礙、成就良好的人際關係等等。對工作和生活發揮到實際的輔助作用，提高我們的人際交往能力和社會適應能力，

樹立正向的陽光心態和健康的心理。

有鑒於此,我們在後面的章節中,透過對催眠術的深入研究和闡述,逐步介紹一些人際交往中行為動機與心理策略的一般知識。分別從心理認知、情緒引導、行為特徵、心理變化進行探討;對人際交往、職場發展、戀愛心理等幾方面闡述,分析人們常見的各種心理及行為現象,其中在每部分又以現象－解析－策略的形式具體分析,力求達到實用效果。

為什麼能夠被催眠

我們探討的催眠術的重點是把催眠術與人的言行、肢體語言、人際交往等結合起來,透過破解表象,識破對方內心的真實想法,進而採取適合的心理策略和應對策略,成就我們良好的人際關係為目的。許多催眠大師曾透露,大多數人都很容易被催眠,而且不需要太複雜的催眠技巧,也不管是陌生人還是熟人,只要掌握了一定的方法,就可以做到某種程度上的「催眠」。

人類具有利用自我意識和意象的能力,可以透過自己的思維,進行自我強化、自我教育和自我治療。實際上,人們早已應用自我催眠的暗示方法,如宗教儀式、印度的瑜伽術、中國的氣功術以及自我激勵等,都是以不同的方式實施自我催眠或者自我暗示。可見,催眠不僅完全不神祕,在我

第一章　催眠術的原理

們的日常生活中還隨處可見，能夠讓我們身心健康、精神愉悅，此類催眠暗示在人類的生活中具有非常重要的作用。

當我們把自我催眠的暗示程序和行為施加於其他人時，採用一些催眠術經常用到的語言和方法，就會影響到對方的心理世界，產生某種催眠現象。與在清醒狀態下的暗示作用相比，在催眠狀態下，暗示的內容更容易進入對方的潛意識領域，並且具有更強大和持久的威力。在催眠狀態下暗示對方，不僅能夠改變對方身體的感覺、意識和行為，還可以影響到對方內臟器官的功能。

催眠術大量應用了心理學的理論和技巧，心理策略的應用是促進催眠術成功的一個重要途徑，採用特殊的行為技術並結合言語暗示，使正常的人進入一種暫時的、類似睡眠的狀態。在催眠過程中，被催眠者遵從催眠者的暗示或指示，並做出配合反應。催眠能使受試者思維失去清醒時所具有的控制，落入一種較原始的思考方式，並按催眠者的指令進行幻想與幻覺的製作。可以使對方喚起被壓抑和遺忘的事情、說出真實想法、說出病情、袒露內心的衝突和人際關係的緊張等。催眠還可以作為一種治療改善方法（催眠療法），減輕或消除對方的緊張、焦慮、衝突、冷漠、拒絕、憎恨、失眠以及其他的身心疾病。

催眠最經常用作於改善個人的人際關係，透過心理技巧的運用，引導對方的言行，讓被催眠方從潛意識上接受催眠

方,把催眠方的個人魅力根深蒂固地種在被催眠方的心靈土壤上。這種應用心理策略的催眠方式對於合作程度日益廣泛、人際關係日益複雜的當今社會來說,可謂是一大法寶。

當前,還有一種較為流行的角色扮演理論受很多研究者的推崇,他們認為被催眠者在催眠者的誘導下,因過度合作而扮演了另外一個角色。這個過程中被催眠者的自主判斷、自主意願會減弱,感覺及知覺會歪曲或喪失。被催眠者因個體的催眠感受與催眠者的技巧差異而略有不同,大多數被催眠者都會以高度合作的態度做出某些回應。但又有很多學者站出來否認這是一種角色扮演,因為即使是最合作的被催眠者,也不會同意在不打麻醉藥的情況下進行手術。由此看來,人們在催眠狀態後仍然保留著自我防護的能力,不會按照催眠者的要求扮演不情願的角色,因此,這些學者堅持認為催眠是意識的另一種狀態,儘管他們還沒有完全將這一理論闡述清楚。

隨著現代科學技術的發展,人們努力探討催眠術的奧祕,使其不斷科學化、系統化,因而越來越引起人們的重視。心理學家發現催眠術是打開人們心扉的鑰匙,它能給予人智慧和啟迪。最主要的,它作為一種心理治療技術和心理引導技術,能使許多破裂的人際關係恢復如初;能使合作無望的生意重現生機;能使焦慮憂鬱的情緒隨風飄逝;能使危機四伏的職場柳暗花明,從而讓人體會到生活的美好之處。

■ 第一章　催眠術的原理

實踐證明，催眠術在心理疏導上具有一定的應用價值。遺憾的是，由於催眠術長期以來為宗教神職人員所掌握，又為一些江湖術士所利用，使它的聲譽受損，遭到非議。隨著心理學研究的不斷深化和提高，催眠術作為心理治療技術，近幾年也引起了心理學界和醫學界的重視，同時也受到各界的關注，相關研究機構對它的研究越來越深入，應用越來越廣泛，催眠術的應用在許多領域獲得了新生。

◊ 催眠術對心理的精雕細琢

催眠在某種意義上與心理治療（Psychotherapy）息息相關，都是以心理學的理論為指導，對目標對象的心理與行為問題進行矯治引導的過程，最終目的是確立目標對象的心理認同。在我們與目標對象的生理、心理及行為特點處於相互協調的和諧狀態時，雙方會同時產生相似的情緒穩定與愉快心情，這是心理認同的重要象徵。它表明對方的中樞神經系統與我們處於相對的平衡狀態，意味著生理機能和心理世界的協調，也意味著雙方的思維產生了共振。

人生活在社會中，就要善於與他人友好相處，合作雙贏，建立良好的人際關係。人的交往活動能反映人的心理健康狀態，人與人之間正常的友好交往不僅是維持心理健康的必備條件，也是獲得心理健康的重要方法。如果對方心理狀態複雜，在交往中又表現出心理活動的異常，或者存在嚴重

的心理障礙，就會導致我們在與對方交流的過程中感到情感表達受壓抑和內心被排斥的痛苦，或者會明顯影響到我們正常的社會交往。

一個和我們同樣心理健康的人，雙方的行為可以透過交流協調統一，其行為是受意識支配的，思想與行為是統一協調的，並有自我控制能力。如果一個人的行為和思想與我們的期望格格不入，甚至相互矛盾，比如：對方的注意力不集中、思想混亂、語言支離破碎、做事雜亂無章、不留情面、到處示威、拒絕我們的合理要求、陽奉陰違等行為。遇到這樣為人處世的人，想要與對方合作辦成一件事，談何容易？要想建立合作關係，我們就應該對這樣的人進行心理調節和行為疏導。從細節入手，對其心理世界精雕細琢，對其思想和行為進行疏導，為其制定出一個可行的調整心理健康的方案，逐步成就雙方的人際交往。

當然，我們先要改善的就是自身適應對方的能力，我們生活在紛繁複雜、變化多端的世界裡，一生中會遇到各式各樣的人，以及多種環境及變化。因此，我們應當具有良好的適應能力，從適應一個陌生人，到成就良好的人際關係為止。我們的心理健康不一定在每方面都有正向的表現，只要在工作、生活中，能夠正確了解對方、正確理解對方、正確對待人際交往，使雙方心理保持平衡協調，就具備了通向對方心理世界的基礎，實現促進對方心理認同、心理信任的基

第一章　催眠術的原理

本人際交往的目的。

催眠術對他人心理精雕細琢的過程是這樣的：

首先，我們應具有充足的適應力和判斷力，能充分地了解自己和對方，並對自己和對方的能力做出適當評價。

其次，制定的目標要切合實際，不要脫離現實環境，要能維持雙方人格的完整，善於從共同累積的經驗中學習。

再次，能保持良好的人際關係，能適度地發洩自己的情緒、控制自己的情緒，最關鍵的是促使對方的情緒朝向認可和接受我們的方向發展。

最後，在不違背雙方利益、不違背社會規範的前提下，能夠最大限度地發揮個性，協調對方的心理活動和心理認同，恰當地滿足雙方的最終需求。

這個看似複雜的過程，真正操作起來其實並不複雜。一個人的內心需求往往是隱藏在語言、動作和行為中的，只要破解了這些隱藏起來的密碼，對方的真實意圖就會呈現在我們面前。這個時候我們要做的，就是運用催眠術中常用的心理技巧引導對方的心理產生共鳴和回應。主導對方與我們的思想保持同步，或者直接掌控對方的心理活動，使其按照我們的既定路線步步落實，最終的目標是將一切想法變成現實。

目前，催眠術對心理的應用主要集中在以下幾個方面：1. 使用催眠技巧，提高自身應變能力；2. 改善人際關係，面對

工作和生活遊刃有餘；3. 心理調整，感受自信與充實；4. 減壓放鬆，消除雙方身心疲勞感；5.改善健康狀況，提高生活品質。

我們關注心理變化在工作和生活中的重要作用，儘管我們很努力地掌握和疏導心理活動，但還是會經常出現異常，或是遇到力有未逮的情形，其原因有以下幾方面：

1. 人的心理活動可以透過某些方式掩飾其內心真實想法，透過個體的言語和行為推測對方的心理活動過程時，可能會存在難度和偏差。

2. 心理活動受多種因素的影響，如環境、人際和社會文化關係等，而言語和行為更是如此，都具有很強的偽裝和欺騙性。

3. 心理活動的個體差異很大，有時候難以了解和掌握。

4. 正常的和異常的心理活動之間缺乏明顯分界，不易區分。

因此，在我們對他人的心理世界進行精雕細琢的同時，不要強行索取結果，也不要刻意使用某些催眠技巧，順其自然、水到渠成的催眠效果才是最可取的，也是最能站得住腳，而事後不被人反感的。

催眠術的多元應用場景

現代科學技術和社會經濟的發展，提高了人們生活水準，現代人在享受物質生活的同時也看重精神生活，關注生活品質的同時也關注著自己社會實現和人際交往擴大化的需

第一章　催眠術的原理

求。催眠術作為一種特殊的心理調整、心理溝通、心理接納和心理放鬆方式，在緩解都市人心理壓力、調整身心健康、改善人際交往、實現個人抱負等方面，具有獨特的優勢，能發揮特殊的作用。

人們越來越注重精神生活的品質，努力探討催眠術的奧祕，使其不斷科學化、系統化。催眠術作為心理調整和治療技術，成為有志者的助力。作為心理學的瑰寶，近幾年受到各界人士的關注，對催眠術的研究越來越深入，應用越來越廣泛。在心理保健和醫學界、商業界、教育界、體育界、司法界、現代職場等領域已得到廣泛應用。

隨著年齡的增長和社會活動範圍的不斷拓展，我們與他人的接觸越來越多，處理微妙複雜的人際關係是每個人所不可避免；各式各樣的競爭強度也越來越大，人與人之間的收入、社會地位等差異越來越顯著。生活在這樣一個紛繁複雜和撲朔迷離的社會環境裡，就要求我們必須具備較高的抗壓性和心理策略來適應這個時代與社會的要求。現在人們已經開始意識到了心理策略的重要性，越來越關注自己以及與自己朝夕相處的親友、同事、上級、客戶，以及不期而遇的陌生人的心理起伏狀態。催眠術恰恰為我們提供了建構和諧人際關係的諸多實用技巧和心理策略，成為我們工作、生活中生存和發展的攻防利器。

當今社會的激勵競爭，自然科學的飛速發展和資訊時代

的觀念更新,我們所處的社會也在發生著前所未有的變化。工業化、現代化、社會化、一體化、資訊化程度在不斷提高,人們的生活節奏不斷加快,資源越來越寶貴,人們也越來越為效益所趨使。如果想提高自己的生存和競爭能力,必須讓更多的人了解自己、接受自己、認可自己。這就需要增加我們了解、掌控身邊人與事的本領,為自己盡可能創造發揮空間,從簡單的勞動過渡到自主的、創造性的勞動和高級的智力勞動,主宰自己的人生方向。

因此,了解和掌握一些催眠術的心理策略和技巧,我們會發現,這是送給自己化解壓力、改善不利局面的最好禮物,是幫助我們處理好人際關係的祕密武器。它可以透過雙向的心理調整,讓我們感受到接受與信任、理解和支持,改善不良的敵意,提高工作和生活的品質,提高自身的應變、交際、解決實際問題的能力。

我們每一個人的心理世界都有脆弱的地方,在生命歷程中不可避免地會受到他人的心理傷害。因此,很有必要學習一些實用的心理策略,了解一下催眠術。

我們面臨工作和生活中的各種壓力,大部分年輕人都不具備他們年齡層應有的最佳狀態,只是處於一般發揮與潛能深藏之間的狀態中。實際上,我們離自然賦予我們的能力還有很大的差距,掌握催眠術這一本領,將會充分地挖掘出個人的潛能和機遇。讓我們運用科學的方法來提高和改善我們

■ 第一章　催眠術的原理

的生存技能，以較好的身心狀態工作、生活，交友、戀愛、享受美滿幸福的人生。

潛意識的再建工程

一個人被催眠後，會進入一種自我超脫的狀態，就好像來到一座神祕的世外桃源。在這裡可以受激勵進入超然的潛意識中，俯視人生的美景，領略高超的心智魅力；可以深入現實的潛意識中，探尋壓抑的根源，進行樂觀向上的心理治療；可以享受各種不同的催眠意境帶來的奇妙功效。例如，重溫留連的夢境、連結記憶的碎片資訊、重溫童年乃至生長過程的記憶等等。

進入催眠狀態的人，會徹底放鬆自己的身體和平時自控的心理，體會到催眠所帶來的安靜、放鬆、暖洋洋的感覺。收穫的不僅僅是一次催眠效果，而是一次真正意義上的心靈之旅，也是心理世界的重塑，促使雙方的人際關係向著和諧的方向發展。

◊ 催眠後的潛意識療法

催眠讓人進入一種似睡非睡的狀態中，在這種朦朧的狀態下，人的感官和身體會變得高度靈敏，注意力高度聚焦，

心理處於開放接受狀態，能輕鬆地回憶起遺忘的事情，接受催眠師正面的建議來改善自身的心理和生理問題。這是催眠術在社會和生活中最受人歡迎的一種方式，事實上，許多被催眠的人，身體和心理處於非常舒服和寧靜的狀態，還常常因為催眠狀態太舒服而不願意回到現實，可見催眠帶給人的安撫和憧憬是多麼令人神往！

催眠後的潛意識療法可以幫助被催眠者從身體到心理進行一次徹底的洗禮，這種脫胎換骨的感覺可以從以下幾方面來了解：

1. 催眠後會輕鬆地讓人們拋棄一切精神負擔。

由於負面情緒是一種生理與心理方面的互動作用，如對自身期望值超出了自身能力，導致不勝重負，面臨內外界雙重壓力，就會表現出一系列心理症狀：心理不放鬆、煩躁、包容性差等。此時透過催眠術讓心靈休息一下，將會有助於放鬆平時緊張的身體和心理，改善心情，緩解生活中的壓力。

在催眠的作用下，隨著身體放鬆，心理也會跟著放鬆，漸漸清除雜亂的思緒，猶如躺在暖暖的陽光下，不再被壓力、焦慮、悲傷、挫折、恥辱、失敗等各種負面情緒所影響。這就是催眠術要達到的基本目的，透過進入對方潛意識，用各種正向的暗示抹去諸多負面的心理陰影，使被催眠者增強主動接納催眠者的意願。

第一章　催眠術的原理

潛意識療法同樣也適用於我們自身。生活中具有優秀抗壓性的人，基本上都善於排解自己精神壓力、自我釋放、自我安撫，他們實際上已經成為「催眠」自己的大師了。

2. 催眠後可以幫助人們重拾自信，勇於面對考驗。

2010年10月，美國史丹佛大學心理學教授卡蘿·德威克（Carol Dweck）等人發表的一項研究指出，堅信自己擁有強大的心理潛能，並勇於挖掘，會激發頑強的意志力，使精力更旺盛，心裡更有「韌勁」，從而可以更冷靜地面對偏見、傷害和挫折，最終一步步贏得成功。

當今，許多人的心理十分脆弱，沒有自信可尋，一副得過且過的樣子，他們最需要的就是重拾自信。

催眠術就是樹立自信心最好、最直接的辦法，用靈魂深處的「手」拔去心靈荒漠上的野草。「有志者」真能「事竟成」，心情消沉時，不妨大聲對自己說：「我能！」

事實證明，自我催眠也會促使潛意識接受正向的暗示，建立自信心，勇於面對考驗。

3. 催眠後可以幫助人們產生驚人的超能力。

人的潛力是巨大的，平時無法發揮出來。在催眠的狀態下，大腦大部分功能處於無意識的狀態，而潛意識卻非常活躍。此時，催眠師透過指令與被催眠者進行交流，潛意識就可以調動全身的力量，使身體達到超與常人的狀態。

潛意識的再建工程

　　科學家們做過一個催眠的試驗，要人們伸出雙手托磚，時間越長越好。人們在一般狀態下只能托 5 分鐘，而處在催眠狀態下的女性能托半小時。斷層掃描影像表明，在正常情況下，大腦的兩個半球同時在工作，而在催眠狀態下，只有負責情感和藝術創造力的右半球在活躍，它像是「壓抑」了負責邏輯和智力的左半球的任何企圖，讓人只知道托著。

　　這個發現說明了潛意識在催眠中發揮的作用，令人感到驚訝的地方在於托磚被認為是一種無意識的過程。然而事實是，催眠中採用了一種特殊的暗示，透過改變大腦的活性從而顛覆了這一過程，研究者認為，這意味著催眠可以用來啟用和關閉大腦特定的某個區域，從而將另一個區域的功能發揮至極限，出現超乎常人的能力。

　　4. 催眠後可以幫助人們調整不良的生活習慣。

　　在醫學領域和日常生活中，催眠被應用得最廣泛，一些商業機構開始採用催眠術幫助人們戒菸、戒酒、減肥、規劃生活起居和使飲食規律等，甚至還可以幫助女性瘦身、豐胸等。

　　在了解了目標對象的內心想法和需求後，催眠師運用「催眠後暗示」的技巧，將一些健康的信念輸入當事人的潛意識裡。例如，在催眠中告訴他：「以後，看到點燃的香菸，會感覺到發自內心的厭惡和反感，一點也不會想把它吸到肺裡，抽菸是很沒品味的事情。」或者，對想減肥的人，可以

第一章　催眠術的原理

在催眠中告訴他：「從今天起，開始吃綠色健康的食物，每天做運動，燃燒掉體內多餘的脂肪，你已經吃了足夠身體所需的營養了，就不要再吃多餘的食物了。」

催眠術就是用這樣的方式幫助人們以比較舒適、自然的方法來完成戒除不良習慣的重任。如果我們仔細回想一下自己戒除某些不良生活習慣的過程，最先也是由隨時在大腦裡提醒自己開始的，漸漸變成潛意識認可和接受的一種行為。

催眠是與潛意識進行溝通，跟睡眠並沒有關係，它只是把潛藏在潛意識裡面的力量激發出來，但並不是每一次都能成功。每個人都具有心理防禦機制。雖然每個人都能接受催眠，但催眠術並不適用所有人。

潛意識療法是一種非常有效的心理重塑，其主要原因正是因為催眠能夠直接進入潛意識的層面，搜尋深層的心理變化以及封存的記憶，直接與潛意識對話。有些人對催眠後的潛意識療法還有顧慮，催眠後對潛意識的接觸會不會暴露個人的隱私？會不會做出破格的行為？在這裡可以明確地告訴大家，就算進入催眠狀態，也不會被他人完全控制，去做違反自己道德準則的事，或者去說自己不想說的話。人天生具有自我保護的能力，會在最關鍵時刻防止自己身體和心理受到傷害，因此，不必對潛意識療法心存顧慮。

超能力與人類潛能

其實在我們每一個人的身體裡,都隱藏著屬於自己的特殊能力——超能力,沒有顯現出來的原因就是這份特殊的能力還在體內沉睡,沒有被喚醒。如果我們不介意自己變得與眾不同,就趕緊看看隱藏在體內的,究竟是一種什麼樣的超能力吧!

在人類不斷追求知識進步的過程中,由於對自身存在於社會的安全感和征服感並非十分滿足,在處理許多人生問題上往往顯得力不從心,於是有許多人幻想自己能夠擁有超能力,或者是想要藉助某些擁有超能力的人的力量來為自己解決困難。這就形成了一種需求,而當這個需求形成時,就必然會有一些人為了解決需求而出現,以便為大眾答疑解惑,滿足大眾的急迫心理需求。

超能力通常是心靈感應、透視力、感知立、預知力等的總稱。我們可以看到,前面對催眠術的闡述,實際上就是對這幾種特設能力的提煉,其目的是提高自身適應能力和應變能力。人都有所謂的意識和潛意識,一般人工作、生活的時候,都是運用意識的力量,看不出有什麼異常的能力。然而,世界潛能大師布萊恩・崔西(Brian Tracy)曾經說過:「潛意識的力量比意識大三萬倍以上。」任何的超能力都和潛能開發分不開;任何超能力的實現,都是透過刺激潛意識,而

第一章　催眠術的原理

催眠術恰恰就是最有效最直接的方法。

有人認為超能力只是少數特異人士才擁有的神奇力量，其實我們每個人都具備這種能力，只不過人類壓抑潛意識的大腦新皮質過於發達，使得這種能力被封存起來。相反，許多動物的大腦組織幾乎都是由古老皮質組成，因此能夠發揮超常能力，這也解釋了為什麼許多動物相對於人類而言，存在某些奇特的本領。

人類喜歡追逐力量和控制外界萬物，每個人都希望自己成為出類拔萃的超人，能夠做到一般人所不能做到的事情。想想看，如果自己能夠輕鬆引導他人按自己的意識做事，這是多麼令人興奮的事。如果在這一過程中，自己和對方的某項特長或能力被充分調動起來，實現雙贏的意義就更大了。

催眠大師可以深入和激發被催眠者調整意識狀態到不同的層次，如果刻意地轉到特異功能的層次上，超能力就會被自然地激發出來。如果有人在進行心理催眠治療時，因為解除了某些內在的情結，打通了某些淤積的脈絡和能量，意外地開啟了特異功能，就可能會引發超常能力出現，這是被催眠者最樂於接受的，也是催眠者事先期望達到的目的。

◊ 催眠中的心理整形

心理醫生是人們普遍認可和願意袒露心扉的「催眠師」之一。隨著社會交往的進步、生存壓力的增大，人們因性別、

職業、生活環境、文化修養、心態的不同，而對工作生活的壓力、社會需求等出現了明顯的個體差異。心理醫生則能夠在升學、求職、戀愛、婚姻、社交等諸多方面提供人們可行的建議和良策。

誰都無法否認心理健康在人與人交流中的重要作用，它傳達著個人獨特的訊息。對於那些讓我們很失望的人來說，「心理整形」無疑就是改變對方態度的迅捷手段，進而促進個人的成功。我們把催眠術採用的方法應用在那些曾經拒絕我們的人，或者是遭受打擊、被排斥的人，又或是做事情拖拖拉拉、沒有自信心的人身上，都是一次觸及靈魂深處的心理整形。透過催眠技巧改變對方心態來重建心理層面，從心理學的角度而言，也是一種很好的心理整形。很多人透過心理整形後，親和力和認同率大增，進而取得成功的機會就大大增加。

在日常交往中，有些人會表現出強烈的拒絕和控制的行為特點，他們不在意別人的看法、忽略別人的存在……這部分人擁有強烈的「自我觀念」，他們缺乏人際交往中的包容，比較狹隘。與這類人交往，我們往往處於劣勢，他們是最不適合一起合作的人。因此，對這些人進行心理整形的意義就十分重大。首先要對排斥的行為進行心理調整，逐步採用催眠技巧對目標進行全方位、多方面的心理整形，讓他們充分認識自我，讓他們充分了解到自我價值，意識到人的最終目的是為了體現自己的價值，而不僅僅與自我有關。

第一章　催眠術的原理

　　我們可以把心理整形和美容整形連繫在一起理解這個詞彙，美容整形是要讓人的外表變得美麗、帥氣；而心理整形則是處理人們的情感、心理、社會需求以及渴望等，心理整形在相當程度上是心理社會化的過程。

　　我們都認可完美是心理與現實的雙重追求，完美包括很多方面，健康美、個性美、身體美、外貌美、心靈美……這些美都不是單獨存在的，而是緊密結合在一起才組成了一個完美的人。一位外表很美的人，言談舉止卻很粗俗，並且工作責任心低下，與這樣的人合作，我們就會面臨很多難以想像的困難。

　　成就人際關係中，對心理整形要有足夠的了解和心理準備，出現問題也要以樂觀、正確的心態面對，一般的牴觸問題都是可以消除的。調整目標對象的情緒必不可少，催眠術的實施其實對目標對象也是一種心理刺激，大多數人對此還是樂於接受的，特別是雙方愉快交流時。主導者要善於引導目標對象和掌握方向，讓對方有所收穫，消除顧慮和其他一些不良心理。

　　心理整形之前，要多花些時間同目標對象做雙向交流，甚至可以巧妙地透過一些心理測驗表，了解目標對象心理狀態。對心態有異常者，要首先解決其心理問題，對的確需要心理整形的人，也要在整形前、整形後做好心理疏導工作，幫助他們正確面對心理整形後的自我。

　　心理整形應該在雙方雙贏的基礎上進行，而不是盲目地要

求改變對方。在這種非理性的情緒下,即便實施心理整形,也極有可能不滿意效果,造成對方的心理障礙,引發更多矛盾。我們也要客觀地理解,心理整形不是萬能的,不可能透過一次或幾次就改變對方的態度。因此,有必要認真分析自身的實際需求,對整形的預期效果等問題有一個正確、深刻的認知,多進行一些心理交流。防止對方出現心理偏差,在排除心理障礙,幫助他們樹立正確的健康心態之後,再做疏導。

催眠術中的心理整形與我們的工作生活息息相關,它不但主宰著我們的人際交往、影響我們的工作,還能指點我們的為人處世。

催眠後的超意識現象

催眠是一種有效的心理治療技術,許多醫學治療方法不見效果的個案改用催眠治療後,就可能迅速揪出真正的病因,大幅縮短治療時間。其主要原因是催眠能夠直接打開橫亙在顯意識與潛意識之間那道水閘,直接進入潛意識的黑盒子,搜尋深層的創傷、壓抑、欲望以及久遠的記憶;曝光那些顯意識裡想隱藏、想偽裝的事情,直接與潛意識對話,向潛意識輸入新的指令。潛意識在新指令的激發下,可以讓目標對象獲得實際的非凡體驗,一種無盡的喜悅和成功感油然而生,在行為上出現超意識現象。當催眠結束時,這種強烈的超意識狀態,能使整個人精神煥發、朝氣蓬勃,若以亞伯

第一章　催眠術的原理

拉罕·馬斯洛（Abraham Maslow）的話來說，稱之為「高峰經驗」也不為過。

絕大多數人總是認為，催眠現象只是發生在催眠師的施術過程之中。其實，這是一種誤解。毫不誇張地說，催眠現象每時每刻都發生在我們工作和生活當中。環境催眠在我們的生活中就十分普遍，人的情緒容易受環境的左右，自然環境影響著人，人造環境就更能影響人的心理。婚慶場合的裝飾，讓人置身於其中就感到喜氣撲面而來；悼念場所的布置，人身臨其境就會神色凝重；宗教建築的高大而奇特，會使人頓生神祕、敬畏之感……

當然，這是一種類催眠現象，形式上與正式的催眠現象有所不同，但其機理、作用、本質，與正式的催眠現象別無二致。其效果作用，也不遜於正式的催眠術。很多這樣的例子可以證明這一切，比如：企業文化的薰陶、軍隊精神的傳遞、團隊力量的發揚、家庭崇尚的繼承……這些類催眠現象大多被賦予正向的意義，十分易於被我們接受和傳承，久而久之，這些現象的內涵就深深印在我們的頭腦中，成為我們畢生信仰的精神力量。

催眠後的超意識現象是結合催眠、深層溝通、NLP（神經語言程式學）為技術基礎，融合心理學、超心理學、行為學、神祕學（催眠看到前世）等，結合被催眠者本身困擾已久的事件、情緒、心理、生理反應為探討的媒介，由催眠師引

導被催眠者自己道出心緒過程,並由催眠師引導被催眠者深入了解自己的潛意識想要表達的意念及超意識反應。超意識反應讓被催眠者心甘情願地用自己提出的新習慣去取代原有的行為,並願意持續將新的習慣轉成正向的行為,即被催眠者發自內心地願意解脫自己原有的束縛。

我們運用催眠後的潛意識能完成一些不可能的行為,潛意識是不同於顯意識(也就是一般人的淺層意識能力),有些研究者將其理解為神祕的第六感、第七感,以及人的心靈感應等,這些觀點在一定程度上都可以連繫在一起。

催眠術在 20 世紀被心理學家作為一種心理治療的工具而使用,並在心理治療上取得了驚人的成果。心理暗示已成為了催眠術的主要核心手段,在研究成果上,催眠術被稱為潛能開發術,並認為具有開發智慧的作用與探究超意識的功能。

催眠被認為是一種異常的「睡眠」狀態,正如一些精神分析派理論所說,催眠實際上是一種心理退化狀態,這種狀態也曾在《夢的解析》(The Interpretation of Dreams)中被佛洛伊德提到過,角色扮演與變異的知覺表明了典型的催眠現象。如手臂僵硬、出現幻覺,以及意念想像都可以用語言暗示的深度催眠中得到。

被催眠者基於對催眠者的信任和默契,才會出現超意識現象,在恍惚狀態中超意識會越來越強,隨著幻覺與想像的誘導,從而產生了超凡的能力。有人聲稱自己看見了前世,

■ 第一章　催眠術的原理

有些人宣稱產生了特異功能，一時間，催眠術帶來的超意識現象彷彿具有了超越科學的神祕之處。

其實，超意識行為不是沒有原因的，總有一種力量、一種動因、一種源頭導致非科學解釋行為的出現。過去人們總認為是冥冥中的神在顯示祂的威力，現在我們明白了，那是人們在生活中受到了某種潛意識力量的激發：可能是他人，可能是自己，可能是自然環境，可能是社會環境的操縱所至。我們只有正確看待這種超意識現象，才能更好地利用它改造自我、改造世界。

◊ 從不能到無所不能

催眠的神奇作用讓許多被催眠者不斷突破自我，挑戰個人承受的極限，達到個人行為奇蹟的高峰，帶來無所不能的震撼。催眠給予我們最多的啟示就是幫助被催眠者自己實現從「不知」到「頓悟」的這一過程。實際上，這種醍醐灌頂的「頓悟」並不神祕，更非偶然，完全有規律可循。表面看來，頓悟似乎是「偶然所得」，其實卻是「長期累積」的必然結果。

由於人們長期研究、思考某一個問題，蒐集了大量的資訊，做了無數次的嘗試，付出了辛勤的勞動，使得大腦因疲勞而處於抑制狀態，思維變得有些遲鈍。這時，如果放鬆一下，讓大腦得到適當的休息和調整，把注意力轉移一下，大腦就會重新處於興奮狀態，思維活動也格外敏捷，就有可能

茅塞頓開、恍然大悟，產生思維上的突破和飛躍。

俄國化學家德米特里‧門得列夫（Dmitri Mendeleev），為探求化學元素之間的規律，研究和思考了很長的時間，卻未取得突破，始終找不出其中的規律。為此，他把這些元素的內容寫在一些撲克牌大小的硬紙片上，抽空就拿出來把玩，苦苦思索其中的規律，可是一直沒有進展。大概是太勞累的緣故，有一次他倒在桌旁呼呼大睡，睡夢中看到各種元素的硬紙片排來排去，竟然按它們應占的位置排好了順序。一覺驚醒，門得列夫立即將夢中得到的週期表寫在一張小紙上，後來發現這個週期表只有一處需要修正。

心理學家把這種突然地、意想不到的頓悟或理解叫做直覺，這是一種普遍的現象，也是顯意識與潛意識融會貫通的結果，確實魅力無窮。

20世紀最偉大的科學家阿爾伯特‧愛因斯坦（Albert Einstein）說：「真正可貴的因素是直覺。」德國物理學家赫爾曼‧馮‧亥姆霍茲（Hermann von Helmholtz）說，他的許多巧妙設想，「不是出現在精神疲憊或伏案工作的時候，而常常是出現在一夜酣睡之後的早上，或者是天氣晴朗緩步攀登樹木蔥籠的小山時。」還有些科學家的靈感和頓悟發生在病榻之上，愛因斯坦關於時間空間的深奧概括是在病床上似睡非睡的狀態中得來的。生物學家阿爾弗雷德‧羅素‧華萊士（Alfred Russel Wallace）關於進化論中自然選擇的觀點是在他發瘧疾

第一章　催眠術的原理

時昏昏欲睡中想到的。

簡單地說，當人在清醒狀態中時就是顯意識發揮主導作用，它掌管人的思考、邏輯和分析；而潛意識掌管人的身體、情緒習慣、能量、記憶、想像力。潛意識通常 24 小時運作，並且隱藏在顯意識背後，很難被注意到。在人們在睡覺，或者病中思緒肆意放縱時，或者被優美的山水景色催眠時，潛意識與顯意識猶如風雲際會，水火交融，神（潛意識）與意合，電光火石之間就完成了這一過程，化腐朽為神奇，變不能為無所不能。

學會掌握催眠術

當人們處於催眠狀態中，身心放鬆而寧靜，潛意識清晰而專注，我們就可以像打開顯微鏡觀察微生物世界一樣看到人們內心起伏的念頭，覺察的光會向更深的幽暗角落探照下去，看清一切內心隱祕的活動！催眠術可以幫助我們識破他人表面的偽裝，看見內在的真相；催眠術可以幫助我們聽見其內心真實的聲音，看見自己和他人的心理運作模式。掌握了催眠術，就可以了解自己和了解他人，幫助我們從工作、生活的困擾中走出來，活出精采，活出尊嚴。

正向催眠術

二戰結束之後,隨著催眠術的廣泛研究和實際應用,催眠術獲得的讚譽不計其數,成功地幫助人們處理了許多工作、生活中的難題,以及一些人際交往中的心理障礙問題。我們可以將這些具有正向意義的催眠術稱之為正向催眠術。

1950年代後,隨著社會各界人士的宣傳,催眠術發展得非常迅速,各類催眠研究機構、催眠治療機構等如雨後春筍般出現。近年來,許多心理諮商部門和醫療機構也開始運用催眠術幫助人們解除一些身心痛苦,越來越多人開始用科學的眼光來看待催眠術的神奇功效。

強調一下,催眠並不是讓他人睡眠,而是催眠師運用心理學手段在目標對象頭腦中喚起的一種非凡意境,這種意境能使人的心理對生理的控制力量發揮到最高水準。具體點說,正向催眠術可以使人失去痛覺,從而接受無痛手術;可以減輕心理壓力,強化生存意志;可以消除心身疲憊,矯正不良習慣;可以剔除心理陰影,樂觀面對人生等等。最有價值的是,正向催眠術能大幅度提高被催眠者的記憶力,這已被大量實驗所證實。這是因為,在催眠狀態下,被催眠者的思維同催眠師的指令進行「單一連結」,外界的一切對被催眠者都不構成干擾,從而使注意力和頭腦思維達到最高極限。正因為如此,國內外一些心理學家已把催眠術作為開發青少年智力的手段之一;也有一些機構把催眠術作為特定人員技

第一章　催眠術的原理

術強化訓練的方式，大大縮短了學習複雜技術的時間。

前面我們已經提到，催眠術開發潛意識的第一個方法，就是不斷地授予被催眠者一些想像，改變其內在的影像和圖片；第二個影響潛意識的方法，就是不斷地暗示，或是所謂的自我肯定。人們想要實現一個目標時，就會不斷重複地唸著它，這種正向的催眠暗示也可以施加給我們自己。假設我們想要成功，就默唸我們會成功，我們一定會成功；假設我們想賺錢，就默唸我們很有錢，我們一定會很有錢；假設要讓自己的業績提升，就告訴自己，我的業績不斷地提升，我的業績一定會不斷地提升。同樣的道理，催眠者透過催眠他人，把這些正向的暗示灌輸在被催眠者的潛意識中，當被催眠者的潛意識接受這樣指令的時候，所有的思想和行為都會配合這樣一個想法，朝著預定的這個目標努力，直到實現目標為止。

多年來的催眠術研究表明，正向的催眠術在不同的方面已經驗證了潛意識開發後的巨大威力。許多被催眠者的潛意識得到激發，整個人充滿自信和動力，取得了事業和生活的成功。這些事實告訴我們，財富、成功之間是有一條祕密通道的，當這條通道被我們發現和掌握後，我們的財富和成功之路將是暢通無阻、勢不可擋的！財富和成功要靠自己的付出獲得，在知識和機遇有限的條件下，掌握催眠術，就可以額外獲得與他人交往的經驗，發現人際溝通中的癥結所在，進而採取妥善的解決辦法。

無論是他人還是對自己，正向催眠術都有這些顯而易見的好處，我們不妨試著了解並接受它。新事物總是容易受到排斥，然而，期盼人際關係成功的人總是勇於嘗試。在了解和學習催眠術的過程中，我們要注意選擇具有正向意義的催眠技巧，幫助我們和他人實現雙贏。

負向催眠術

催眠術誕生以來，就一直飽受指責，這和一些本性惡劣的人運用催眠術實現個人卑鄙的目的有關，使得原本科學的名詞「催眠術」的名聲大大受損。我們將這些利用催眠術作惡的稱之為負向催眠術。

催眠過程中，被催眠者總是有一定的顧慮，擔心遇到身心的傷害，催眠術如果使用不當，的確會對人的身心有很大影響。歷史上確實出現過一些利用催眠術大行個人野心的人或團體，大至阿道夫‧希特勒（Adolf Hitler）、貝尼托‧墨索里尼（Benito Mussolini），小至奧姆真理教的麻原彰晃、人民廟堂的吉姆‧瓊斯（Jim Jones），他們在一定程度上都利用了人性本質中的弱點達到其邪惡的目的。一般而言，對集體催眠比對個體催眠還要相對容易一些。他們透過「廣義的催眠術」，激發人的鬥志和向心力，同時也調動出人的獸性和邪惡，帶給人類和社會可怕的災難。遇到邪惡的催眠師是非常危險的，或者說，邪惡的民眾領袖掌握和使用了催眠術，就是等於控制了一群沒

第一章　催眠術的原理

有判斷力的狂熱分子,可以憑著自己的意志恣意妄為了。

我們一方面為人類接受他人催眠的巨大潛力驚嘆不已,同時也為人類所存在著的弱點深懷憂慮。如果真正了解了催眠術,就會知道,如果發生了這樣的情況,那麼被催眠者自己在道德上也一定存在著問題。催眠術是把雙刃劍,只有很好地研究和使用才能避免它的危險。我們日常生活中的明星效應(尤其是影視明星)、電視廣告、會議行銷、所謂的氣功大師、神醫現象等等,其實都是在自覺或不自覺地利用著催眠術引導和操縱著他人的思想和行為。這種情況,就是堂而皇之地利用媒體對民眾進行的集體催眠。

有這樣一個真實事例,一位催眠師讓被催眠者去殺害自己丈夫,由於被催眠者內心深處強烈排斥這種犯罪行為,催眠師的險惡目的沒有實現,自己反而鋃鐺入獄。因為追根究柢,催眠術的成功首先取決於被催眠者與催眠者合作,是被催眠者的一種自願行為。如果催眠者發出的暗示指令強烈地違背被催眠者的心願,那麼被催眠者就會立即醒來。

催眠師的行業門檻很高,需要接受專業嚴謹的培訓,透過心理測試,證明具備良好的抗壓性和職業道德才能勝任。所以,大可不必對催眠有恐懼心理,每個人的潛意識有一個堅定不移的任務,就是保護自己。實際上,即便在催眠狀態中,人的潛意識也會像一個忠誠的衛士一樣保護著自己的身體和道德底線。催眠能夠與潛意識更好地溝通,但不能驅使

一個人做他潛意識不認同的事情,所以不用擔心會被控制或者暴露自己的祕密。催眠師也應將催眠過程中的情況為被催眠者保密,這是基本的職業道德。

因此,我們使用催眠技巧時要注意避免帶著損人利己的想法,催眠固然有許多強大的功能,但不要濫用,要知道許多事情的成功需要許多條件的配合。如果使用不當,不僅損害被催眠者的身心健康,還會為自己的聲譽帶來不利的影響。然而,世界很大,沒有人能夠保證每個懂催眠的人都如此誠善、自律、恪守職業倫理。一旦進入深度催眠,催眠者蓄意運用催眠術來作惡,是有可能得逞的。所以,我們要避免接觸到這些存心不良的催眠者,不要讓自己輕易地暴露在對方的掌控之下。

近幾年,催眠術十分盛行,有些非專業背景的人也打著催眠術的幌子,利用神奇的「催眠」來賺錢,甚至招搖撞騙,大家要注意分辨,不要被負向催眠術所控制,做出不該做的事來。

催眠術的益處

正向的催眠術能帶給我們如此多的有益回報,以至於越來越多的人開始關注催眠術,把催眠術引入到多個行業和領域內,並且都取得了相當大的收穫。催眠術為許多內心徬徨掙扎的人提供了一個全面的解決方案,從催眠打開潛意識、心理整形、心靈重塑開始,在事業、家庭、人際、財富、成功等等方面,都提供我們一個切實可行的解決方法。

第一章　催眠術的原理

　　一些勇於探索的催眠大師還把催眠技術和某些行業的特點巧妙地相結合，把催眠術運用得更簡單、更好玩！更重要的是讓任何一個普通的催眠術喜好者都能夠掌握這一技巧，可以在被催眠者清醒安全的狀態下潛移默化地「類催眠」他們。巧妙的運用了「隱形催眠」來徹底清除許多人通往財富、成功道路上的障礙，讓被催眠者既沒有恐懼感，也沒有被操縱的感覺，只有內心的和諧、平靜和永恆的動力。每一個經歷了催眠的人都會感慨，一次靈魂深處的碰撞，竟可以激發出自己的潛力，再次面對財富和成功時，才發現掌控人生的這兩個追求竟然這麼簡單。

　　催眠術的正向作用非常多，為了加深我們對催眠術的正確了解，特列出催眠術的幾個事實，讓我們從另一個角度了解它。

　　1. 催眠術不是心靈控制，在催眠狀態中，沒有人能逼迫他人做平常不做的事，潛意識只接受正面積極的建議。

　　2. 催眠術不是奇蹟也不是巫術，它是心理治療的一種方法，它只是引導受試者的潛意識運作更有效率。

　　3. 催眠不是減弱人的意志力，反而會加強人的意志力。

　　4. 催眠不需要睡眠或是失去主意識來達到催眠狀態，在催眠狀態中的人是很安全的，感官系統會變得非常靈敏，注意力高度集中，能聽到催眠者說的每一句話。

　　5. 沒有人會永遠停留在催眠狀態中，被催眠者可以輕易的從催眠狀態中醒來。

6. 每個人都有進入自我催眠的能力。

7. 我們都很聰明，能成為一個好的催眠對象。每一個人都有追求健康快樂的權利，試著來一次心靈之旅，徹底放鬆自己的心靈，在催眠中找回屬於自己的自信和快樂。

8. 催眠是一種有效的止痛方法。有些人因為麻醉藥物敏感，不能使用藥物麻醉，這時候，催眠是值得考慮的方法。在美國的婦產科、牙科，都有許多催眠止痛的成功案例，催眠的確可以提高我們的忍耐疼痛的能力。

9. 幫助失眠的人入睡。催眠可以幫助我們很快達到身體與心理的放鬆，自然而然地就睡著了。

10. 催眠術帶給我們的功效很多，作為一種治療方式，它還可以達到以下效果：

(1)提升自信，增進體質，提高記憶力、演講能力、閱讀能力、學習能力、人際關係、想像力、創作力。

(2)改掉生活和工作中的壞習慣。

(3)消除菸癮、酒癮、網癮等。

(4)消除恐懼症、憂鬱症、強迫症、焦慮症等多類心理疾病。

(5)身體的改變，如消除頭痛、長期疼痛，增進五官感受，建立健康的嗜好，節食或運動，改善循環功能，增進性的滿足和能力，改善精神或情感上的健康，心理減壓等。

第一章　催眠術的原理

催眠術是一個非常重要的心智提升工具！人們對事物的感覺，其實是由人們本身的看法來決定的，我們的心智具有驚人的神奇力量！同樣地，在催眠中，我們可以被引匯出各種幻覺、記憶的無限回溯、表現出各種超能力。催眠術的效用不僅是我們可以接受的，也是我們創造世界和改變世界的工具，掌握這一利器，在生活和工作的道路上將會如魚得水。

◊ 雙贏的催眠心理

現在的社會都追求合作雙贏，現在的職場都講究團隊作戰，現在的生活都謀求互惠互利，任何個體都不可能脫離他人獨自創造這一切。對於任何一個催眠者而言，掌握一定的催眠技巧的目的是實現雙贏。我們需要贏得所有目標對象的好感，因為這些人中有我們未來的合作夥伴、有我們未來的同事、有我們未來的伴侶、有我們未來的朋友……

我們在實施催眠術時，判斷對方是否有良好的道德品格，首先要看他在心理上是否能夠容納不同人的不同特點及不同的心理需求。切忌過分以自我為中心，忽略或輕視對方的內心價值觀和感受。其次，還要看心理動機，是否是本著既有利於自己也有利於對方的雙贏心理，而非只是抱著個人成功的自私想法。

在催眠過程中盡情釋放對方的負面情緒，提供對方正面

的感受，用強烈的建議暗示其行為方式的不合理性，使其清楚自己的角色，擺正自己的位置，來適應和遵守雙方合作雙贏的規則。並且這種規則在今後對雙方都長期存在。

在任何時期，成功的人，都是會借力別人的人。很多人對創業和成功有認知上的失誤，他們認為，要賺錢必須得有資本，得有豐富的經驗，因此他們一直等待，直到今天，依然貧窮！毫無疑問，資本和經驗能夠幫助我們成功，但這兩項絕對不是最重要的元素，更不是不可或缺的元素。最重要的是方法，借力的辦法！那麼，如何借力？如何簡單的借力？這其中的奧祕很簡單，就是使用「催眠術」成就我們的人際關係。催眠術可以幫助我們主導某些事情的發展方向，可以引導對方的一些行為，不會被對方牽著鼻子走，而是按自己的意願主動行事，催眠術能提供這種助力，自然是給了我們極大的支持。

應當說，無形的疏導更富於技術含量，效果當然也更好。我們與人溝通、交流，真正在做的其實就是拓展人脈，通融各方面的關係，以達成滿意的目的。所以要永遠掛著體貼、理解、大度的微笑，抱著「你好，我也好」的雙贏心態。這種利人利己的心態，為自己著想的同時而不忘他人的權益，使雙方都能受益。利人利己者把工作和生活看作是一個合作的舞臺，而不是一個角鬥場。香港企業家李嘉誠做生意的一個根本心態就是雙贏，他一針見血地說，商人談判談的不是語言，而是利益，首先要想到對方的利益，要說服對方

第一章　催眠術的原理

跟自己合作的話，雙方都有錢賺，都能成功。

我們要學會駕馭催眠術，很多人際交往成功的人，其實都是善於將催眠玩於股掌的高手。他們把催眠掩飾得不露痕跡，他們能夠有意識地利用自己擁有的現有條件，充分考慮對方的需求心理，圍繞著對方的需求進行溝通，把好處或者前景展現給對方，讓對方看到實實在在的回報。他們會不斷地向對方灌輸自己的理念，從心理上逐漸征服對方，最終使對方完全信任自己，接受自己的思想。這種雙贏的催眠心理不僅為催眠者帶來豐厚的回報，也會讓對方心服口服，沒有被欺騙、被捉弄的感覺，

我們提倡雙贏的催眠術，請一定記住，自己得到的同時也要回饋給對方，催眠的原則必須建立在正向的、互補的、互惠互利的基礎之上，而不是以滿足自己的利益為目的，最重要的是為雙方的合作開拓更加廣闊的局面，一起走上成功之路。

催眠術注入正能量

人們內心的奧祕在潛意識裡隱藏著，催眠師的語言就如同一把鑰匙，輕易地打開了這扇門，讓人們進入意識暫時休息、潛意識活躍的狀態。就像我們坐火車時，眼睛望著窗外的景色，不知不覺中一個小時就過去了，腦海裡也不知在想些什麼，對窗外的景色也沒有印象，這就是一種意識暫停、

潛意識作祟的現象。此時，人們的知覺對外界高度警覺，並且非常專注於內心的活動，心中的雜念也很少，人們的內心比較平靜，容易接受暗示，這個時候透過催眠為潛意識提供溝通、訴求及自我表達的機會，就可以理順失衡的心理。

有一句話說：「平衡就是健康。」身體是如此，心理更是如此。當人們遇到了一些不順心的事，就會產生負面情緒，這些負面情緒由於社會規範和社會道德的要求，往往被壓抑在潛意識深處，日積月累就成為人們心理不平衡的誘因。如果不及時調整心情，就會引起心態失衡，進而影響到身體健康和人際關係。

心理學家把心理分為理性及感性兩面，我們做事情雖然是依據理性，但理性背後往往由感性主宰。當感性層面覺得好的，理性就會找出千百個理由，認為那是好的；相反，感性認為不好的，理性同樣可以找出千萬個道理，指出那是不好的。感性的表現就是情緒，換言之，情緒對我們的理性有深切的影響。

有很多種負面情緒都是我們的致命傷，如恐懼、憂慮、憤怒、嫉妒、仇恨、輕視等，都足以失去成功的機會。每一個成功的人，都具有控制情緒的能力；每一個溫馨的家庭，都至少有一個善於控制情緒的人。普通人不能忍受的譏諷、挫折、怨恨等，這些人卻可以忍受下來。別人發火了，他們依然冷靜，並沒有破壞理性的運作，他們求「和」不求氣，萬事以大局為重。善於使用催眠術的人，智商未必很高，但情

第一章　催眠術的原理

商一定高，自控能力一定很強。他們不但會催眠他人，也會自我催眠，從潛意識裡控制自己的情緒。

健康的情緒可以促進身體的健康，最簡單的就是開心快樂，這是對健康極為有益的情緒。歡喜的時候，內分泌趨於平衡，身體感到輕鬆自在，頭腦處於最佳狀態。而社交中最注重的人際關係，若有好的情緒，人們就能主動接觸他人，對人際關係處理自如，從而得到更多忠誠的朋友。

能夠控制自我情緒的人才能具備深入了解他人的心態的能力，一個人如果具有自我控制的能力，就能做自己真正的主人，進而決定自我及努力的方向，這種人通常深信「好情緒是成功的開始」這個道理。對那些所持態度不同的人，我們可以觀察他們的情緒變化，不但能夠對他們的內心世界產生影響，還會在現實生活中促進雙方的事業與人生的和諧發展。

催眠術所作的一切接觸，其目的就是培養雙方愉快交流的好情緒！在這種友好的氣氛中，和對方溝通事宜，多半在雙方爽朗的笑聲裡就成功解決了。

第二章
解開心結：催眠的治癒力量

催眠術的研究成果表明，透過讀心、暗示、示範的作用能夠影響到他人的心理、行為乃至生理變化，進而可以使對方按著催眠者預期的發展，達到事前期望的效果。

催眠術首先要達到的目的就是進入對方的心理世界，從潛意識中逐漸了解和肯定對方，恰如尋寶者與藏寶者之間的一場智力角逐。

第二章　解開心結：催眠的治癒力量

催眠如何協助心理追溯

如何利用催眠術的心理追蹤方法識破對方的內心真實意圖，以及他所傳達的情緒反映，對我們來說顯得極為重要。如果我們能正確判斷人們「口是心非」的真正含義，不僅有助於我們更討人喜歡，也可以幫助我們擴大交際和取得成功。讓工作和生活中最複雜的事件變簡單，讓我們與他人的溝通變順暢，成為有趣有益的享受，使我們人際關係更上一層樓。

◊ 探尋對方心中的蛛絲馬跡

優秀的催眠者都很善於捕捉目標對象心中的蛛絲馬跡，他們精通心理學，能從對方的言行舉止中發現對方的真實意圖。很多情況下，人們的心理都是設防的，這是一種必要的自我保護。在人多的環境裡，人們就會感到沒有屬於自己的安全空間，總是擔心自己的物品是否安在。因為常有這種顧慮，人們的心扉總是鎖得很緊，生怕別人知道自己的祕密。這種設防心理在人際交往過程中有著負面作用，它會阻礙正常的人際交流。

有時，人們的紊亂思緒、消極處世的觀念會攪亂日常生活，似乎看什麼都不順眼，只有實現自己的內心願望，方才安心守己；一旦無法實現，就容易患得患失。一方面是長期性格憂鬱的結果，影響性格發生偏移；另一方面過分追求完美，容

易將一些矛盾衝突複雜化。這類人日常表現為過度克制、注重細枝末節、不善於變通、缺乏幽默感、愛鑽牛角尖等。

我們處在競爭的社會中，要勇於接受挑戰，敢於面對不利於自己的場面，爭取雙方的合作，這就需要化解對方的敵意。這不僅僅是掛在嘴巴上說一說，更需要我們以實際行動來處理這些難題。這是我們走向社會過程中付出的必然代價，是壞事，也是好事，可以促使我們今後少走彎路。

因此，我們要從對方無意間流露的蛛絲馬跡中尋找其內心的真實意圖，這樣就可以減少挫折感。催眠術可以為我們提供揣摩對方心理的技巧，捕捉對方的隱祕想法，牢牢掌握對方的真實意圖。

首先，我們可以從了解對方的本性入手，這是探尋對方心理的第一步。了解人的本性可簡單概括為「按照人們的本質去認同他們」、「設身處地認同他們」，而不要用自己的眼光去看待他們，更不要把自己的意志強加於他們。對方首先是對他們自身更感興趣，而不是對我們感興趣！換句話說，一個人關注自己勝過關注外界一萬倍。了解到這一點，是應用催眠術探尋對方心中的蛛絲馬跡的關鍵所在。

其次，巧妙地與對方交談。我們與對方交談時，請選擇他們最感興趣的話題，保持同樣的語速、相似的語調、相同的肢體動作等。這是語言催眠的固有模式，目的是為了營造對方認同心理。交談中注意一定要把這幾個詞從我們的口語

第二章　解開心結：催眠的治癒力量

中剔除：「你、你自己、你的」。用另一個人類語言中最有力的詞來代替它──您。我們對談話內容感興趣與否並不重要，重要的是我們的對象要對談話感興趣。談話時，我們多談論對方，並且引導對方談論他們自己。這樣就可以成為一名最受歡迎的談話夥伴。對方才會願意和我們親切交談，也才會顯露出他的內心真實想法。

再次，巧妙地令對方覺得自己很重要，這是催眠術中的暗示手法。人們最普遍的想法就是「渴望被承認、渴望被尊重」。我們多次巧妙的暗示對方的重要性，讓對方感到我們很尊重他，對方的潛意識裡就會為我們留下一個值得信賴的符號，隨時會為我們的某些「請求」打開方便之門。如果期待自己在人際關係中如魚得水，那麼，請盡量使對方意識到他們在我們心中的重要性。請記住，越使對方覺得他們自己很重要，對方對我們的回報就越多。

在工作和生活中，我們感受著周圍的人和事物，在頭腦中形成我們自己的判斷，做出我們的評價以及相應的決策，這是透過我們的心理世界來進行的。催眠術專家說，要獲得成功催眠，就要先獲得判斷力。這種判斷力是催眠術中推敲對方心理與行動的前提。我們的內心世界比我們生活的這個外部世界還要豐富與複雜，心理世界之大，我們每個人窮盡一生，能看到、聽到、感覺到、體會到的事物也是極其有限，即使是煩瑣的小事，投射到我們的心理世界時，也可能

變得極其複雜和豐富。

因此，對我們探尋到的對方的蛛絲馬跡要注意區分取捨，不要憑自己的主觀匆忙做出判斷，應該結合對方的實際情況綜合考慮。禪語說「一花一世界，一葉一菩提」就是這個意思。因此，當我們熟練地運用催眠術的心理追蹤法，進入對方的心扉，探尋其內心的綠洲，就能最大限度地發揮我們的潛能，使我們的心智獲得成長，進而找到解決人際交往難題的關鍵所在。

催眠術與心理診斷

催眠術中充分採用了心理診斷的研究成果。心理診斷，是由瑞士精神病學家赫曼‧羅夏克（Hermann Rorschach）在1921年出版的《心理診斷法》（*Psychodiagnostik*）一書中提出的。當時這一概念專用於精神病領域，後來很快從醫學領域延伸到了臨床心理學領域，把測量成人與兒童智力水準、人格傾向、情緒狀態、興趣愛好、能力水準，以及測量各種偏離常態行為的工作都納入了心理診斷的範疇。在催眠術的研究和使用中，就廣泛應用了這一技術，催眠師在催眠的過程中，經常要對被催眠者進行心理診斷，目的是摸清被催眠者的歷史情況和負面心態的來源。

近年來催眠心理學上又提出了「心理評估」的概念。心理

第二章　解開心結：催眠的治癒力量

評估是指應用多種方法獲得資訊，對個體某一心理現象做全面、系統和深入的客觀描述的過程。

心理診斷與心理評估這兩個概念的內涵儘管在某些方面是一致的，在沒有特別強調的情況下可以通用，但兩者並非完全相同：心理診斷強調的是結果和確定性，是一個相對靜止和孤立的概念；而心理評估強調的是過程，是一個側重連結和變化的概念。對比這兩個概念，我們更傾向於重點放在心理診斷上，診斷之後可以做簡單的心理評估。

催眠的過程實際上是個心理診斷的過程，診斷對方思想的現狀和歷史根源。對方現在的發展目標與原有的目標出現多大的差距？發展過程中出現了哪些新的問題？催眠術採用心理診斷的必要性和目的性，正像一個醫生在決定對病人進行治療之前，必須弄清疾病的性質、種類和病情一樣。一個催眠師要想切實解決求助者的心理問題或解除他的心理障礙，就必須對求助者的智力、情緒和個性有一定的了解；對他的個人生活史、目前的生活狀況、人際關係、工作性質有一定了解；對他的心理問題或障礙的形成發展、嚴重程度以及對心理活動的影響有一個確切的判斷後，才能選擇最恰當的治療方法，制定符合求助者實際情況的治療方案。

透過心理診斷，我們發覺對方原有的思維已經掌握不了現在的變化，就要有意識地運用催眠術來引導對方的思維視角不斷轉換、思維空間不斷開啟、思維立場不斷延續、思維

的方法從單一到多元。如果是我們的觀念落伍了，根據對方思維的發展，我們也要轉變落後於對方的固有觀念、思維框架、思維視角、思維價值基礎等。這樣的心理診斷才更具有開拓性、時代性。心理診斷充分了，對問題的判斷會更準確更有效，這樣才能在互惠互利的平臺上保持合作發展的動力。

催眠者對被催眠者的心理診斷進行的過程中，也是對其心理評估的過程，催眠者可以透過了解對方的心理來確定最佳的溝通方案。我們都清楚任何外部的改變不如心理的修整來得根本，就比如一個沒有自信的人，即使穿著昂貴的衣服，也會顯得畏畏縮縮；相反，一個充滿自信的人，即使穿著普通的服裝，也會顯得精神百倍。每個人身上都藏著無數的優點，只待我們去發掘，不要對他們外表的冷漠望而卻步。我們可以透過自己的努力改變對方，透過心理診斷掌握對方的思想。運用高超的催眠技巧，修正對方的內心世界，讓原本不自然的溝通和諧一點，讓原本浮躁的心理寧靜一點，讓原本無聊的話語充實一點，讓原本冷酷的交際溫暖一點。

請相信每一次的心理診斷和心理評估，都是我們改變雙方人際關係的一次嘗試，也是我們創造人生奇蹟的一個過程。

催眠中的讀心術

我們建構社會關係最重要的一個環節就是建立人脈，也就是我們經常提到的人際關係。如何搞好人際關係？如何建

第二章　解開心結：催眠的治癒力量

立廣泛的人脈資源？這是我們很多人都面臨的一個人際交往的難題。社會是一個大的群體，在這個大群體中，個體不是孤立存在的，而要藉助一定的方式與別人交往才能實現自身價值。我們進行人際交往的基本目的是傳遞資訊和交流感情，為自己爭取更多的表現機會，提高生命的品質，並逐漸參與到更廣泛的社會活動領域中，達到馬斯洛所說的人類需求的最高層次──自我實現的需求。

催眠術幫助我們建立和諧人際關係的核心在於人，人的核心在於其內心，人際交往就是交心，以理明心，以情動心，以心換心。這就要求我們能夠讀懂對方的心思，也就是催眠術中常用到的讀心術。

立世之本，識人為先。觀人之要，辨心為重。每個人都是一部閱歷豐富的百科全書，無論他如何「稚嫩」，無論他如何「孤陋寡聞」，無論他如何「不解風情」，他和我們都一樣生活在同一個太陽下，成長在同一片藍天下。我們有我們的執行空間，他有他的專用軌道。對他人知之甚少、一無所知，對成就事業或者經營人生，都將障礙重重、處處受阻。今天的你我，無論是人際往來，還是工作和生活，不識他人的「真心」就會處處為難；不辨其心，就會處處碰壁。

在頻繁的社交活動中，我們若是不知他人所思所想，談起話來往往就像對牛彈琴，不能一眼看透他人的內心真實意圖，辦起事來常常就會無功而返。因此，透視對方的心理就成了我

們掌握催眠術不可缺少的一門必修課。讀心術可以幫助我們清楚地洞察他人的內心世界，對於找工作、找門路、找伴侶、找機會、找合作的人來說，如同是必勝的法寶，絕對不能少。

對催眠術有所了解的人都知道，以心相交是打通人際間交往的重要手段，他們能在自己能力範圍之內盡量掌握住對方的「心思」，充分考慮到對方的立場、需求，盡己所能先去幫助對方，之後再考慮自己會得到什麼回報，這完全是發自內心的誠意，是一種利人利己習慣的驅使。溝通先得心相通，心相通溝通就暢通。彼此是心靈的默契，既充滿愛，又尊重事實。認識對方「心」的世界讓我們明事知理，也使我們清楚地看出對方的真正需求是什麼，進而採取合適的應對策略。

唯有讀懂人心，才不會把敷衍的謊言當作真誠；唯有讀懂人心，才不會誤解他人的本意而坐失良機；唯有讀懂人心，才能了解人、熱愛人，並防範和制服那些不懷好意的人。學會看透人心的智慧，讓我們聰明地社交、幸福地收穫……

越來越多的人已經看到這樣一個事實，家庭和睦的人、取得事業成功的人，他們往往都有一雙慧眼，善於觀察他人和周圍的環境。他們的人際關係廣泛而又密切，他們有龐大的人際關係網：過去的知己、近交的新朋、遠方的老友；事業上的夥伴、商界的菁英、企業的老闆；技術深湛的醫生、解惑的專家、修車的工人。地位高低不一，行業遍布各界，縱橫交錯，四面八方，常來常往，如同知己，親密無間，受

■第二章 解開心結：催眠的治癒力量

益匪淺。他們很懂得掌握對方的心理需求，能夠摸清每一個交往人的喜好，對讀心術的熟練運用能夠幫助他們巧妙地「催眠」對方，讓對方樂於和自己交往。我們如果能準確掌握對方的心理世界，溝通也會暢通，工作和生活的路也會條條通暢。

為自己構築健全的心理觀察能力，也就是讀心術，解除我們的心理困擾，不輸在心理環節的較量上。有意識、無意識、下意識、潛意識，都蘊含著內心的真實意思。交往中，只有讀對心，看對人，才能順順當當地把事情做對。

人際關係錯綜複雜的現實社會，我們了解催眠中用到的讀心術非常有實用價值。讀心術可以幫助我們擺脫無所適從的困惑，可以讓我們具有認清環境和辨別他人的能力。讀心術還可以使我們看透周圍的人與事，看破一個人的真偽，洞悉他人內心深處潛藏的玄機，在人生的旅途上更加從容。具有這樣的能力，可以幫助我們觀人於細致、察人於無形，輕而易舉地掌握他人的長短優劣，察其心而制其人，從容應對各種人際關係，牢牢地掌握人生的主動權。

催眠中的心理暗示

由於影視作品中對催眠術的神祕渲染，以及社會上各類催眠服務專案的誇大宣傳，人們大都認為，高明的催眠大師能夠看穿別人的心思，甚至能操縱別人的心理和行為。其實，催眠術並非萬能的，它只是借用了心理學、肢體語言

學、行為科學等領域的研究成果，如果我們能注意和使用一些類似的小技巧，那麼我們就相當於初步具備了催眠師的「功力」，暗示他人的心理和行為倒也不是什麼難事。

我們在生活中無時無刻都不在接受著外界的資訊暗示。譬如，電視廣告對人們購物心理的暗示作用，廣告的影像、聲音都具有強烈的引導性。人們看電視時，遇到廣告時就會上廁所、吃東西或者頻繁地變換頻道，對廣告的內容一般都不留意，這是一種無意識的行為。然而就在這種無意識的狀態中，人們普遍缺乏警覺性，這些廣告資訊就會悄悄地進入人們的潛意識。隨著這些資訊反覆地重播，在人的潛意識中就會不斷累積下來。當人們購物時，人的意識就受到潛意識中這些廣告資訊的影響，左右我們購買的傾向。當我們無法決定買哪個品牌的東西時，多半會選擇那個已經進入潛意識中的品牌，所以當我們回到家，注意到在商場買的商品時，就會感到莫名其妙，不明白自己為什麼會選擇這個品牌。

這就是外界資訊對我們的心理引導的明顯例證，這是一種潛移默化的引導，是個長期的過程。利用人們這種普遍的受引導的心理特性，許多廣告商都會提前為即將上市的商品打廣告，因為他們知道，即使目前人們不會馬上用到自家的商品，但有一天用到的時候，這種長期的心理催眠效果就會暗示和影響人們的購買傾向。

這些都是我們日常生活中常見的催眠現象，我們經常會

第二章　解開心結：催眠的治癒力量

對這種狀況感到莫名其妙，其實從心理學角度來看，一點也不奇怪。因為受到了周圍環境催眠的暗示，不知不覺就產生了與之相應的行為。心理學界對心理引導研究最多的專業是神經語言程式學，它的核心思想就是透過改變人的情緒，對心理形成暗示引導，以達到改造人的思想和行為的效果。它的前身，則是略帶神祕色彩的催眠術，它們的心理核心則是「心理引導和心理暗示」。這就是我們要重點了解的催眠術中的心理引導，也是催眠術應用時最廣泛採用的一種技巧。

我們都會受到來自他人和環境的暗示，受暗示是人的心理特性，它是人在漫長的進化過程中，形成的一種無意識的自我保護能力。當人們處於陌生、危險的境地時，會根據以往形成的經驗，捕捉環境中的蛛絲馬跡，來迅速做出判斷。這種捕捉的過程，是受心理引導的過程，這是人的一種本能。為了追求成功和逃避痛苦，人們會不自覺地使用各種心理引導的方法。比如困難臨頭時，人們會相互安慰：「快過去了，快過去了。」從而減少忍耐的痛苦。人們在追求成功時，會設想目標實現時美好、激動人心的情景，這個美景就對人構成一種心理引導。催眠術中應用的心理暗示方式成為人們前進的動力、提高挫折的耐受力、保持正面的精神狀態。

心理暗示並不陌生，宗教中的冥想、瑜伽、氣功、打坐，都是一種心理暗示術。對此，我們要有科學的態度，正確對待人們受暗示的心理特性。如暗示並引導失戀的朋友面

對現實，提高自信，重新樹立生活的勇氣，尋求新的發展。以身作則暗示剛出社會的年輕人要自強不息、踏實工作，變壓力為動力，不斷提高自己的工作技能。

我們在生活與工作中，要懂得心理暗示的強大作用，尤其是在人際交往中，使用正確的、正向的心理暗示，可以讓事情變得更美好，而使用負面的心理暗示，往往把事情弄糟。比如，我們總是讚美某個人「做得真棒」，後來發現對方確實是越來越棒。因為我們總是這樣正面地暗示對方，對方心理的潛意識深處就十分在意他自身這些優秀的方面，他的行為就會趨向好的方面發展；相反，我們總是指責某個人的不足，對方就會更加沒有信心改正，越做越糟糕。

我們要充分意識到，心理暗示術是一把雙刃劍，它對人們心理的引導具有正向和負向兩方面的影響。我們要化負向因素為正向因素，調節雙方的心理狀態，主動適應社會環境的變化，努力克服困難，改變現狀，尋求共同成功。正向主動的心理暗示有利於人們的才能和潛能的充分發展，有利於社會的穩定與進步，同時，也是心理健康的重要代表。

催眠中的心理撫慰

神話故事中的仙人，掐指一算，就知道凡人的心裡在想什麼，甚至遠在天邊的事情也能知道得清清楚楚。這種能夠讀懂別人心思的本事，如果在現實中出現會怎樣呢？知道了

第二章　解開心結：催眠的治癒力量

對方在想什麼，就可以雪中送炭，讓對方驚喜萬分，也可以預防對方做出對自己不利的事情，或是可以做一些讓對方對自己有好感的事情。了解對方的心理是很多人的夢想，現在看來，催眠術和心理學的結合，已經把這一神祕的本事變為現實了。這是一種撫慰人們的心理、行為、意識的高超技術。

催眠中會經常用到心理撫慰，這是催眠術的根本和目的所在，為的是對目標對象的心理和行為做出適當的調整，達到事前期盼的狀態。因此，學會催眠術中的心理撫慰方法對我們十分重要。心理撫慰往往是緊隨在心理暗示之後發生的，正確方向的撫慰有利於我們的局面發展。譬如，讓對方更加喜歡我們、讓對方積極為我們效力、化解對方的敵意、讓對方成為我們的朋友⋯⋯心理學家已經為我們揭密了許多心理撫慰術的技巧，讓我們運用這些不露痕跡的心理戰術，迅速化敵為友，擁有超強人氣，成為人生的終極贏家。

我們不妨嘗試一次運用催眠術撫慰對方講話的實驗。我們可以多約幾位同事，並選擇平時最令人反感的一位同事作為主要交談對象。要做的很簡單，只需在他講話時稍稍搖頭即可，一定不要點頭，搖頭的動作也不要過於誇張，只要自然地搖頭就可以了。對於這種搖頭動作，人們一般都很敏感，會理解成我們對他所說的話表示懷疑或否定。最初，對方也許會表現出看不起我們的樣子，或者根本不理會我們的搖頭動作。這時，我們一定要保持冷靜，繼續聽他講話，並且堅持在適當的時候

搖頭。一段時間後，我們就會發現，對方的聲音漸漸急促起來，神情也不那麼自然了，甚至提高了聲調。同時，在某些問題上，即使我們沒有提出疑問，他也會做出一些毫無必要的說明和解釋——他已經掉進了我們的心理操縱的圈套。這時，如果我們堅持這種搖頭動作，對方的鼻尖和額頭也許會冒出汗來，再往後可能會語無倫次。千萬不要打斷他，也不用提什麼問題，只管搖頭就是。如果對方是一個喜歡逞口舌之快或者極其自負的人，那麼效果會更加明顯。

這個實驗順利做完，對方以後就會對我們客氣很多。下次我們再和他交談時，他會時不時地露出徵求我們意見的表情，到了那個時候，我們只要在數次當中點一次頭就行了。當他看到我們點頭時會流露出感謝的神情，如果我們再搖一搖頭，他更會因此而感到不知所措。看看，就這麼簡單，我們已經能完全影響他的行為了。

如果選定的實驗對象是一位不受歡迎的老師，那麼可以約幾個人一起參與實驗，在上課時一起對老師的講解搖頭，這樣做一定能收到很明顯的效果。相反，如果不斷點頭，講話者一定會時不時地看著我們，臉上流露出滿意的表情。在他感到滿意之後，我們再開始搖頭，那麼收到的效果就會更具有戲劇性。

催眠術中的心理撫慰就是這麼簡單，想做到這些，根本用不著花費什麼心思。當然，如果是一個性格內向的人，也

■ 第二章　解開心結：催眠的治癒力量

許單獨在面對面的交談中很難實行「否定態度」。那麼，不妨在大規模的演講中實施一下，演講人一般很關注聽眾的反應，如果始終適時地搖一下頭，即使人很多，他也會注意到。然後，我們就能發現，整個演講的操縱者已經不是臺上講話的人，而變成了我們。如果演講者是一個講話隨便、沒有根據的人，那麼他一定會感到十分慌亂。

一般而言，人們對別人的意見或態度都非常敏感，因此，我們只要了解這種心理，向對方做出各種強烈刺激作用的動作，比如同意（點頭）或否定（搖頭）等，便是撫慰別人心理和行為的有效辦法。

在催眠中，要操縱別人跟隨我們的節奏和步伐，首先要讓對方真心地喜歡我們，才會樂於接受我們附加的想法和行為。好方法應能夠提高我們的工作和生活的品質，掌握心理撫慰術，對改善我們的人際交往和人生成功的道路將大有幫助。

催眠術的身心運用

職場調查顯示，「累」已經成為很多人使用頻率最高的一個詞。他們感覺到的累，除了體力透支外，還表現出精神不振、心力疲憊的現象。有調查表明，精神疲勞已經成為21世紀人類的隱形殺手。越來越多的人開始接受心理醫生或者

催眠師的輔導治療，舒緩自己內心的焦慮和不安，透過這種「心理按摩」，來幫助人們排解各種心理問題。

掌握催眠術的人非常善於為對方進行心理按摩，他們會根據實際情況適時調整，為目標對象進行心理解壓。從而使目標對象潛意識中的防護心理處於舒緩狀態，以此緩解雙方承受的心理壓力和緊張的人際關係。

深入對方潛意識中的觸角

人們在互相接觸的過程中，展現給我們的有積極溝通和消極溝通兩種情況。我們都會揣摩對方到底是個什麼樣的人，對方最初的行為是偽裝的還是本性所為？我們的判斷準確嗎？對方是在故意設計陷阱嗎？很多人經受挫折後會後悔地說：「當初真是瞎了眼，怎麼就沒看清楚對方是個這樣的人。」如果早點就知道了對方的內心真實想法，就可以避免這樣的挫折了。有什麼辦法可以讓我們深入了解對方的內心世界嗎？那就是深入到對方的潛意識裡尋找答案。

日常交往中，人們外表呈現的，很多時候並不代表他的真實意圖，這一點我們應該很清楚。人類與生俱來就會用各種方式來掩飾自己的內心想法，用一種自認為滿意的方式出奇制勝。比如，一個人明明不愛對方，但是外表上偽裝得非常好，腳踏兩條船，讓伴侶一直蒙在鼓裡；再比如我們求人

第二章 解開心結：催眠的治癒力量

辦事，對方明明沒這個能力，卻偽裝出很有把握的樣子，騙我們的錢財⋯⋯

看到這些發生在身邊的事情，我們總是感慨，一些他人精心設計的陷阱，旁觀者都看得很清楚，為什麼我們自己卻看不透，依舊陶醉在其中呢？這種情況從科學角度來講，當事人的顯意識被興奮的潛意識壓抑，而忽略了對事件的客觀分析所致，而旁觀者除了用顯意識看待這一切之外，最重要的是旁觀者的潛意識在第一時間也看清了問題的本質。我們經常出現這樣的情況，與己無關的事情明白，與己有關的事情犯糊塗。可以冷靜地看待別人，卻不能冷靜地看待自己。

這和人類的好奇心有很大關聯，探索不屬於我們自己的世界時，我們總是十分感興趣，也能精力旺盛，樂此不疲。對於自己的事情反而過於大意，不願深入思考，僅憑直覺就會判斷對方的言行，更談不上深入對方的潛意識中尋找真實答案了。我們在與他人交往時，做最多的就是交換意見、交流看法、交流心得體會等等，我們都期待能在交往過程中掌握方向、掌握主動權，因此，就會想方設法地了解對方的一切，最好、最有效的辦法就是了解對方潛意識深處的意圖。這個辦法並不複雜，只要掌握了催眠術的一些技巧，並且應用在日常的工作和生活中，我們原本就不平凡的生命將從此刻起大放異彩。它會使我們的觀察力變得空前強大而準確，讓我們的生活品質不斷提高，使我們的人生更加幸福美滿。

人類的強大就在於潛意識中蘊藏著宛如宇宙般無窮無盡的巨大精神能量。只要我們願意充滿信心地去提高和挖掘自己，就一定可以找到可行的途徑或方法實現這種驚人的改變。而這種神奇的力量正是我們自身就已經擁有的，無須再去茫茫無際的外界苦苦找尋，唯一要做的就是立即去充分地了解它，進而真正學會，並熟練運用它。

　　我們可以把催眠術賦予我們的技巧化為我們觀察判斷的無形的觸角，深入到對方的潛意識裡探尋。著力引導我們全面認知這種非凡的能量，切實掌握它，使它深深融入我們鮮活有力的生命中，成為自我和潛意識中無比堅固的一部分。如此，就能一往無前，切實地掌握自己的人生，做出理性而正確的選擇。

　　世界多元而多彩，但所有這些機遇在那些沒有準備、茫茫然毫無知覺就匆匆走過的人們面前是不會停留的。如果我們慢慢深入地領悟催眠術的實用價值，將會獲得更多泉湧而來的感悟與自信，我們的成長之路也會因此更為深刻而豐富，充實而亮麗。

　　如果我們僅僅滿足於了解對方的表面言行，這是一種故步自封、懶於維護自己人際關係的表現，比深入對方的潛意識探索容易得多、安穩得多，不過這樣發展的空間也會相應小得多！不要喪失自己的好奇心，不要讓自己的觀察力死亡。探索對方的潛意識，了解對方的真實意圖，我們會發現這是我們開始主導自己人生的起點。

第二章　解開心結：催眠的治癒力量

◊ 理清對方的心理脈絡

我們身邊有些人，看似很熟悉，卻發現精神上與我們離得很遠，我們摸不透他們內心的真實想法。和這樣的人往來，不管對與錯、得與失，其中的酸楚只有當事人最清楚。這類人很多時候的想法，都不想與他人分享，喜歡一個人思索，如果我們不知內情，滿腔熱情地迎上去，必定會碰個冷臉。理不清對方的心理脈絡，談何理解他人的智慧呢？

社會是紛繁複雜的，人們想要取得成功，可不是想得那麼簡單。為什麼有的人身負曠世才學，行走世上卻步履維艱？為什麼有的人資質平庸，卻能做出一番驚天動地的事業？其實，這在相當程度上取決於在人際交往中拿捏對方心理脈絡的能力。待人處世與說話做事的技巧，是融入社會、取得成功的必殺技能。成功者能夠御風而行、如魚得水、萬事順意；反之，便如船擱淺灘、寸步難行。

我們想要在社會上有一番作為，摸清不同人的脾氣絕對是一門必修的本領。整理對方的心理脈絡是一種能力，可以使我們抓住主要矛盾，讓我們的注意力高度集中，圍繞著我們的目標思考解決問題的辦法。在這方面，催眠術能幫助我們準確理清對方的心理脈絡，成為我們主宰人際交往的心靈控制能力。這種心靈控制能力，會幫助我們走向事業及家庭的成功道路，使我們順風順水。

透過理清對方的心理脈絡，實施有條理的應對措施，把複雜的矛盾迅速簡單化，直至徹底解決。如果我們不能掌握相關人的心理世界，制定的解決方案也是無科學依據、無條理的，就不可能達到這種思路清晰的境界，也不可能進行有條理的解決問題，兩者是相輔相成、互為因果的。

首先，我們要有明確的做事目標，有了明確的目標，就有了正確的方向。其次，我們要有清晰的思路，事先統籌一下該怎麼辦，在做每件事之前，我們要在大腦中形成清晰的脈絡。這些問題都明確了，接下來就是信心了，相信自己能處理好眼前的困難。

面對不如意的事情，我們要懂得調動資源，善於捕捉「弦外之音」，人有時候心口不一，內心的真實思想，可能會不知不覺透過言語之外的方式流露出來。因此，與他人交往時，只要我們留心，就可以從對方的言談舉止以及肢體語言中查知他們的內心世界，就能窺見其內心深處。只要仔細揣摩，即使是可以隱藏的意圖，也可以從表面的偽裝中逐漸透露出來。

在人際交往日趨頻繁、多樣、複雜的當今社會，人們越來越深刻地意識到心靈的溝通往往見效最快。許多糟糕的交際問題的根源是在人際關係之中不能很好地掌握對方的心裡起伏狀況。我們與目標對象之間要建立一種具有互動功能的融洽關係，以幫助目標對象正確了解自身，接納我們的想法，進而欣賞我們和他本人，克服交往中的障礙，改變自己

■第二章 解開心結：催眠的治癒力量

的不良意識和傾向，充分發揮個人潛能，邁向自我實現。

身為一個掌握催眠技巧的人，在整理對方心理脈絡的時候，還要注意尊重對方的心理健康意識，維護對方積極向上的心理狀態是義不容辭的責任和義務。

潛移默化的催眠方式

也許有人覺得，不去催眠大師那裡，催眠就距離我們很遠。其實，催眠是人們常用的一種交際手段，生活中無所不在，相信許多人都有過被別人慫恿得頭腦發熱做出衝動行為的經驗。前些日子警方破獲了多起利用電話進行銀行卡轉帳的詐騙犯罪行為，許多當事人被罪犯在電話中催眠，一步步地按著罪犯的指令把錢匯到對方的帳號，事後才突然清醒，悔恨不及。現代傳媒中的一些廣告對我們的思想也進行著催眠行為，其效果與催眠師對我們進行催眠有著異曲同工之效，都能產生催眠效果，只是程度和深度不同。我們把前者媒體廣告的催眠叫做「潛催眠狀態」，後者催眠師的催眠叫做真正的「催眠狀態」。

「潛催眠狀態」與「催眠狀態」的關係，兩者只有量的不同，沒有質的差別。我們的潛意識，無時無刻不在接納來自外界的刺激，接受催眠的暗示後就會建立心理預期，並生成實現心理預期的衝動。雖然在「潛催眠狀態」下，顯意識非常清醒，會對潛意識完成心理預期的衝動進行阻攔，但是潛

意識會選擇以潛移默化的「和平演變」形式體現。在「催眠狀態」下，意識被限制和弱化，潛意識在催眠師的直接引導下，就可以非常順利地完成心理預期。

潛移默化的催眠方式在我們工作和生活中被廣泛應用，我們大多數情形下並不會覺察到。我們可以用暗示來培養人的心理慣性，從而主導交流。舉個例子，當我們要向人借東西時，可以先問對方兩個會給出肯定回答的問題，然後再提要求，對方就難給出否定的回答了，幼稚園的老師在引導小孩子的時候就經常用這個方法。「肯定式提問」所帶來的心理暗示，可以在對方潛意識裡建立了一種「肯定式回答」的心理預期，使得對方只有在遵循這一慣性做出肯定回答時，才感到心安理得，反之，就會因為潛意識與意識的衝突而感到焦慮不安。同理，我們批評人時，可以先肯定他的優點，再指出他的不足，對方就會誠惶誠恐地接納了我們的評判。

此外，人們在閱讀書籍、欣賞音樂或觀看電影時，都可以透過高度集中注意力，完全釋放意識流，實現接受藝術作品的暗示，這一點被許多催眠師廣泛利用，進而達到他們快速催眠的目的。比如說，催眠師與目標對象交談時，放一些節律緩慢的音樂，目標對象就會放慢自己的呼吸，漸漸集中自己的注意力，全身心就會融入音樂和催眠師的語言世界裡，就可以串聯意識與潛意識，從而獲得靈感與想像力，實現與催眠師的精神交流。看電影是我們理解催眠的另一種方

第二章　解開心結：催眠的治癒力量

式，當我們全身心接納導演的影像暗示時，我們就如同進入了另一個世界，完全與角色融為一體了。

每個人入睡後，都會做夢，一個人如果活到70歲，那麼至少會做25萬個夢。夢，是潛意識傳達訊息給意識的天然管道。如果懂得用催眠入夢，我們就可以重新體驗自己或者他人的夢境，並且即時接收到潛意識的訊息。人腦天生具備接收外界資訊的功能，因此，絕大部分人都能接受催眠。

近朱者赤，近墨者黑，我們要與那些有上進心，思想道德各方面優秀的人來往，以勉勵自已，不斷地提升自已。他們生活與工作的態度，也在潛移默化地催眠著我們，是對我們的鼓勵，也是我們學習的榜樣。反之，與思想品德惡劣、生活習慣腐敗的人相處，自然會受其行為的催眠而日漸改變自已的本性，是我們墮落的加速器，這在一個人的成長期體現更為明顯。

競爭對手也是潛移默化地催眠我們最多的一類人，雖然潛意識中對手不是那麼的友善，雙方曾針鋒相對，處處較量，誓不罷休，但正是因為好勝的心理，讓我們隨時關注著對方的行為與習慣，碰撞中，彼此影響和促進，使得雙方的思想、對事物的看法、工作的態度和技能，都會不斷地昇華，這種催眠的方式對雙方都是互相存在的。

由此看來，即使是潛移默化的暗示，累積多了也會達到真正催眠的效果。很多時候，人們不會刻意在乎別人的思想

與行為暗示,但是會在不知不覺之中受他人的變化所影響,許多細微的習慣、情緒以及性格在潛移默化的催眠中漸漸地被改變。這種「潛催眠狀態」是具有正面和負面暗示、肯定和否定他人兩種方向,因此,我們要恪守做人的品德,向著美好的方向潛移默化地暗示對方。

順藤摸瓜找出癥結

催眠術的研究成果十分豐富,其中就有對人心理癥結的許多研究成果問世。催眠術的研究成果認為,目標對象心理癥結的出現,是有歷史的,不是突然間出現的,只有知道其根源,催眠師才可以對其心理的癥結有所防範,萬一出現難處,根據事前想好的解決辦法也可以及時排除。

催眠術對心理癥結的總結大致包括以下三方面:1.遺傳因素;2.幼年時的環境;3.不斷加重的壓力。這三方面心理癥結對人的影響程度不一,我們可以透過順藤摸瓜的方式找出對方的心理癥結所在。在這裡,可以大膽嘗試使用我們掌握的催眠技巧,還可以應用讀心術、心理暗示以及心理撫慰等技巧。

人際交往中,遇到對方拒絕我們,相當程度上是因為彼此之間缺乏足夠的信任,而這種信任在對方看來,幾乎成了我們不可踰越的鴻溝。對方為何缺乏對我們的信任?是害怕與恐懼我們嗎?還是對方把我們想像成他的人生發展道路上的絆腳石?讓我們動動腦筋,順藤摸瓜,把這些原因一個一

第二章　解開心結：催眠的治癒力量

個去掉，讓所有橫亙在我們人際交往面前的障礙煙消雲散，直至看到廬山真面目！

尋找對方心理癥結的過程分為五個步驟：

第一步是詢問解疑：我們可以暫時充當「催眠師」，透過溝通交流，把對方的注意力集中在我們的身上，增強對我們的熟悉感與認同感。

第二步是引導階段：透過一些暗示測試，讓對方的注意力轉移，集中在他們自己身上，培養對方對我們指令的順從度，使其漸漸進入催眠狀態。

第三步是深化階段：繼續透過一些催眠手法，讓對方對我們的信任不斷加深，並強化對方對指令的服從，使之不斷加深催眠狀態。

第四步是治療階段：利用和對方的潛意識溝通時機，進行尋找，搜尋歷史原因和真正內心癥結。這個階段，對方並不是完全聽從我們左右，事實上，這個時候人的意識中自我保護的警戒系統雖然被弱化了，但並沒有停止工作，所以如果我們的要求過分了，對方就會產生焦慮而導致尋找原因失敗。

第五步是解除催眠：用口令等方式，結束催眠狀態。醒後，會有舒適感，因為對方潛意識的信任得到了幻覺式的滿足。

在潛意識運作時，對方會以好奇的思維重新打量平時熟悉的一切，重新審視、解讀各種理論學說；擺脫單調壓抑的

生活，嘗試新事物，探索未知的巨大樂趣。潛意識會充分信任他們自身，把內心的真實意圖袒露出來。它會直接的把人的性格、世界觀及壓抑的情緒等告訴我們。比如，個人抗壓性方面：過於好勝、孤僻、敏感等；生活方面：經濟拮据、單身、婚姻不幸福等；工作方面：壓力大、晉升失敗、被上司責罵等；身體方面：長時間加班勞累、身體疾病等因素所引起；人際交往方面：被欺騙、被利用等。

　　心理癥結是生活壓力、工作承受力、人際關係、環境因素對人們造成的一種緊張感。雖然說人無壓力輕飄飄，適當的壓力可以使人充實和上進，但是，壓力過大或者這種緊張感過於持久則會出現焦慮煩躁、憂鬱不安等心理障礙，乃至心理疾病。人的心理癥結不解開會加深憂鬱，過度緊張，就如把橡皮筋盡力拉長，時間久了就會拉斷一樣。我們要研究它們的特點都是什麼、引發心理癥結的原因是什麼，癥結雖然看不到、摸不到，但每個人都能感受到它的存在，我們掌握了對方的心理癥結所在就可以做到心中有數。

　　1. 時間短暫的癥結。此狀態持續時間較短，一般在一週以內能得到緩解。我們合理地為對方制定目標，量力而行；科學地安排他們的時間，盡量減少工作量；生活有規律，體育運動適度，以健康的體魄來消除心理癥結。

　　2. 損害輕微的癥結。此狀態對其社會功能影響比較小。處於此類狀態的人一般都能完成日常工作學習和生活，只是

感覺到的愉快感小於痛苦感,「很累」、「沒勁」、「不高興」、「應付」是他們常說的詞彙。因此,透過增加對方的收入或者休息時間來消除心理癥結是最有效的辦法。

3. 能自己調整的癥結。此狀態者大部分透過自我調整如休息、聊天、運動、釣魚、旅遊、娛樂等放鬆方式能使自己的心理狀態得到改善。

4. 長時間得不到緩解的癥結。可能形成一種相對固定的狀態,這部分人應該尋求心理醫生或者催眠師的幫助,以盡快得到調整。我們可以針對對方的情況適度地進行引導,主要是對其心態進行的積極調整。

我們都期望能像催眠大師或者心理學家那樣找出人們心理的癥結,也幻想自己能夠徹底解除對方的心理癥結,可是,說穿了,我們的力量還是有限的。就如站在河邊的人叫溺水的人「游過來!游過來」,卻沒有辦法下到水中去把他救出來一樣。所以,尋找對方的心理癥結不要過於強求,免得適得其反,可以多次漸進式嘗試,會收穫好的效果。

對症下藥開出良方

人們的性格各異,而性格的形成又比較複雜。家庭環境、教育程度、興趣愛好以及人生價值觀的差異,都會造成性格的差異。我們在工作和生活的過程中,會與不同性格類

型的人接觸,能否處理好人際關係,就顯得非常重要。倘若我們能夠讀懂對方屬於哪種類型的人,對症下藥,見機行事,交流起來就會容易得多。

　　對症下藥不僅僅是指對方,也指我們自身也要有所改變,圍繞在我們身邊的人就是我們的一面鏡子,它可以反映出我們本身的模樣。只要觀察一下身旁他人的樣子,就能夠明白自己的現狀。當我們心情愉快的時候,個性開朗的人就很容易和我們聚攏在一塊;當我們頹喪消沉的時候,垂頭喪氣的人也會來和我們靠在一塊。人們都是傾向於與那些擁有同等壓力和現狀的人聚合在一塊的。所以,我們使用催眠術對我們的目標對象進行「心理按摩」時,必須懂得在人際關係中最重要的角色是我們自己。要想建立良好的人際關係,第一步就是要培養我們自己的樂觀情緒,我們自己的心情要愉悅起來。

　　同樣道理,我們與他人建立良好的人際關係還需要我們主動爭取,我們掌握了催眠術,就可以經常對身邊的人提供必要的「心理按摩」。舒緩對方的心理壓力和緊張情緒,進而可以引導對方的言行,在人際關係中處於主導地位,這是靠我們主動爭取來的,而不是被動擁有的。

　　人際交往中,許多事情之間通常都存在著因果關係。要想成功與對方溝通,我們首先必須做好兩點,第一點就是要有一個準確的「把脈」方法,這將幫助我們明確對方的心理癥結;第二點就是要對症下藥,以實際行動解決對方的「病

症」。這兩點是相輔相成的，有行動才會有結果，只有良方沒有行動是不行的，對症下藥才會收到效果。也就是說，一次成功的心理按摩，會極大地提高我們社交中的自信感，增強我們對人際交往的掌握能力。如果我們熟練應用催眠術，能夠多次成功的操縱他人的潛意識，就會學會很自然地運用這個技巧和他人進行交往。

有一些人經常這樣說：「我要成就良好的人際關係」，有時他們還會因此而拋下自己分內的工作不做，去結交那些自認為有用的人，這都是病急亂投醫的表現。其實，如果真希望廣交朋友，我們就要對症下藥，只要自己能夠先成為別人眼中的良師益友，人們就會願意接近我們。所以，我們應該不斷提高自身素養，讓自己擁有能成為他人朋友的價值，讓對方想在他們的人際關係網中增添我們，能做到這個程度，我們對他們的催眠已經成功一大半了。這是一種類催眠現象，更像是一種個人崇拜，當一個人對我們的崇拜達到某種程度時，對方隨時都會進入我們的催眠程序中。

我們都有這樣的經歷，當我們有一些很有趣的事情，但是並不想告訴身邊的所有人，而是想要找某個人一起分享快樂時，都願意找樂觀開朗、積極主動、值得信任的人來當談話的對象。因為和這樣的人在一起，對方會積極主動地回應我們的言行，能夠引起我們內心的共鳴。同樣，當我們感嘆身邊缺乏良師益友的時候，就要想到，應該從培養自身的魅力出發。如

果想結識風趣點的朋友，那麼自己應該先變成風趣一點。如果想結識樂於分享快樂的朋友，那麼自己應該學會把快樂的事先與他人分享。這種為人處世的方式其實是對我們和他人進行對症下藥，我們這樣做的目的就是區別對待不同的人。

暗示他人的心理策略在催眠中被廣泛研究和應用，目的是更準確地找到並化解對方的內心的癥結所在。催眠術中的技巧在人們交往的過程中是相互影響、相互作用的一個過程，這種影響和作用通常是用雙向作為特徵的。我們影響別人的同時，也要接受別人的影響；了解到別人，也要讓別人了解自己；既要讓別人適應自己，自己也要主動地去適應別人，這樣的話，雙方才能更好的建立相互間的信任。

每個人都有獨特的性格或個性，但人性又是共通的，某些特質是人類共有的，例如自私心、自尊心、攀比心、同情心、受誇讚心等。我們如果想跟他人建立起和諧的人際關係，進而建構有效的人際關係網，首先就應了解人性的特點，懂得人的心理規律，並善加運用，進而再設法用心察知其特有性格，採取有效應對的方法，就會勝券在握。

我們不需羨慕別人的交際能力，只要我們懂人性，知人心，對症下藥開良方，就會撥開迷霧見青天，明白人際交往中接納與受歡迎的關鍵所在。

■ 第二章　解開心結：催眠的治癒力量

三大催眠實施法則

高尚的道德品格對催眠師而言是絕對必要的，因為他幾乎是在剝奪被催眠者的顯意識狀態的情況下工作的。在催眠中，尤其是在程度較深的催眠狀態中，被催眠者猶如牽線木偶或機器人，完全聽從催眠師的指令，甚至做出一些荒唐的舉止也全然不知。

職業道德規範了催眠師的行為，他們不會要求被催眠者做一些與治療疾病和心理診療無關的行為，或說一些與被催眠者本身無實際用處的話。對被催眠者吐露出的隱私，催眠師也不會向任何人透露，並且，在施術之前催眠師都會以莊重的態度向被催眠者做出保證。

我們了解和使用催眠術，也要遵循這些規範。簡單地說，要遵守以下的三個原則：遠離催眠禁忌；催眠行為經得住推敲；催眠不被反催眠。

◊ 霧裡看花，遠離禁忌

心理學家和社會學家們認為，正常的成年人都會強烈地要求私密生活不被他人打擾和干涉，更不希望自己的私密生活被他人曝光。對於一個人來說，保守祕密的能力是他在社會中健康發展的基礎，人們都鄙視洩密者，痛恨揭人傷疤、

沒有同情心的人。對催眠師來說，在催眠的過程中，會了解到目標對象的一些隱私，但是催眠師都會恪守為當事人保守祕密的原則，他們知道哪些事情可以做、哪些事情絕對不能做。我們學習和使用催眠術，也要遵守這些原則，不要把別人的私密事情解釋得淋漓盡致，要尊重當事人的隱私。

長期以來，心理學家們就認為保守祕密的能力居於一個人心理健康發展的最中心位置。兒童在 6 到 7 歲時就學會不要提前洩漏送給媽媽的禮物，在青春期和成年後，一個人能不能在社交中流利地說一點無傷大雅的謊話，經常關係到他的精神健康。研究者們還發現，保守祕密的本事能加強一個人的吸引力。就像英國文學家奧斯卡‧王爾德（Oscar Wilde）說的那樣：「最常見的事物，只有當你把它藏起來的時候才會叫人高興。」

當一個人的私密生活暴露以後，難免會破壞他的公共形象。這時候他不得不重新選擇另一個公共生活形象中的自己，不然就會有心理崩潰的風險。我們應用催眠術時，必須尊重做人的品德，有些事情是絕對不能做的，即使是催眠大師，也會拒絕以下 5 類禁忌：

禁忌 1：洩漏目標對象的隱私。這是所有催眠師和心理醫生放在首位的禁忌，即使為了研究的需求，公開研究成果時也會抹去當事人的身分背景。

禁忌 2：抹去一些記憶。催眠只能暫時抹去不快的記憶，但不是永遠。到了某個時刻、某個地點，記憶會被再次喚

第二章　解開心結：催眠的治癒力量

醒，那時候被催眠者可能會更痛苦。所以，催眠師不會輕易為別人消除記憶。

禁忌3：測試配偶忠誠度。催眠師最在意的就是為客戶保守隱私，不能讓第三方知道。只有在當事人同意的情況下，才允許其他人參與。因此，想找催眠師測試配偶忠誠度，這是不可能的，催眠師最忌諱的就是受人委託測試別人的隱私。

禁忌4：了解孩子的想法。處於青春叛逆期的孩子很難管，許多家長想透過催眠這樣的方式窺探孩子的想法、需求，以及是否早戀等。這是侵犯孩子的隱私，催眠師不會滿足家長的這種要求。

禁忌5：竊取商業機密和帳號。影視作品中，催眠師利用催眠深入目標對象的內心，竊取商業機密、私人帳號等。這一類催眠，涉嫌違法犯罪，守法的催眠師也不會這樣做。

以上5類催眠大師都不做的禁忌事情，我們就更不該做了，我們要避免自己過多的涉入他人的隱私。我們不是專業的催眠大師，也不是替別人治療心理疾病，只是用催眠術的一些技巧來輔助我們改善人際關係和增加成功的機會罷了，不必過於尋根究底，將他人的真實意圖全部挖掘出來，更不要和對方討論自己了解到的對方的真實想法，這種把真相捅破的方式會加速對方遠離我們，甚至和我們反目成仇。

在人際交往中，儘管我們對一些人的了解不是很深入，但是運用催眠術範疇的一些技巧，還是會有非常大的收穫

的。我們能夠成功對他人進行輕度催眠就足夠了,輕度催眠是指被催眠者身心放鬆,處於舒服的狀態,所以被催眠者常常會以為自己並沒有被催眠。其實,被催眠者已經開始進入催眠狀態,只是深度還不夠而已。在這種狀態下,被催眠者的心裡防衛漸漸降低,比較能說出平常不願意流露的話,心情也比較平穩,適合進行一般的心態調整。能達到這種催眠狀態,對於我們改善自身的人際交往已經足夠了,有個成語「過猶不及」,如果我們在人際交往中催眠的手法太露痕跡,會引起大家的反感,這一點切記。

跳出局外看自己,行為經得住推敲

催眠沒有我們想像的那麼難,催眠其實與我們的日常生活息息相關,只是我們沒有用心總結。如果只是想學會自我催眠,一天的時間就綽綽有餘了;如果想學會催眠別人,也不是很難。只要用心研究,不需多長時間就可以掌握這一技巧。

我們知道,在催眠狀態中,目標對象的潛意識全面開放,心理防衛機制降低,經由催眠師的暗示,潛藏在心理世界最深層的各種「意念」會和盤托出、暴露無遺。催眠師絕不應該利用這一情況來達到自己的某種企圖,或者將被催眠者的種種意念作為茶餘飯後的趣聞而四處傳播。催眠師將被催眠者的隱私四處傳播的情況將產生惡劣的影響,當被催眠者知曉這一情況後,有可能終生背上沉重的包袱,而無法解

■ 第二章　解開心結：催眠的治癒力量

脫，原先的心理疾病不僅不會減輕，反而會加重，催眠術也有可能因此承擔某些法律責任。

我們必須意識到在一個社會共同體中應當存在一種普遍有效的客觀性道德標準，應當把一些社會公認的核心價值觀和基本美德保持在我們的內心，這些共同美德包括：正直、善良、誠實、守信、尊重、責任感、正義感等。我們的原則就是，自己要有公德心，自己的行為要經得住推敲，尤其是我們人際交往時的催眠行為更要經得住當事人事後的反思和評判。

我們掌握了催眠術的技巧並應用到實踐中，應保持客觀、祥和的心態看待自己的行為，這是一種可以銳利洞悉自身言行、舉止、行為之下思想與本性的智慧，是一種可以嚴密規控自身思想與本性向善的力量。這種「看」，是一種思想靈魂，是另一個可以隨時由身體中飛離出來的「自己」，是自己人生道路上的良師益友，是自己的精神領袖。如果我們的所作所為連自己都感到可恥，那麼這種行為帶給別人的傷害就更多了。

在我們的一生中，對待同一件事情懷著不同的心態，看待事情的角度和處理方式就會截然不同。要能跳出來看自己，以樂觀、豁達、體諒的心態來觀照自己、理解自己；不苛求自己，更重要的是超越自己、突破自己。

使用催眠術的過程，我們占據著主導地位，因此心中比較坦然，有一種旁觀者清的切實感受。我們會感覺到對方生活中的苦、累或者開心、悲傷的心情等，我們可以了解到對方的心

境，察覺對方對生活的態度、對事物的感受。我們應該盡自己最大的能力幫助對方排解負面的情緒，引導對方進行美好事物的探討，而不是拿對方的痛苦或錯誤來挖苦、懲罰他們。我們要積極引導對方換個角度看自己，勇敢地面對人生，尋找戰勝壓力的方法，讓對方的潛意識在布滿荊棘的心靈上做出勇敢自信的抉擇，尋找自身的成熟和人際交往的成功。

當對方的人生理想和追求與我們差異很大時，我們不妨換個角度來看待。這是對我們的人格、品行和風範進行全面考量的時刻，社會的多元化使得社會中每一個人都具有不同的價值標準。每個人都可以為自己確定自我價值標準，並具有一貫性和穩定性，它是道德信念、道德心理、道德行為在個體身上長期累積的結果。我們沒有必要強迫對方按照我們的觀念改變他們自己，我們應用催眠術是為了拓展自己的人際關係，是讓對方接受我們。因此，我們要行得端，坐得正，坦坦蕩蕩，催眠術是幫助我們提升人際關係的方法，不應該淪為實現個人滿足感的不光彩手段。

催眠不被反催眠

喜歡逛商場的人都會遇到這樣的情況，看見好看的衣物，有時候內心並不想買，只是抱著試一試的想法，於是表現出對衣物很感興趣的樣子，請店員拿出各種顏色和尺碼的衣物試來試去。這樣做的目的是為了讓店員更好地服務自

第二章　解開心結：催眠的治癒力量

己,享受一下穿好看衣物的感覺,這裡就很自然的用到了催眠手法,使店員沉醉在即將成交的喜悅之中而熱情地服務。很多人試來試去,最後找個理由一走了之,遇到這樣的顧客,店員有苦說不出。

然而也有一些催眠和反催眠手法十分高超的店員能轉守為攻,成功催眠或者反催眠顧客,讓顧客慷慨解囊,買下先前試過的衣物。這就是典型的語言催眠和反催眠現象,一句句好聽的話一直送到顧客的心裡,讓顧客實在沒辦法「清醒」。再比如,商業談判中,一方始終被另一方牽著鼻子走,所有談判的議題都是圍繞著有利於對方進行的,不利的這一方內心焦急,但就是跳不出對方設計周密的「催眠」程序。

從我們自身來講,我們日常生活和工作中遇到的催眠現象非常多。小到同事、朋友之間對我們的慫恿,大到上級誇張地盛讚我們的工作能力而授予我們艱鉅、不可能完成的任務,這些催眠現象俯拾即是。我們要注意的不是這些情況,這些現象很容易辨別,我們只要注意分辨就會有好的解決辦法。我們要特別注意的是,當我們認為自己已經成功催眠他人了,其實是自己被對方反催眠了還不自知的情況,這是對我們很不利的局面,一旦進入對方的反催眠狀態,我們也會迷失在其中。

相信大家都做過清醒夢——我們在夢裡知道自己在做夢,還可以操控夢境中的事物,甚至主導夢的發展邏輯。有的時候,我們甚至能夠覺察到,我們在一個夢裡面又做了一

個夢——夢中夢,這算是第二層次的夢境,但我們又怎知自己沒有經歷第三層次的夢境呢?可謂夢中的夢中夢,抑或第四層次、第五層次的夢境呢?到那個時候,我們的意識在哪裡呢?我們到底是清醒的還是被催眠了呢?用更為專業的術語表達,如果我們遇到了功力高深的催眠高手,我們的意識不知不覺間已經被對方引導和操縱,我們認為自己的意識很清醒,殊不知這個意識也是對方灌輸給我們的。

一個人想在社會上立足,必須具備一定的心理防禦能力,否則就會模糊自己心理防線,對外來資訊全盤接受,不懂取捨,分不清自己是清醒狀態還是糊塗狀態。我們對別人的思想與觀念似乎總是有著許多的懷疑,不是批判地接受,就是全然地否定,卻總是對自己的思想與觀念充滿著信任與肯定。那麼,我們所謂的「自己的思想」真的是來自我們自己本身嗎?答案是不一定!

事實上,如果我們處在對方反催眠狀態下,我們潛意識裡諸多的資訊似乎是來自自己的靈感與直覺,卻不知我們的想法是共享了對方的潛意識資訊。共享他人的潛意識資訊是很客氣的說辭,反過來思索下,我們的思想裡,有很多沒有經過我們的思維認真考察的資訊與觀念,有可能是來自周圍那些懂得心靈運作之道的人們,是他們在我們潛意識中所植入的資訊,而這些資訊對我們來說則是入侵者。我們大多數人的心理防禦機制都很脆弱,是很難抵擋經過巧妙設計的入

侵者的潛意識資訊的。

應對反催眠也是有辦法的，這裡介紹 3 個提高防禦能力的方法：

1. 提高我們的文化素養和修養，因為文化素養越高，越是能對各種事物持批判態度。例如各種封建迷信、一些極端宗教團體，在有很高文化素養的人看來，就會覺得十分可笑。我們要提高對各類事物的辨別程度，才不至於在五花八門、千奇百怪的資訊裡迷失方向。

2. 提高自信心，增強自我控制能力。有些人生性軟弱，聽命於人已成習慣，久而久之失去了自己的生活目標。遇到反催眠，主要原因是我們的自信心不足，沒有堅定的立場，就容易出現隨風倒的現象。擺脫他人的反催眠，自信、自立、自強是關鍵的第一步，也是我們走向成功的第一步。

3. 提高心理適應能力。努力將自己置身於動態的社會、文化環境中去了解它、適應它，而不是迴避它。「少見多怪，多見不怪」之意就在於此。適應社會變化、適應新的人際關係，對各種突發的事件，要處事不驚，泰山崩於前而色不改。對任何事都不過分被吸引、被刺激，或過分好奇，聽而不聞、視而不見，這樣一來，被他人反催眠、反心理操縱的機會就大大減少了。

我們可以擁有獨立的意識、獨立的人格，卻很難擁有獨立的潛意識，為此，我們應該保持良好的自我覺醒，時時覺醒自己的情緒、自己的思想、自己的感受……

第三章
看懂他人：催眠式心理洞察

　　成就人際關係、了解和使用催眠術從哪裡入手呢？其實，我們可以從身邊許多熟悉的事物中發現使用催眠術的切入點，這些基礎元素滲透在我們生活的各方面，稍加留意就可以從中捕捉到對方心理世界和情緒的變化。

　　比如：看到對方衣著的款式、顏色、佩戴的飾物，就可以探尋其內心世界的狀態，進而獲得深入對方心理的突破口；聽到對方慷慨激昂的聲音，可以因其激動的情緒，摸準對方跳躍的心態；對方不經意流露的小動作和個人喜好等等，都是我們探尋對方內心世界的途徑。

　　工欲善其事，必先利其器，催眠術離不開對對方心理的研究和追蹤，捉心理的切入點很簡單，都是圍繞著人的生活習慣和日常行為展開的，這也是我們與對方建構人際關係的基礎。

■ 第三章　看懂他人：催眠式心理洞察

破解他人的心理偽裝術

一個人的衣物款式、衣物顏色、一個眼神、一句話、一個動作，都在向我們傳遞著一些微妙的心理活動，這些資訊反映了他們當時的真實心情和真正的意圖。我們都知道，如果想與人愉快地交往，就必須了解這個人的真正心理需求，了解他心中的真實想法；如果想接近他人，進而與他建立良好的人際關係，就必須破解他的心理防線，把他藏在面具之後的心理和個性摸準，才能收到實效。

想要增強這種能力，就要強化我們的觀察能力，幾秒鐘的時間破解對方的心理迷彩，進而採取適當的溝通方式。人際交往是否占有主動，相當程度上在於能否讀懂對方呈現出的各類資訊，並且排除各種錯誤的暗示和誤導語言等，抓住解決問題的關鍵。

◊ 看服裝 —— 讀懂對方的性格和品味

一個人的性格和品味，作為「第二皮膚」的服裝是最有發言權的。服裝是人們進入社會的形象代言物，它是人們身體的一部分，但它同時也屬於外部世界，處於外部世界和自身之間的交界位置的重要地位，使得人們和服裝的關係非常豐富和複雜。因為，服裝會向他人發送重要訊息，儘管有時候人們並不想讓他人知道自己的內心想法。然而我們還是可以

透過對一個人服裝的觀看,初步了解對方的性格和品味。

一個人找到適合自己的穿衣風格或穿著適合自己的衣服,並不意味著自我感覺就好。著裝風格可能受家庭、伴侶和社會地位的限制,有很多人的著裝風格只是為了取悅自己的伴侶和適合工作的需求。所以,他們的本來面貌和服裝外表表現出來的樣子之間有很大差異,這可能成為迷惑我們視神經和判斷力的障礙。

儘管人們的穿衣有偶然性,但是從長期來看,一個人對服裝的選擇還是有規律可尋的。當人們穿上喜愛或者不喜愛的服裝時,都會把自己的心理狀態袒露無遺,會把自己的性格和品味傳達給眾人。我們要做的就是快速掌握這些包裹在身體上的服裝透露出的資訊。客觀地講,有些服裝透露出的資訊可能不科學,有些時候會跟身材、從事的行業、喜好有關,我們不能一概而論,但是看服裝,也足以為我們提供一些了解對方心理的策略了。

我們可以從一個人對服裝的規律性選擇上來掌握他的性格特徵和品味:

1. 喜歡穿簡單樸素服裝的人。這種人性格比較沉著、穩重,為人比較真誠、熱情。他們在工作、學習和生活當中,比較腳踏實地、好學,並且能夠做到客觀和理智。但是如果過分樸素就不太好了,那樣的話就表示這個人缺乏主體意識,比較軟弱而容易屈服於別人。

2. 喜歡穿單一色調服裝的人。這種人比較正直、剛強，理性思維要優於感性思維，稜角分明，內心比較固執。

3. 喜歡穿淡色便服的人。他們多為比較活潑、健談的人，並且喜歡結交朋友。

4. 喜歡穿深色服裝的人。此類穿衣方式的人性格十分穩重，顯得城府很深，一般比較沉默，凡事深謀遠慮，常會有一些意外之舉，讓人捉摸不定。

5. 喜歡穿式樣、花色與眾不同的服裝的人。這種人喜歡穿式樣繁雜、五顏六色、引領潮流的衣服，多是愛表現自己的人，有些任性和張揚。

6. 喜歡穿過於華麗衣服的人。具有此種穿衣喜好的人，多為具有很強的虛榮心和自我表現欲、金錢欲的人。

7. 喜歡穿流行時裝的人。這種穿衣喜好的人，最大的特點就是沒有主見，不知道自己有什麼樣的審美觀，情緒不穩定，容易見異思遷。

8. 不跟著流行走的人。喜歡根據自己的愛好選擇服裝而不跟著流行走的人，一般是獨立性比較強，有果斷決策力的人，也是非常堅持原則的人。

9. 喜歡穿同一款式的人。這種人性格大多比較直率和爽朗，有很強的自信心，且愛憎分明。優點是行事果斷，顯得

十分乾脆俐落，言必信，行必果；同時也有缺點，就是清高自傲，自我意識比較濃。

10. 喜歡穿短袖襯衫的人。此類人性格一般放蕩不羈，為人卻十分隨和、親切。熱衷於享受，凡事率性而為，不墨守成規，喜歡有所創新和突破；自主意識比較強，常常以個人的好惡來評判一切。雖然看起來有點表裡不一，但實際上思維比較縝密，且任何時候都知道自己在做什麼，所以他們能夠做到三思而後行，不至於任性妄為，釀出大錯。

11. 喜歡穿長袖衣服的人。此種類型的人大多比較傳統和保守，為人處世循規蹈矩，不敢有所創新。冒險意識在某一方面來講是比較缺乏的，但他們又喜愛爭名逐利，人生理想定得也很高。這類人最大的優點就是適應能力比較強，這得益於其循規蹈矩的為人處世原則，把他們任意放在哪一個地方，都能迅速地融入其中，通常會營造出較好的人際氛圍。很重視自己在他人心目中的形象，希望得到注意、尊重和讚賞，因而在衣著打扮、言談舉止等各個方面總是嚴格地要求自己。

12. 喜愛寬鬆自然的打扮。這種不講究衣服剪裁合身的人多是內向型的。常常以自我為中心，不能走進其他人的生活圈子。有時候也想和別人交往，但在與人交往中，又總會出現許多不和諧的地方，所以到最後還是以失敗而告終。沒有太多朋友，可是一旦有，就會是非常要好的知己。他們的性格中害羞、膽怯的成分比較多，不太喜歡主動接近別人，也

不易被人接近。一般來說，他們對團體活動、拋頭露面的社交場合是沒有興趣的。

在人生的每個時段，人們都會在服裝上投射某些特別的心情。成年人，在服裝上面更是附加了友誼、事業、地位、生活、愛情等味道，在個人和外界交流的過程中，服裝是這個環節的一種支撐。一個人的性格和品味就是在這看似無奇的穿衣中顯現出來，我們要關注對方的服裝，認真注意每一個細節，就會發覺對方的衣物選擇都是截然不同的心理反射。那麼，在與其交往時，對於掌握對方的心理就會有的放矢了。

觀色彩 —— 讀懂對方心理顏色和情緒

服裝的色彩也能直接反映出一個人心理的顏色和情緒。最簡單的證明就是：紅色、橙色、粉色等暖色，可以使人聯想到熱情奔放，讓人感覺溫暖；與此相對，藍色、綠色、藍綠色等冷色，這些顏色讓人聯想到保守孤僻，使人感覺寒冷。顏色在心理感覺上暖與冷的分別，會讓人們覺得對方或者容易接觸或者難以溝通。

不過，這只是顏色所具有的心理效果中最普通的一種，我們都知道服裝令人印象最深的就是服裝的色彩，很好的色彩組合和搭配，會帶給我們強烈的視覺衝擊和審美愉悅感。一是面料本身的色彩，二是這種色彩與穿戴著自身心理的顏色和情緒搭配產生的和諧感。

一般說來，人們對服裝折射心理的了解多表現在色彩上：常穿白色的人高貴純潔，但不可靠近；喜歡紫色的人情感比較浪漫，容易被喚起同情心；喜歡黃色的人天真爛漫，缺少防護心理；喜歡藍色的人誠懇真摯，富有幻想；喜歡黑色的人抑制感情但渴望關懷愛護⋯⋯但是這樣的分類都過於簡單，服裝色彩所表現出的心靈顏色和情緒遠沒有這麼簡單。

　　色彩是構成衣飾美學因素和心理情結的重要因素之一，色彩媒體資訊在我們與他人交往過程中，已經廣泛地深入到人們工作、生活的各個方面，喜好不同顏色服裝的人內心世界也大有不同。

　　色彩能夠表達人們的各種感情，它具有象徵性和穩定的個性，這種色彩往往就是一個人心理顏色和情緒的再現，目的是能適應不同的社交環境。從這方面來說，色彩又是活的、有生命力的。正因為服裝各類顏色的不同特點，所以在人際交往與工作生活方面有著特殊的意義。我們可以透過觀察衣物的色彩來了解對方的內心世界，掌握對方的心理。

　　1.喜歡藍色、綠色、藍綠色等色彩的服裝。喜歡這種顏色說明他是一位個性敏感、穩健的人，喜歡默默地觀察周圍的一切。為人和氣，擅長站在他人的角度了解問題。許多喜歡這個服裝色彩的人，會對自己所做的事情只利於自身而感到不安。總體來說，此類人擁有豐富的精神生活，做事有分寸，並且有很好的品味。不喜歡這個色彩的人，常對自己和

第三章　看懂他人：催眠式心理洞察

周圍的人不滿，不能忍受憂鬱情緒，總是避免所有限制個人自由的一切束縛。

2. 喜歡紅色、粉紅色、粉色等色彩的服裝。喜歡此類服裝色彩的人大多充滿生機與活力，會對自己感興趣的事投入百分之百的熱情。他們渴望成功，意志堅強，決策果斷，但缺乏耐心，情緒起伏相當大。心直口快，說話不假思索，不太考慮別人的感受。並且，有時習慣把過錯歸咎於別人或外在不可抗拒的因素上。討厭此色彩服裝的人通常容易感到疲憊、虛弱，希望遠離不安、遠離超負荷的工作和生活壓力，喜歡舒適自然。

3. 喜歡黃色、米黃色、橙色等色彩服裝。屬於樂天派，喜歡新鮮的東西，努力避免平庸。喜歡追求變化，無法忍受一成不變的日子，尤其喜歡令別人留下強烈印象。平時總是精力充沛，做事自信。討厭此色彩服裝的人，因屢次被失敗挫傷，變得多疑，不信任他人，易怒，記仇，很難寬恕被欺辱的行為。

4. 喜歡褐色、棕色、咖啡色服裝。喜歡此類服裝色彩的人給人穩重、安全的感覺，通常有強烈的欲望，看重溫暖舒適的家、誘人的美食和所有能夠帶來滿足感的東西。不過，他們個性拘謹，自我價值觀很強烈，害怕外界對自己的否定和不認可。這種人從外表看似冷靜，其實內心熱情，習慣腳踏實地做好每一件事情，絕不會讓別人看到自己脆弱的另一面。不喜歡這個色彩的人一般非常看重自己，朋友不多，比較難接近。

5. 喜歡黑色、灰色等色彩服裝。喜歡此類服裝色彩的人性格堅強、剛毅，準備為自己信奉的原則赴湯蹈火。他們具有不妥協的人生態度和極端的性格，表現欲很強，容易對事情產生不滿情緒，並樂於直接表達。但對自己脆弱的那一面，卻不願意讓別人知道，也不喜歡聽取別人的意見。從表面上看可能會令人留下神祕、高貴、專業的印象，其實這類人有相當一部分內心都是不善交際的，只是用黑色來掩飾自己內心的不安和恐懼。討厭黑色、灰色的人，通常也是極端主義者，很少做出妥協。

6. 服裝顏色多姿多彩。此類型的人外向開朗，但內心充滿不安，正是為了彌補這種不安，他們才選擇多色調的衣飾。他們對自己的性格和能力有強烈的不確定感，對工作待遇等問題也常感到不滿意。和外表的亮麗多彩完全不同，他們其實有著畏縮不前的個性，容易受外界的影響。與之相反，喜歡穿簡單顏色的衣服的人對自己的滿意度很高，有明確的自我定位，不會隨波逐流。他們生活態度實際，感情也很穩定，在人際關係上會以自己的標準來選擇交往的對象。他們並不張揚自我，但關鍵時刻會毫不畏懼地堅持自己的觀點。

色彩具有不可思議的神奇魔力，能帶給人的心理和情緒巨大的影響。例如，色彩可以使人的時間感發生混淆，穿藍色的服裝就可以讓對方感覺延長了與我們相處的時間，這是它的眾多魔力之一。色彩可以降低別人的敵意、色彩可以平

■ 第三章　看懂他人：催眠式心理洞察

衡合作者之間的身分、色彩可以增強一個人的魅力……

在自然欣賞、社會活動方面，色彩在客觀上是對人們的一種刺激和象徵；在主觀上又是一種心理反應。我們身體處在顏色的包圍中，我們離不開顏色，同時，顏色與我們的情感、心理又是相互影響的。心情激動時，一抹淡藍可以平復心情；心情黯淡時，加點橙色可以開心。了解不同的服裝顏色內涵，可以讓我們更易於與他人溝通。

色彩是一個人自我形象設計的靈魂，服裝是一個人特殊的生活語言，人們往往透過對服裝色彩的選擇，表達自己的生活喜好、性格志向、內心情感和審美追求等精神內容。我們要鍛鍊自己的色彩理解力，一旦熟練掌握和運用色彩分析，就可以透過讀心、暗示、撫慰、攻心等催眠技巧和他人進行對話。

察妝容 —— 探尋對方的審美觀和習慣

愛美之心人皆有之，無論男士還是女士化妝都無可厚非。妝容不僅能反映出人們的性格和對待生活的態度，也展現了人們的審美觀和生活習慣。

人們在不同的階段會選擇不同的妝容，可是，一個人突然不化妝，或者開始更注重妝容，不僅表明他們對化妝態度的改變，也意味著生活中發生了變化。化妝品雖然用在臉上，實際上卻是在修飾人們的心態。

有些人患上了「妝容依賴症」，因為過於享受好看的外貌所帶來的讚美、豔羨和優待，以至於無法面對真實的自己，這是典型的人格面具依賴現象。每個人在成長過程中，都會不自覺地形成某種適合個人社會角色需求的人格面具，這種人格面具在一定程度上是對自己的保護。然而如果對這種人格面具過度依賴，壓抑和掩藏真實的自我，就會走向極端。從心理學角度來分析，這些依賴妝容的人其實是對人格面具的一種依賴，是缺乏自信的表現；長此以往，往往會造成對真實自我的牴觸和人格的僵化。

不同類型的妝容，反應了不同的審美觀念和心態變化，透過妝容，我們可以對不同的人有所了解。

1. 喜歡流行妝容的人，大多能很快地接受新事物，但常缺少屬於自己的獨立個性，缺少必要的對未來的規劃，他們不知道控制，自我表現欲強烈，希望自己能夠引起他人的注意，城府不是特別深。

2. 喜歡濃妝豔抹的人，大多自我表現欲強烈，總是希望透過一種比較極端的方式吸引他人。思想比較前衛和開放，對一些大膽的過激行為常持無所謂的態度。他們為人真誠、熱情和坦率，雖然有時會遭到一些惡意的攻擊，但仍能夠尊重身邊的人。

3. 喜歡化自然妝的人，多是比較傳統和保守的，思想有些單純，富有同情心和正義感。但不夠堅強，在挫折和打擊

第三章　看懂他人：催眠式心理洞察

面前常會顯得比較軟弱。為人很真誠，從來不會懷疑身邊的人有什麼不良動機。

4. 喜歡化淡妝的人，大多自我表現欲並不是特別的強，他們不願意讓他人注意到自己。這一類型的人有很多都是相當聰明和智慧的，也會獲得一定的成就。他們擁有自己的絕對隱私，並且希望能夠在這一點上得到他人的尊重和理解。

5. 喜歡化煙燻妝的人，很可能是在進行某種情感宣洩，多具有相當強烈的叛逆心理，喜歡和一切常規的思想和行為做鬥爭。

6. 從來都不化妝的人，追求的是一種自然美。這一類型的人對任何事物都不局限在表層的膚淺的認知，而是更看重實質的東西。

7. 喜歡用很長時間化妝的人大多是完美主義者，他們多有很強的毅力，對自己的外表並沒有多少自信，所以在這方面會花費大量的時間、精力甚至是財力。由於他們過分注重外表的形象，總會造成一種相當不自在的感覺。

8. 喜歡化色彩濃重妝容的人，有比較豐富的想像力，身體內有很多藝術的細胞，希望自己能夠成為一個藝術家。他們嚮往自由，渴望過一種無拘無束的生活，常常會有許多獨特的、讓人吃驚的想法。

9. 無論在任何時候都化妝的人，非常沒有自信，企圖借化妝來掩飾自己在某一方面的缺陷。善於把真實的自己掩蔽

起來，與此類人交往總是很耗費精力和時間，因為我們很難了解到他們的真實目的。

10. 在化妝的時候，特別強調某一部位的人，對自己的實際情況有相當清楚的了解，知道自己的優點在哪裡，更知道自己的缺點在哪裡，尤其懂得揚長避短。此類人對自己充滿自信，相信經過努力一定能夠實現自己的理想。也很現實和實際，並不是生活在虛無縹緲的幻想中的一類人。為人處世等各個方面都非常果斷，並且能保持沉著、冷靜的態度。

別認為妝容只是做一些表相的功夫，不值得了解，也無需多在意。事實真是這樣嗎？其實不然，任何表相中都蘊藏著深刻而豐富的內涵，愛化妝的人大多是有耐心、積極的，也是他們智慧人生的體現，愛惜自己儀容的人對待工作和生活也很有耐心，非常細緻。妝容可以展現出一個人的精、氣、神，可以體現出他們的審美能力和生活習慣。我們捕捉對方的心理變化，一定不要忽略了對方臉上覆蓋的這個「面具」。

品飾物 —— 了解對方的素養和修養

飾物無非發揮了畫龍點睛的作用！有些飾物有著誇張、協調的作用，有的飾物可以讓人耳目一新、心曠神怡。恰到好處的飾物常常能夠發揮吸引他人注意力的效果，還把人們的文化素養、精神品味突顯得鮮明生動、熠熠生輝，但如果配置不當，也會適得其反。

第三章　看懂他人：催眠式心理洞察

　　飾物在於突顯亮點，而不在於鋪張，佩帶飾物以簡潔得體為好，最忌繁複雜亂。人們越來越注重飾品的選擇和佩戴。飾物更是居家裝飾、生日禮物等都離不開的物品，飾物在如今的人際交往中更成為不可缺少的元素。

　　一個人佩戴的飾物總是能夠體現出他們的素養和修養，因此透過觀察一個人佩戴的小飾品，為良好的溝通進行鋪陳，也可以作為我們運用催眠術撫慰對方的一個途徑。

　　1. 手腕上喜歡戴飾物的人。這類人多數是精力充沛、有朝氣和活力的人。他們聰明、富有智慧，並且有某一方面的特長。他們有追求、有理想，絕大多數時候都知道自己想要些什麼，並且會主動去追求自己想要的東西，甚至有些時候感到迷茫也不會主動放棄，而是在行動過程中進行探索。

　　2. 佩戴胸針、領帶夾、胸徽等飾物的人。講究衣著，重視整體搭配的人，常常會在胸前戴著一個小小的飾物，這樣的人相當重視自己在他人心中的形象。他們在為人處世方面處處小心和謹慎，不會貿然地做出某種決定。他們有一定的疑心，不會輕易地相信某一個人，即使對非常要好的朋友，也有一定保留。他們希望自己能夠引起別人的注意，但又總是習慣用謙虛的態度來掩飾這種心理。

　　3. 喜歡用小的珠寶首飾當作飾物的人。這種喜歡用珠寶當作裝飾品，對個人形象有某種點綴作用的人，在很多時候並不是為了突出表現自己的個性，而是為了配合整體造型，

以期達到一種整體和諧的程度。這樣的人可以稱得上是完美主義者，他們凡事總是竭力追求完美。他們的自我表現欲不是太強烈，更在乎的是自己是否可以完全融入某一種氛圍當中，與其他人打成一片。

4. 喜歡具有民族情調、異域風情飾物的人。一般來說，這種人個性相當鮮明，他們總是有自己獨特的想法和見解。

5. 喜歡佩戴體積大、吊墜多、璀璨醒目的珠寶首飾、佛珠、掛鏈等飾物的人。這種人多愛招搖，他們無論走到哪裡，總會吸引許多人的目光。他們比較熱情，這種情緒還會傳染給其他人，比較正向和樂觀，愛幻想。

6. 喜歡佩戴體積小、不太起眼的飾物的人。此類人多為謙虛而又穩重的人。他們的內心多十分平靜，在任何事情面前都能保持順其自然的心態。他們一般不太希望引起他人的注意，隨便、自然一些反倒更好。

除了飾物款式、規格的選擇可以了解一個人的品味外，人們對飾物的顏色選擇也很關鍵，飾物的色彩有時比服裝的色彩還能體現出主人的內心世界，往往發揮明確主題的作用。很多時候，人們並不見得多麼喜愛這個飾物，而是為了顯現這個自己鍾愛的色彩帶來的心理效應。

喜歡紅色飾物的人：有著積極進取的個性，充滿活力。朝氣與熱情令其對人生充滿希望，期待自己邁向成功的人生。不在乎挫折，跌倒了也會站起來拍拍灰塵再向目標前進。

喜歡綠色飾物的人：喜歡享受新奇的事物，對朋友來說，是屬熱心過度的人，幫助別人之時，常常給人好管閒事的印象而惹人生氣，喜歡享受大自然生活，適合當旅伴。

喜歡灰色飾物的人：很重視自己分內的工作，從來不會把工作推給別人，無論多麼辛苦也希望是自己獨立完成，品味及做人做事原則與眾不同，不過有時缺乏周詳的考慮。

喜歡黃色飾物的人：喜歡過富麗堂皇的生活，重面子，講究排場，由於能夠努力上進，成功與勝利的機會經常出現，並且對人生充滿了期待。

喜歡紫色飾物的人：喜歡充滿刺激和具有挑戰性的生活，懂得把握突然出現的機會表現個人魅力，生活美滿且多姿多彩，是熱情又好奇的人。

喜歡藍色飾物的人：是個典型的實踐家，執行能力強，但不善於發號施令，常因為參加太多活動而忽略了生活上的其他事情。

喜歡黑色飾物的人：思考條理分明，非常具有理性，樂於為人服務，但有許多理想或夢想卻很難實現。

喜歡棕色飾物的人：重視名譽與尊嚴，習慣在平淡的生活中求取進步，對人非常寬厚，從來不在乎周圍的朋友有什麼過失，只求安分守己地生活，是個平凡可靠的人。

飾物之美固然讓人沉醉，飾物之好固然讓人追求，但這

都是一些人為的修飾,令人在自然的基礎之上增添幾分靚麗、幾分瀟灑。佩戴飾物是體現一個人素養和修養的最好方式,我們可以從飾物的佩戴上了解一個人的文化底蘊和其對事物的判斷力,只要我們注意觀察,總會對他們佩戴飾物的內涵有所收穫,從而準確地掌握對方的心理世界。

打開心靈之窗

掌握一些讀心術的技巧,這是我們成就良好的人際關係的前提和基礎。我們知道眼睛是人類接觸外界資訊最多的一個器官,眼睛除了作為視覺器官以外,人們還能透過眼睛表達豐富的情感。正如人們常說「眼睛是心靈的窗戶」,一個人的真實想法很多時候會透過他的眼神流露出來。

人們淺層心理、深層心理、壓抑心理的欲望和感情,首先會反映在眼睛上,隨著視線的移動、遊走方向、閃爍度、集中程度等都表達著不同的心理變化。讀懂一個人的眼神,我們便可知曉他內心的大概狀況。

眼睛有話說

眼睛是我們的心靈通向外界的視窗,是陽光進入我們心靈的通道。在眼球後方感光靈敏的角膜中含有 1.37 億個細

第三章　看懂他人：催眠式心理洞察

胞,將收到的資訊傳送至腦部。這些感光細胞,在任何時間均可同時處理 150 萬個資訊。這就說明,即使是一瞬即逝的眼神,也能發射出千萬個資訊,表達豐富的情感和意向,洩漏心底深處的祕密。眼球的轉動、眼皮的張合、視線的轉移速度和方向、眼與肢體動作的配合,所產生的奇妙複雜的眉目語,都在傳遞著某種內心深處的資訊。

事實上,透過眼睛來傳情達意,是一種普遍的心理現象。眼睛傳遞的心理,在愛情關係上尤為突出。比如「眉來眼去」、「含情脈脈」、「眉目傳情」、「一見鍾情」等等。眼睛雖不是有聲語言,卻似有千言萬語的傳播。正如古羅馬詩人奧維德（Ovid）所說：「沉默的眼神中,常有聲音和話語。」德國著名心理學家說：「眼睛是了解一個人的最好工具。」

催眠術十分注重目標對象眼睛的變化,許多催眠的切入方式也是從眼睛入手的。從對眼睛的各項研究成果來看,我們可以對不同的眼睛外觀做出如下的概括：

1. 兩眼對稱,外形穩定,與面部其他器官配合較為和諧。這種人做事情中規中矩,能夠合理安排自己的時間和工作,並且往往是一個成功者。

2. 眼窩深陷,眼球四周看起來有較大凹陷空間。這種人智慧比較深,考慮事情詳細周到。但是儘管面面俱到,其所經歷的挫折會接連不斷。

3. 眼球外凸，眼睛大而明亮。這種人智商很高，個性很強，學習上往往是佼佼者，業務上通常是領頭羊。一部分目光顯露出天真無邪的人，他們人緣較好，大家都喜歡這樣的朋友，聰明又有義氣。還有一部分目光比較敏銳的人，屬於能力很強的領導型人才，往往能夠控制局勢，果敢堅決，是事業型人才。

4. 眼睛偏小，眼瞼外部下走，白眼球較多。這種人心思細膩，容易被評判為陰險狡詐、變化多端、不易掌控；這種人做事情往往會出人意料、不循常規；交朋友時會顯得比較功利，不講究感情。

5. 有眼袋，眼角上翹者。這種人有著較好的桃花緣，常常能夠獲得長輩的欣賞喜歡，成長的過程較快，能夠迅速適應環境的變化，和周圍的朋友或同事打成一片。

從眼睛可以看出一個人的精神狀態：一個健康、精力充沛的人的眼睛通常明亮有力，眼睛轉動靈活，眼光清晰，水分充足；一個疲勞的人眼睛就會顯得乏力無味，目光呆滯，眼光混濁；一個樂觀的人眼睛通常充滿笑容，善意十足；一個消極的人往往眼角下拉，不敢正視別人的眼光。

眼睛可以帶給人們這麼多的資訊，我們要學會使用眼睛引導和暗示對方，讓對方對我們產生好感。

第三章　看懂他人：催眠式心理洞察

初次見面，希望令對方留下一個深刻印象時，可凝視他的目光稍久些，以表示自信。心存好感時，會多注視對方的眼睛；話不投機時，盡量避免注視對方的眼睛，可減輕緊張的形勢。如果想在爭辯時獲勝，那就千萬不要移開眼睛。如果希望加強某種感覺，可以用眼睛來輔助；如果想減輕某種感受，就減少雙方眼睛的接觸。

眼睛的對視可以讓我們發現許多有價值的資訊，第一印象尤為重要，所以我們要鍛鍊自己的眼睛，讓我們的眼睛成為深入對方內心世界的探測器。

隨時鍛鍊我們的眼睛，做到看人或者事物時堅定渾厚，眼神沉重踏實，對方會覺得我們很誠實，可以信賴，會認為我們有著堅定的信念，會感覺我們的敘述充滿了說服力和感染力，讓人不容置疑。那些說謊的人由於在心理上不確信，所以他們的眼睛也是漂浮無根的，說話沒有底氣和正氣。面對飄忽不定的眼睛，我們會覺得他在講述一個與自己無關的事情，完全沒有可信度，這種類型的人在生活和事業上很難達到既定的目標。

很多催眠大師都善於觀察和利用對方的眼睛來達到催眠的深度效果。所以我們要記住：看著對方的眼睛，然後開始一個有效的對話，是我們打開對方心靈的窗戶的開始。

眼神的真實動機

眼睛傳神,眼神中體現的心理動機最真實,透過眼神看人的方法由來已久。人的本性是很難改變的,無論其修養功夫如何深遠,也會透過眼神洩漏內心的祕密。俗語說:江山易改,本性難移。一個人的心理活動所表現最顯著、最難掩的部分,不是語言,不是動作,也不是態度,而是眼神。言語、動作、態度都可以用偽裝的技巧來掩蓋,而人的眼睛傳達的感情是很難偽裝的。看一個人的內心,要看他的眼神,他的內心是正還是邪,透過他的眼神就能看得清清楚楚。這一點從醫學上來看也是有道理,眼睛在人的五種感覺器官中是最敏銳的,大概占感覺領域的70%以上,眼神傳達出的含義也占所有感情流露方式的70%以上。

醫學研究發現:眼睛是大腦在眼眶裡的延伸,眼球底部有三級神經元,就像大腦皮質細胞一樣,具有分析綜合能力,而瞳孔的變化、眼球的活動等,又直接受腦神經的支配,所以人的感情自然就能從眼睛中反映出來。

我們都知道眼睛之所以能傳神,實際上是透過瞳孔的擴大和縮小,眼球的轉動、眼皮的張合程度以及目光凝視來體現的。當人的內心急遽轉變時,瞳孔的變化也隨之而動。一個人感到愉悅、喜愛、興奮時,他的瞳孔就會擴大;遇到生氣、討厭、負面的心情時,他的瞳孔會縮小;瞳孔沒有變化,

■ 第三章　看懂他人：催眠式心理洞察

表示他對所看到的物體漠不關心或者感到無聊。恐慌或興奮激動時，會使瞳孔擴大到平常的 4 倍，瞳孔的變化是中樞神經系統活動的標誌。觀察一個人瞳孔的變化可以了解到他對眼前事物的態度和立場，至少為我們了解對方提供了一個依據。而且瞳孔的變化是人不能自主控制的，瞳孔的放大和收縮，能真實地反映出一個人複雜多變的心理活動。

我們觀察對方的眼神也可以了解到他們正在進行的思維活動，如交談時對方的眼神比較穩定很少轉動，說明他態度誠懇。如果對方眼神游離閃爍、說明他暗藏心機。如果對方半閉著雙眼，說明他輕狂傲慢目中無人。

美國的成功學奠基人戴爾‧卡內基（Dale Carnegie）說：談話時看著對方的眼睛是最起碼的溝通技巧。相信這是一個適合東西方的普遍道理。眼神有散有聚，有動有靜，有流有凝，有陰沉，有呆滯，有下垂，有上揚，仔細參悟之後，必可發現真實動機。同時，眼神也是我們大量運用的最重要的一個讀心技巧，透過眼神的交流帶動目標對象的合作節拍，將目標對象帶入某種催眠的程序，為我們的人際交往鋪就通暢的道路。

那麼，在交談時，我們怎樣從對方的眼神裡探尋出他們的真實動機，進而掌握他們的心理變化呢？在這裡，我們對人們常見的眼神進行歸類，就可以發現其中的規律：

1. 對方眼神沉靜，便可明白對於我們著急的問題，他們早已成竹在胸、穩操勝券。如果對方不肯明說，我們也不必多問，只靜聽他的下文便是。

2. 對方眼神散亂，便可明白他對目前的現狀也是毫無辦法，我們徒然著急也無用，向他請教，也是沒有明確答覆的。需要平心靜氣，另想應付的辦法，多問只會增加對方六神無主的程度。這時是我們表現能力的機會，想個完善的解決辦法，使對方對我們刮目相看。

3. 對方眼神橫射，彷彿有刺，便可明白他異常冷淡，應該藉機退出，多逗留也不適當，退而研究他冷淡的原因，再謀求恢復溝通的途徑。

4. 對方眼神陰沉，應該明白這是凶狠的訊號，與他交往，須得小心一點。也許他在我們的背後另有算計。如果我們不是早有準備，想和他比個高低，那麼最好儘早鳴金收兵。

5. 對方眼神流動異於平時，便可明白他是胸懷詭計，想給我們點苦頭嘗嘗。這時應步步為營，不要輕易接近，前後左右都可能是他安排的陷阱，一失足便會跌翻在他的手裡。不要過分相信他的甜言蜜語。

6. 對方眼神呆滯，唇皮泛白，便可明白他對於當前的問題惶恐萬狀，儘管他們口中說不要緊，卻一點也想不出辦法來。我們如果已有辦法，應該向他及早提出，並表示有幾成把握，說不定我們的方法會成為對方救命的稻草。

第三章　看懂他人：催眠式心理洞察

7. 對方眼神似在發火，便可明白他此刻是怒火中燒，意氣極盛，如果不打算與他決裂，應該表示妥協，速謀轉機。否則，再逼緊一步，勢必引起正面的劇烈衝突了。

8. 對方眼神恬靜，面有笑意，表明他對於某事非常滿意。要討他的歡喜，此時不妨多說幾句恭維話，如果有所要求，這也是個好機會，相信對方一定比平時更容易滿足我們的希望。

9. 對方眼神四射，神不守舍，便可明白他對於我們的話題已經感到厭倦，再說下去也無效果，應該趕緊告一段落，或乘機告退，或者尋找新話題，談談他所願聽的事。

10. 對方眼神凝定，便可明白他對我們的話很重視，認為有一聽的必要，應該照我們預定的計畫，婉轉陳述，只要見解不差，辦法可行，他必然是樂於接受的。

11. 對方眼神下垂，連頭都向下傾了，便可明白他是心有重憂，萬分苦痛。不要向他說別人得意的事，那反而會加重他的苦痛，也不要向他說一些痛苦的事，因為同病相憐越發難忍，只好說些安慰的話，並且從速告退，多說只會招致反感。

12. 對方眼神上揚，便可明白他是不屑聽我們的話，無論我們的理由如何充分、說法如何巧妙，依舊不會有滿意的結果，不如戛然而止，退而求接近之道。

了解了這些眼神的內涵，我們就可以根據實際情況與對方交流，因勢利導地打開對方心靈的窗戶，讓我們會感受到

人際交往的快樂。在人際交往中，尤其談話時要注意對方眼神的變化，當然不必一直盯著看，最佳的表現是跟所交談的話題相配合，思考時可以移開視線，表達觀點時要注視對方的眼睛。這既是社交的禮儀，表示我們對他人的尊重，同時也是我們了解他人、暗示和撫慰他人內心世界的重要途徑。

眉目傳情的背後

捉心理，有一個關鍵的因素一定要考慮，那就是我們眉目之間的表情。我們與他人交談時，不要頻繁地眨眼，不要眼神飄忽，也不要怒目圓睜，更不要目光呆滯。最忌諱出現目光閃爍，盯住對方或逼視、斜視、蔑視對方的眼神，這都會使對方產生不信任感。同樣，對方向我們施以這樣的目光，我們也會感到不舒服，甚至拳腳相加。比如，在街上碰見一個陌生人，他老是用眼睛盯著我們，我們肯定會覺得對方很討厭，甚至有時候還會產生恐懼感。因此，我們的目光要盡量看起來柔和、友好，這樣才不會招致別人的厭惡。

通常在人際交往場合，彼此交流的時候我們應該認真地看著對方的眼睛，而且跟誰說話，就要看著誰，以表示我們對自己講話的內容抱著很認真的態度。敢於和對方對視，是因為自己心正，說的是肺腑之言，說的是事實。還可以表示我們尊重對方，也表示我們正在認真地傾聽，非常體諒和理解對方。這樣，兩人之間才會建立起一種信任，願意花時間

第三章　看懂他人：催眠式心理洞察

傾談。如果對方的眼睛沒有看著我們，可能是一種逃避質疑的行為，故意轉移視線以轉移話題。還有一種心理狀態是在身分地位上瞧不起人，因此才看著別的地方，相當於無視我們的存在，這是一種非常冷酷的不禮貌行為。

目光屬於表情範圍，人的各種表情中，特別是眼神的變化更為引人注目。眼睛是心靈的窗戶，目光是心靈的語言，通常目光的交流總是在先。目光總是受情感制約，人的眼睛的表現力極為豐富和微妙，只有掌握好自己的內心情感，目光才能充分發揮作用。

炯炯有神的目光，給予人感情充沛、生機勃發的感覺；呆滯麻木的目光，則給予人疲憊厭倦的印象；凶相畢露的目光，交往必然難以持續。我們與人見面時，不論是陌生的還是熟悉的，不論是偶然相遇還是如期約會的，都要首先睜大眼睛，目視對方，面帶微笑，顯現出喜悅和熱情。如果希望令對方留下很深的印象，就要凝視對方片刻，目光堅定，飽含熱情。目光凝視是人際交往的一種輔助手段，對下屬凝視體現的是威嚴，對上級凝視表示尊敬，家長對犯錯的孩子凝視可使孩子不敢撒謊，朋友之間的凝視使對方覺得自己很重要，當然不想結識的陌生人應盡量避免盯視對方，免得引起不快。

我們隨時都可以應用催眠技巧與他人交往，注視他人時，應以對方面部中心為圓心，以肩部為半徑，這個視線範圍就是目光交流的最佳範圍。與人交談應始終保持目光接觸，表

示尊敬對方、對話題感興趣。左顧右盼的目光,只能表示對話題不感興趣。隨著話題、內容的變換,目光應做出及時恰當的反映,或喜,或驚,或用目光表示會意,使整個交談融洽和有趣,達到一個滿意的溝通效果。交談結束時,目光抬起,表示結束。道別時,目光表現出惜別。這樣的溝通我們就很容易和對方建立起來深厚的感情,人際交往的圈子會越來越大。

當我們想和某個人深入交往時,就注意對方是否在看著我們,這是了解對方對我們有無親近感與興趣,以及是否關心我們的途徑。如果對方連看我們也不看一眼,那表示對方對我們全無興趣,也就談不上進一步的交流了。

如果我們第一次與某人見面,對方不是用聲音打招呼,而是用眼睛來打招呼,這說明對方是個主動型的人。很熱情、性格外露,對新鮮事物有著強烈的好奇心。他們的行為表明,時時刻刻都想爭取主動,在這種情形下,利用對方的這種好奇心和主動性非常有利於實現我們的目的。

如果我們與人溝通時,對方一面將視線投向別處一面交談,那麼我們一定要提防這種人。一般說來,這種人心裡一定另有隱情,或者已經準備拒絕;或者心中有鬼,為了不讓我們知道他們的內心祕密,避免和我們視線接觸。

只要我們細心觀察,就會發現許多眉目之間的各種表情的含義。當我們注意到某個同事向我們看了一眼,就故意收回了視線,而不再看,那麼我們就會知道這種情形的反面,表明他

第三章　看懂他人：催眠式心理洞察

其實有相當強烈的欲望，只不過他把欲望壓抑下去了。這其實是一種自控行為，表明這個人自制力極強，而且好面子，有想法但是膽子小，需要別人助推一下才能前進一步。

另外，當對方的關心和欲望越高，反而會出現目光斜視。例如，對方急於想知道我們的態度，但卻故意隱藏自己的關注度，而不讓我們知曉。不讓我們知道他正在偷偷觀察我們，所以才不動聲色，用斜視來留意我們。

可見，眉目之間傳遞的資訊不僅可以透露出此人的真實意圖和心聲，還會暴露一個人內心的祕密。我們要想洞悉對方的內心活動，觀察對方的眉目表情是至關重要的。一個人內心深處的欲望和感情，會從目光裡透露出來。在正確掌握目光交流的同時，還要學會揣摩對方的目光語言，了解其內心活動。

目光與表情和諧統一，表示對方很專注，談興正濃；目光游離不定，表示對方不感興趣；目光斜視，表示對方高高在上。人的心理很難掌握，即使是生活在一起的夫妻，有時候也很難察覺對方的內心變化，這就要求我們提高自身的判斷力和觀察力，識人有方法，捉心理有技巧，而不是蠻幹。

有催眠力量的眼神

人們深層心理中的欲望和感情，即使用意識來控制，也會不可避免地反映在眼神上，隨著眼神的移動、瞳孔的變化

打開心靈之窗

等都透露著人們隱祕的心理狀態。我們在工作、生活中，很多時候不希望被別人察覺內心的欲望或想法，就被迫偽裝自己的眼神，讓自己的眼睛看上去很清澈，很誠懇，很忠厚……用眼神「演戲」，很多人都演練得熟能生巧，因此，當一個人面帶笑意看著我們時，他的內心說不定正盤算著取代我們的職位。

查人眼神的方法由來已久，我們看一個人的眼睛，無論其涵養功夫如何深厚，欲望始終是最顯著、最難掩飾的部分。公車上隱藏的小偷，他們的眼神，是像針一樣非常鋒利和具穿透性的，充滿了對偷竊錢財的渴望，所謂「心正眼正，心邪眼邪」就是這個道理。

那麼，我們與他人正常交往時，怎樣注視對方才不會洩漏我們的內心欲望，又怎樣使用眼神達到催眠的效果？

1. 接納法：我們注視著對方，向對方微笑時，表示我們理解並準備接納他們，當對方面部無表情反應或迴避我們的眼神時，表示對方拒絕接近或者暗示現在不是相互了解的時候。我們不必急於一時，保持熱情明亮的眼神隨時關注對方的舉動。

2. 戀視法：戀視常傳遞著誠摯、熱烈的交往之情。這種方法是以真誠、愛慕、敬仰、溫柔、友善的目光來注視對方。假如對方以這樣的眼神看我們呢，我們可以報以微笑，表示相互理解；假如對方立即迴避我們的眼神，我們不必理

■ 第三章　看懂他人：催眠式心理洞察

解為拒絕，因為有些暫時的迴避，是一種「投石問路」，檢查我們是不是真心真意。

3. 回視法：即轉身注視，多次回視表示，表示留戀、情深和真誠的友愛。這種眼神的效果和殺傷力很大，再保守的防線也會被突破，對方基本會接納我們的誠意。

這3種眼神的使用都可以很好地掩飾我們的內心想法，不被他人識破，還能達到引導他人的效果。人的眼神很複雜，裡面容納了許多不為人知的祕密。我們要鍛鍊自己的催眠技巧，熟練掌握和運用讀心、暗示、撫慰、攻心等技巧，在與人交往的過程中，慢慢學會引導對方的心理、情緒和思緒。

當他人對我們用這3種注視方法，對我們進行催眠時，我們怎樣來面對呢？還是依靠眼神就可以完成這種回應，我們可以用眼神來阻止他們，大致分為五種眼神表達：

一是抱歉。當對方熱情注視我們時，我們不想與其溝通，可以微笑一下並迅速轉移我們的視線，其含義是：「對不起，我很忙，不要打擾我。」

二是謝絕。在我們不想讓他人看時，瞥對方一眼，轉身離去。其意是：「請別看我，我不喜歡你。」

三是告誡。對對視者視而不見，不屑一顧，是告誡他：「別套交情，你，不夠資格！」

四是拒絕。當對方死盯著我們,要拒絕時,最好是皺起眉頭,並還以深深一瞥,隱含意思是:「你這個人十分討厭!」

　　五是警告。當對方送來不懷好意的目光時,可以敵視對方,發出抗議,其意是:「你想怎樣?放聰明點!」

　　我們要保持心理健康、心胸開闊。避免和那些貪婪、板滯、陰險、狡詐的眼神交流,同理,我們也不要用這樣的眼神去注視別人。

　　我們透過眼神可以了解他人的內心欲望,對我們工作和生活來說,顯得非常重要。如果我們善於利用討人喜歡的眼神,並且克服那些令人厭惡的眼神,就可以實現眼神的暗示催眠作用。我們可以透過鍛鍊,讓我們的眼神更加清澈、堅定、祥和,這樣的眼神足以幫助我們更好地與他人進行交流,成就我們的人際關係。

語言背後的心理解碼

　　卡內基曾經說過,一個人的成功,約有 15% 取決於知識和技能,85% 取決於溝通 —— 發表自己意見的能力和激發他人熱忱的能力。的確,善於溝通的人,往往令人尊敬、受人愛戴、得人擁護。我們都喜歡與溝通能力強的人交往,既可以增長知識,又能鍛鍊我們的表達能力。其實,這種能力不

第三章　看懂他人：催眠式心理洞察

是天生具有的,而是經過不斷培養和鍛鍊出來的。

想要學會揣摩說話人的言外之意、體察對方的心理變化,需要我們了解他們語言背後的祕密,掌控事情發展的方向,才能絕處逢生。我們想要引導目標對象的言行,首先就要聽懂對方的語言,以及破解他們內心的真實意圖。

說話方式表現個性

《紅樓夢》中王熙鳳的出場十分傳神,可謂是人未到聲音先到,勾勒出她精明幹練、處事得體,又帶著潑辣的個性。從說話的方式上看個性,是非常有道理的,一個人說話的方式與他的潛在性格密切相關,我們想對一個人多點了解,不妨從他的說話方式上進行探索,相信會給我們很大啟示。

內心不誠實的人,比較心虛,說起話來支支吾吾;內心寬宏柔和的人,說話的聲音溫柔和緩,就像細水長流,不緊不慢;內心卑鄙陰暗的人,說起話來聲音陰陽怪氣,非常刺耳,這是由於他們心懷鬼胎。

大聲講話、手勢幅度大的人,一般都具有爽朗的性格,講話不虛假,人品比較正直,兼具領導力及責任感,是個值得信賴的人。這種人胸懷坦蕩,做事光明磊落,講原則,是非善惡分明。他們有較強的組織性、紀律性,因此能得到絕大多數人的擁護。他們當中大多人是領導者,並且能夠有所

成就。但是由於這類人不善變通，比較頑固，從來不給人商量的餘地，所以在工作中樹敵頗多。

小聲講話的人，如果不是性格內向，就是擅於謀略，小心謹慎，略帶神經質，保密意識強烈，很少流露真心。這種人為人處世方面比較小心謹慎，警惕性很強，常常有意或無意地與他人保持一定的距離。他們對人寬容，從不為難他人，盡量避免麻煩的發生。

講話硬梆梆、不留情面的人，精神不安定，個性強，有獨裁權威的個性。

講話低沉的人，一般生活壓力大，身心疲憊，體力衰弱。

講話語速快的人，反應快，易怒，愛嘮叨，一意孤行。

總愛撇著嘴講話的人，有些憤世嫉俗的性格，不能替他人著想，自私，缺乏反省之心。

講話沉穩緩慢的人，愛思考，有耐力，是個可以信賴的人。他們考慮問題比較深，做事慢條斯理、按部就班，具有很強的耐力，一旦確立目標，就會扎扎實實地堅持到底，不達目的絕不罷休。與這類人交往，在開始的時候可能會覺得有些困難，但時間長了就能感覺到他們的忠誠、可靠。

講話木訥的人，不擅於講話，但講話給人誠實感，或因木訥之故，反而具有說服力，是個值得信賴的人。

第三章 看懂他人：催眠式心理洞察

講話口氣像發怒的人，心地狹小，內向的性格，自卑感強，沒有社交性，沒有包容的心情，笨拙不中用，但本性正直。

講話不看對方的人，若不是害羞不敢看人，就是不講真話，所以不敢正視對方。

講話抖動身體的人，精神上焦慮不安，急躁的個性，有浪費癖性，賺錢能力稍差。

經常打斷他人講話的人，易怒、反應快，常因武斷而造成判斷錯誤，不會體貼人，是輕率、自私的人。

說話配合手勢的人，有些任性及自負，個性相當活潑，但有點愛管閒事。

靠著物體說話的人，這類人很容易對事物著迷，不過由於性格保守，通常對傳統事物的興趣較大，難於接受新的事物，對朋友也是如此。

邊說話邊搔頭或玩弄頭髮的人，這種人個性正直易衝動，是那種路見不平拔刀相助的人，容易與人發生衝突或口角，但其為人有責任感，做事認真，對朋友也相當講義氣。

邊說話邊點頭的人，這是說話人對自己的理解及說話能力表示肯定的動作，另一方面也表示他企圖說服對方。可見這種人相當有自信，做事認真，不過為人相當頑固，不易接受別人的批評，自尊心很強。

瞪著雙眼說話的人,這是沒有自信的表現,眼睛瞪得越大,表示內心越慌張。這種人比較神經質,欠穩重,但又時常想掩飾自己的怯懦,所以經常瞪眼來表示淡定,但往往適得其反。

說話時喜歡大笑的人,表示說話人個性爽朗,並且極擅於交際。但這種笑容往往都不是發自內心的,而是用來掩飾內心的不安,所以笑聲越大,表示說話人的不安感越大,而且有些小心眼。

當我們即將與他人建立人際關係、走進他人的心門之前,我們可以透過對其說話的方式做個點評,用對方能接受的方式去接近他、暗示他、撫慰他、說服他。用誠懇、讚賞的態度和對方交流,我們要培養自己揣摩對方說話方式所表達的個性,運用讀心術,利用它指導我們進入對方的內心世界!

心理學認為,不同的說話方式會給人不同的感受,而且什麼樣的說話方式適合、能夠招人喜歡,也與談話的對象、內容、地點等有直接的關係。許多人為了某些需求,也會刻意改變自己的說話方式。然而,一個人的心態和精神狀況直接影響著他們的表達方式。我們往往可從其說話方式上揣摩其喜怒哀樂等情緒變化。可以說,這是我們洞察對方內心的線索,它不僅能表現出一個人的性格,甚至就連這個人是俗是雅,是富是窮,是剛是柔,是智是愚都能從說話方式上聽出來。

■ 第三章　看懂他人：催眠式心理洞察

聽話聽音

　　一首曲子，音調變化萬千，一個人說話的語調，也會高低起伏、錯落有致。在口語表達中，語調往往比語義更能傳遞更多的資訊，能表達出說話者心理的微妙變化，從一個人的說話聲音中，我們很容易察覺這個人的脾氣秉性。蘇格拉底（Socrates）說過這樣一句話：「請開口說話，我才能看清你。」人的聲音是個性的表達，聲音來自人體內在，是一種內在心理的顯現。

　　我們應該具備「聽話聽音」這種本領，就能夠幫助我們掌握對待什麼樣的人應當採取怎樣的處理方式。人的聲音各有特點，有的洪亮，有的嘶啞，有的尖細，有的粗重。透過聲音不僅能辨別一個人的心態變化，還可以辨別他的身分、地位、經濟實力、權力大小等，當然，這種辨別能力需要一定的生活經驗和社會經驗。

　　人們說話時，是一種思想交流，同時也是心理、感情和態度的流露。聲音與說話人當時的心理活動密不可分，大小、輕重、緩急、長短、清濁都有變化，這些特徵都是和心理變化緊密連繫的，是我們聞其聲、辨其人的基礎，也是我們暗示和撫慰對方行為的一種依託。

　　下面我們就談一下說話聲音的高低體現出的不同個性：

1. 男高音的人。講話聲音很高的男性,一般都是外向性格的人。這種性格的人說話思路很清晰,言語流暢,聲音的頓挫富於變化,並且能言善辯,凡是他們想到的事情,就會毫不考慮地說出來,甚至有時會把對方的話突然打斷。可能會出現跑題現象,注意力不集中,有難以持久的個性。

2. 男中音的人。此類人的個性比較冷酷,是屬於慎重的實務型人。又是一個很理智的人,在處理事情上,總是會很冷靜地看待客觀因素。自我保護意識很強,有敏銳的洞察能力。但這也使得他們顯得不夠熱情,對許多人和事都不太投入和重視,總是抱著一副無所謂的態度。很難向他人敞開心扉,這類性格的人總是會注意到一些細微的地方,一般不會意氣用事,也同樣不會讓自己的冷漠表現出來,這種類型的人是較為容易相處的人。

3. 男低音的人。個性比較內向,處事清晰明朗,非常誠實,不會拉幫結派。與人交往時,喜歡與他人保持一定的距離,不希望對方了解他們的心事,自然也不希望初次見面就讓人一眼看穿。他們不會隨心所欲地暢談,也不會以命令的口氣來強迫他人同意自己的觀點。對人的防範心固然很強,但其內心是十分溫和的,為了避免自己的發言傷害到別人,說話之前總是會考慮再三。

4. 女高音的人。感性比理性重些,有著奔放、豪爽、勇往直前的長處,想闖出一片屬於自己的天空,不甘於過平凡

的生活。想像力豐富，但她們並不會一味地生活在夢幻裡，辦起正事來既冷靜又果斷，一點也不含糊。有一顆博愛的心，因此在情感方面，常常因為釋放過多的熱情而使局面變得難以收拾。

5. **女中音的人。**這類女性愛玩、熱情，感情豐富，屬於羅曼蒂克型的人。為人很敏感，與人交往時善於察覺他人的情緒變化，有時也顯得多愁善感，有較好的直覺和想像力。這類人最基本的需求是了解自我，她們需要時時了解和感受自己情緒的變化，因此，這類性格的人無法面對現實，或者迴避現實，寧願沉浸在屬於自己的幻想世界。

6. **女低音的人。**這類人做事情比較果斷，能夠抓住對方的心理活動，屬於現實類型的人物。冷靜有餘，熱情稍有不足，通常心思緊密，有內涵，也有不愛表達個人見解的傾向。

7. **講話聲音突然變得很小的人。**這類人的性格受心情起伏的影響很大，如果遇到不愉快的事情，心理承受能力就很差，也是一種嚴重缺乏自信心的表現，或是由於思緒混亂所導致的，或是信心不足，說話聲音就會突然地變小，以此來掩飾自己。這類人喜歡搞小動作，容易鬧內訌，對這種人要提高警惕。

8. **講話聲音突然變得很大的人。**這類人不管在說話還是在做事的時候都非常有耐心，善於思考，無論對方在說些什麼，他們都會認真仔細地聽，邊聽邊思考，若是中間聽到某些自己不知道的問題，便會隨時提出疑問。但是這類人也有

些固執,一旦別人違背他的意願,可能就會發生一場爭論。這類人在工作上十分認真,一旦確定好的事情,便會毫不猶豫地去完成。

9. 說話突然高聲尖叫的人。這類人大多是「理論家」,當他們慷慨激昂時,容易有歇斯底里的現象發生,最大的特點就是愛炫耀,虛榮心很強。對自己的一切都十分的在意,希望他人每時每刻都注意自己,希望留給別人的印象永遠是最美好的。缺乏誠實感,處事的動機不純,因此他們也常常會一無所獲。

每個人說話的聲音都有基本的規律,同時也會根據實際情況的變化改變語調和語速,但基本不脫離以上這幾種情形。言為心聲,雖然對方說的不一定就是真話,但我們可以從他們說話的聲音裡感受他們的個性和內心的變化,作為我們了解對方心理的一種輔助手段。

口頭禪的啟示

美國前總統巴拉克‧歐巴馬(Barack Obama)發表演講時總是風光無限,不過,不管他說什麼,總離不開那幾句有代表性的口頭禪。如:「不要犯錯」、「這不會在一夜之間發生」以及「挫折和失敗難以避免」等,使用頻率最高的莫過於他最鍾愛的四字表達:我要說明(Let me be clear)。幾乎在他的每一次演講中都能聽到不斷重複的這句話,無論講話的內容是

第三章　看懂他人：催眠式心理洞察

什麼，歐巴馬在最後想表示強調時，都會用到這句話，以至於許多美國人用他的這句口頭禪進行了「造句大賽」。

我們是否也注意過身邊的人說話時，有多少人帶著口頭禪？有些人說十句話，能跟上五個「然後」、「後來」、「那個」等口頭禪。羅伯特·甘迺迪的女兒接受《紐約時報》(The New York Times)採訪時，曾一連說了142個「你知道」。讓人感覺不可思議，也難以接受。

口頭禪能暴露我們的個性嗎？口頭禪到底隱藏了什麼樣的心理問題？口頭禪到底是怎麼形成的？為什麼人一旦有了這個習慣，就像上癮一樣，往往脫口而出，不能自制？

口頭禪能不說最好別說，真正好的語言應該是乾淨、符合邏輯、準確、客觀的，加進瑣碎的東西，不僅讓人聽了不舒服，也是對語言的汙染。更重要的是，有些口頭禪背後隱藏著一定的心理問題。和別人聊天的時候，稍不留神、脫口而出的「口頭禪」就會成為他人深度分析我們性格和心理的「突破口」了。

我們來看看對一些口頭禪的分析是否有助於我們了解他人的性格。

和人見面打招呼是說「嗨，你好！」還是「喂，你好！」，千萬別小看了這兩個嘆詞之間的區別。「嗨」是交際新手們入門級的詞語，雖然顯得老練，但老江湖一聽就知道剛剛入門

的新人;而「喂」卻顯示「有領導力,但正在被領導」。

經常說「閃人」的傢伙雖然用詞年輕,但實際上壓力卻不輕。「汗」暗示著缺乏真知灼見,缺少自己的觀點。最被廣大網民津津樂道的「呵呵」則彰顯了「不僅裝深沉,還裝文藝」。「哈哈」則表明這樣的人比較開朗、豪爽,和他在一起會很開心。喜歡用「呀」這個語氣的人,一般都是年齡比較小,20歲左右的人常用。用「哈」的人比較聰明,但很冷漠,這是既不讚許也無褒貶的笑。「扯」表明自己不認同的,就認為是荒謬的。

我們分析整理一下這些口頭禪,就會發現這些口頭禪背後隱藏了許多心理問題,就像我們在人際交往中找到了一把通向他人心理的鑰匙。口頭禪中負面以及中性的口頭禪占絕大部分,正向的口頭禪所占比例較少。一種口頭禪代表了一個群體的社會心態,也是該口頭禪產生的民眾基礎。說口頭禪的人以30歲以下的人為多,現代社會的多元性讓他們的生活與思考都處於一種鬆散、不成熟的狀態,卻不得不面對驟然增加的社會壓力,只好透過口頭禪等方式來釋放與宣洩。像「無聊、沒意思、鬱悶」等口頭禪,典型地反映了這樣的心理。

有些人說些負面的口頭禪能達到一種心理宣洩的作用,比如說一句「有病」或「沒意思」、「真無聊」,心裡會舒服很多。這些負面口頭禪帶有很強的心理暗示作用,會影響當事人的情緒。而喜歡用一些中性口頭禪的人,比如「隨便」、「不

■ 第三章　看懂他人：催眠式心理洞察

知道」等，喜歡說「隨便」口頭禪的人，往往是愛隨大流、不能為自己做主的人。「隨便」隱藏著「錯了別怪我，和我沒關係」這樣推卸責任的潛臺詞。其實反映的都是放棄自我選擇、消極等待的心態。不管別人問什麼，都先回答「不知道」，同樣是缺乏責任感的表現。還有些中性的口頭禪是沒有任何意義的，比如「然後」、「嗯」、「這樣」、「這個」等。

我們可以嘗試在交談中加入「太棒了」或者「good」這樣的讚美式的詞語，這些都有利於增加對方認可我們的心理。因為我們在表揚他人時，我們內心的欣賞情緒會被對方感覺到，對方會因為我們的讚美而樂於與我們接觸。不過，我們還是認為，口頭禪是一種不好的語言現象，最好避免。

我們要多留意一下對方的話語，對方不經意脫口而出的口頭禪說不定能暴露他們的薄弱之處，這就會為我們破解對方內心的祕密增添了一個管道。

❀ 寒暄話的微妙

以前人們一見面，都會互相問「吃了嗎」，這句問話沒有什麼實際的意義，無非就是見面時打個招呼。如今，人們的社會交往越來越頻繁，會講得體的寒暄話就顯得非常重要，一走一過，打個照面，沒有時間長聊，只能相互客套一下，寒暄什麼？怎麼寒暄？有效的寒暄可以促進我們的人際關

係，糟糕的寒暄卻會引來別人的厭惡，甚至喪失以後深入溝通的機會，所以對寒暄話千萬不可輕而視之。

一些水準高超的催眠師能夠用一句話就催眠目標對象，這讓我們很震驚。這種催眠能力不是短時間就能鍛鍊出來的，但是我們可以用簡短的寒暄話為我們的人際交往開個好頭。

寒暄是人們答話的前奏，它的「調子」定得如何，直接決定後續的進展，有必要注意以下兩點：第一，應有主動熱情、誠實友善的態度，選擇合適的方式、合適的語句，而且這二者要結合起來；第二，應適可而止，因勢利導。做任何事情都有度，寒暄也不例外，恰當適度的寒暄有益於雙方的溝通和交流。

寒暄是我們與他人溝通的開場白，也是我們與他人交談的序幕和有效鋪陳，沒有這個過程就沒有辦法進入深入交流的階段，更談不上引導對方的言行了。能否給對方一個良好心理暗示相當程度上在於寒暄得體與否。因此，我們對寒暄話必須有一些了解和判斷，下面是幾種比較常見的寒暄方式：

一、問候型

問候型寒暄話都是圍繞著對方發生的吉利話，總結起來主要有以個 3 個方面：

1. 表現禮貌的問候語，如「早安」、「您好」之類。交談者可以根據不同的對象、場合、環境、進行不同的問候。

2. 表現對對方關心的問候語，如「最近身體好嗎」、「生意還可以吧」或者「最近工作進展如何，還順利吧」。

3. 表現思念之情的問候語，如「好久不見，近來怎麼樣」或者「多日不見，很想你啊」等等。

二、言他型

不涉及說話的雙方，而是採用一個與人與己都無關的話題，這樣的寒暄話比較輕鬆，對方不需思考，張口就可回答。

比如，「今天天氣不錯」、「剛才的發言真精采」。這類話也是日常生活中常用的一種寒暄方式。陌生人見面，一時難以找到共同感興趣的話題，就會說類似「今天真熱啊」之類的話，有利於打破尷尬的場面。言他式寒暄形式非常合適用於初次見面。

三、觸景生情型

觸景生情型是針對具體的交談場景臨時發出的問候語，比如對方剛做完某件事，或正在做某件事以及將要某件事，都可以作為寒暄的話題。這種寒暄比較直接，對方不容易迴避，很快就能進入主題的寒暄話。

比如，看到主管穿著運動服飾，問他：「下班後要去打球嗎」。對一起擠上公車的同事說：「哈哈，合作愉快」，這種寒暄隨口而來，自然得體。

四、誇讚型

每個人都喜歡聽讚美的話,可以令人們的精神愉悅,快樂感大增,每一個人都希望得到別人的肯定和承認,需要別人的誠意和讚美。因此,誇獎的話在寒暄時占的比例最大。

譬如,女同事穿著一條新買的牛仔褲出現在辦公室,我們可以用讚美的語言說:「小張,妳真是長腿美女啊」,這位女同事聽後自然會很高興。

作為社交手段,寒暄的基本作用是表明我們見到對方的喜悅,同時也表明我們的友好態度,以聯繫感情,保持進一步發展的關係。寒暄話的使用應該根據條件、環境、對象以及雙方見面時的感受來調整和選擇,沒有固定的模式,只要見面時讓人感到自然、親切,沒有陌生感就行。

以上了解了寒暄話的幾種交流方式,我們還有注意以下幾點:

1. 語言要得體,態度要真誠,客套話要運用得自然、妥貼、真誠,為彼此的交談製造融洽氣氛,應避免粗言俗語和過頭的恭維話。

2. 要看對象,使用的寒暄語要根據不同的人做出改變。在交際場合,長幼有序,男女有別,彼此熟悉的程度也不同,寒暄時的口吻、用語、話題也應不同。一般來說,下屬

和上級、晚輩和長輩之間交往,最好能讓上級或者長輩感到被仰慕和尊敬。

3. 寒暄用語要恰到好處。如西方小姐在聽到別人讚美她「妳很性感」時會很高興,並會很禮貌地以「謝謝」作答。但如果在東方女士面前講這樣的話,對方可能會覺得難以接受,並會認為對方存有歹意。

4. 要看場合。寒暄語應該根據場合的改變而改變。拜訪別人時要表現出謙和,不妨說一句「打擾您了」;接待來訪時應表現出熱情,可以說一句「歡迎」;莊重場合要注意分寸,一般場合則可以隨便些。有的人不分場合、時間,甚至在廁所見面也問同事「中午去哪吃飯」,這只會令人啼笑皆非。

現實生活中,適當的寒暄話能夠增進雙方友誼,促進雙方進一步交流。人性的弱點決定了人是最經不住恭維的動物。對於我們來說,寒暄話說的好,對方會重視我們,進一步的交流才有可能,想要辦的事也就順理成章提上日程了。

寒暄話在人際關係中是好的潤滑劑,許多繁瑣的禮節,幾句妥貼的話語就能創造輕鬆的交流氛圍,有利於我們進一步深入引導對方,實現我們預定的目標。

⚡ 真實的謊言

正在說謊或試圖說謊的人,他們的心理一定會不斷地建立起防護體系。在人們的一般觀念中,說謊者出於不安或緊張會不自覺地眨眼睛、摸鼻子或搔後腦勺。

最新研究顯示,說謊者在試圖掩蓋事實真相時,會有意控制這些手指觸碰身體的動作,而採用另一些特定的手勢。他們會用誇張的手勢來掩飾謊言,伸長手臂或者使用節奏性的手勢來強調某一點。美國總統比爾‧柯林頓(Bill Clinton)辯解自己清白時,用詞與語氣都很堅定,但有專家明確指出:柯林頓在撒謊,他說話時面朝一個方向,手勢卻向另外一個方向。這是什麼意思?因為柯林頓在撒謊,他下意識地避開了自己的正面,把手臂伸向了另外一個方向轉移人們的視線。

對方起初也許只是為了掩飾事情的某一點而說謊,但後來就不得不說更多的謊,以便掩蓋與第一個謊言相關的一切。說謊有三個明顯的害處:第一,說謊者永遠是虛弱的,因為他不得不隨時提防被揭露;第二,說謊使人失去合作者;第三,這也是最根本的害處,就是說謊將毀掉人們對他的信任。那麼,我們身邊為什麼還有眾多的說謊者存在?他們說謊的需求一般來自以下幾點:第一,是為了迷惑我們;第二,是為了為他們自己準備退路;第三,以謊言為誘餌,探尋我們的意圖。這樣的謊言有一個好處,就是說用一個假的意

第三章　看懂他人：催眠式心理洞察

向,以便了解我們的真相。

他們最為留意的就是說話時言辭或字眼的選擇,因為他不可能控制和偽裝自己全部的說謊細節,只能掩飾、偽裝我們最注意的地方。因此,說謊者經常會在以下三個方面有明顯的特徵,我們可以注意辨別。

一、口誤

很多說謊者都是由於言辭方面的失誤而露餡的,他們沒能仔細地編造好想說的話。即使是十分謹慎的說謊者,也會有露餡的時候,佛洛伊德將之稱為「口誤」。

說謊者由於知道我們注意的重點是他的言辭,因此他們常常謹慎地選擇字眼,對不願出口的話仔細加以掩飾,因為他們懂得「說出的話,潑出的水」,無法更改。說謊者還會透過說話而不斷地獲得回饋資訊,以便及時修改自己的「劇本」。

其實人們常在言語裡違背自己的本意,因為內心中潛藏著矛盾,稍一大意就會說出本不想說的話或與謊言相反的話,從而在口誤之下暴露了內心的真實,口誤可以說是一種自我背叛,是說謊者極不情願地吐露的「真實的謊言」。

二、語速和語音

人們在說謊或者隱藏不安情緒的時候,總是想轉換個話題。由於心裡七上八下的,所以說話的語速會發生變化。

平時少言寡語的人會突然高調地誇誇其談，我們就可以推測這個人藏有不可告人的祕密；平時快言快語的人突然變得沉默寡言，我們就可以推測這個人很可能想要迴避正在談論的話題，或者對談話對象懷有敵意和不滿之情。說謊者為了掩飾恐懼或憤怒之情時，聲音通常會比較大，也比較高，說話的速度也比較快；當說謊是為了掩飾憂傷的感受時，聲音就會與之相反。那種擔心謊言敗露的心理會使語音帶有恐懼感，那種「良心不安」的負罪心理所產生的語音與憂傷的聲音極為相近。

我們判斷一個人說謊時的情緒和意圖時，固然要聽他說些什麼，但是在許多情況下更要聽他怎樣說、如何說，即從他說話時聲音的高低、強弱、起伏、節奏、速度、轉折和停頓中領會「言外之意」。

三、停頓

一個人在說謊的時候，另一種常見的言辭症狀便是停頓，如停頓得過於長久或過於頻繁，我們就可以斷定對方在說謊。

根據有關研究，說謊者說謊時流露出的各種訊號的發生率，如下所示：

過多地說些拖延時間的詞彙現象，比如「啊、那個」等詞。轉換話題現象，比如「因為路上塞車，所以來晚了」。語言重複現象，例如：「你是問我為什麼不接電話嗎，我沒聽到啊」。口吃現象，例如：「怎、怎麼了」。省略講話內容現象、欲言又止、

第三章　看懂他人：催眠式心理洞察

說些摸不著頭緒的話、說話內容自相矛盾、偷換概念等。

以上情況中，如果在對方講話時有好幾處得以驗證的話，那就表明對方是在說謊或者是有難言之隱。

在揭穿謊言時，我們不能衝動地與他們正面衝突，這種面對謊言的結果只會遭致對方更強而有力的回擊。我們必須另想辦法消除他們心理上的虛張聲勢，暫且不必理會他們說話內容的真實與否，只要把重點放在催眠他們的心理防護能力上，解除他們內心的武裝上就行了。

首先，要使對方有安全感。不會因為對方說了真話，我們就責備和怨恨對方，讓對方覺得不敢對我們說謊。簡單地說，我們要運用技巧，循循善誘的方法比強硬逼供的手法更容易達到目的，對方會因為我們為他們建立的安全感而把實話完全吐露出來。

還有一種技巧完全相反，把自己裝扮成很容易上當的樣子，使對方對我們沒有戒心，讓對方產生優越感，得意忘形之際，就會露出馬腳，從而把心裡的真話吐露出來。這種方法用來對付傲慢的說謊者人是最好不過了。

其次，徹底追根究柢，解除對方心中的武裝。假如對方仍有辯白的餘地，他一定會堅持到底，只有被逼得走投無路的時候，他才會自動解除武裝、說出實話。

對於說謊者，我們也可以攻其不備。不管是多麼高明的

說謊者，如果遇到突然而來的追問，也會驚慌失措，不得不投降。我們乘虛而入，對方沒有防備，自然就會放下語言上的抵抗選擇投降了。

再次，拿出有力的證據來當作武器，是識破謊言最好的辦法。不管對方如何狡辯，只要我們有確鑿的證據，他就不得不俯首承認。

我們必須懂得如何運用這些證據，如果運用不當，證據也會失去效用。我們掌握的證據有哪些，絕不能讓說謊者知道。證據拿出的時機要運用得當，不為說謊者留下考慮的時間。我們握有的證據還要絕對保密，證據是一種祕密武器，證據越少越要珍惜，否則失敗的將是我們。

從肢體語言看穿情緒線索

心理學家認為，肢體語言是人們在不同場合、環境下表達情緒時採用的動作、手勢和習慣的結合體。如果我們仔細聽別人說話，並觀察他們的肢體動作和面部表情，就會知道他們內心的真實意圖。是喜歡我們，還是討厭我們？是心口一致，還是言不由衷？

一個人向外界傳達完整的訊息，單純的語言成分只占7%，聲調占38%，另外55%的資訊都需要由非語言的肢體來傳達。

■ 第三章　看懂他人：催眠式心理洞察

肢體語言表達情緒時，當事人經常並不自知，而且因為肢體語言通常是一個人下意識的舉動，所以，它很少具有欺騙性。

☉ 笑容面紗下的小祕密

人們的心理活動非常微妙，但這種微妙常會從表情裡流露出來。倘若遇到高興的事情，人們就會笑容滿面；遇到悲哀的狀況，人們就會滿臉悲傷，甚至流淚。不過，也有些人不願意將這些內心活動讓我們看出來，即使心裡不滿意，臉上也掛著笑容。一個滿臉掛滿笑容的人，單從表面上看，很容易讓我們判斷失誤。我們要練就超強的分辨能力，不是一日之功，要靠平日細心的觀察和不斷的總結而得。

我們每天都會看到各式的笑臉，有的真誠，有的虛假，有的諂媚，有的憨厚。科學家指出，如何辨識微笑的真假是一項重要的讀心術技能，它能幫助我們判斷周圍人的情緒，提高我們與別人打交道的能力。這種心理揣摩能力在當今社會非常重要，為了保護自己免受傷害，很多人都用笑臉面對這個世界，不管是發自內心的，還是故意為之的，這是一個融入社會的必備本領。

當一個人發自內心地微笑時，他眼角周圍的肌肉會收縮，自然的笑容會讓他的眼睛四周產生細紋，也就是魚尾紋式皺紋。發自內心的真笑表明一個人快樂、放鬆、愉悅和歡

快的情感。假笑只牽動顴骨附近的肌肉，使嘴唇向上翹，細紋只會出現在嘴的四周，眼部周圍的肌肉不動，只有面頰下部和下眼瞼動。假笑在面部消失得非常迅速，假笑通常是咧著嘴笑，而且眉毛不動。

在這裡總結一些人們微笑時的各種表現，幫助我們辨識笑容面紗下的小祕密：

1. 笑起來嘴角上揚的人，開朗活潑，性格直率，喜歡交友。因為充滿笑容，所以被視為「人緣極好的人」，但是也有喜怒無常、不夠專一的一面。

2. 笑起來嘴角下垂的人，常常會心情憂鬱。對任何事都很消極，對身邊的事物也沒有興趣或不關心，很少顯露喜怒哀樂的情緒。很難為別人所理解，真正的朋友很少。

3. 笑起來嘴角兩端向下的人，表示心中有鬱悶之處。雖然平常不輕易開口，但是一旦開始對人批評或有所抱怨，就會像洪水決堤一樣，一發不可收拾，讓人對他們敬而遠之。

4. 掩著嘴笑的人，心口不一，喜歡四處傳話，內容多為憤憤不平或不滿的情緒話。即使是說重要的事，態度也不是很莊重。

5. 開懷大笑的人性格開朗，從心裡感到放鬆。豪邁的笑與高聲笑的人也是這種狀況。只不過，在不太自然的情況下的大笑，會令人感覺有別的意圖，如故意顯示自己很了

不起,讓人覺得自己很豪爽。有的人外表看起來豪爽,但是內心有強烈的自卑感與不安,想以大笑來隱藏,屬於個性扭曲、不想讓人看見真心的那種類型。

6. 抿著嘴笑的人,讓人感覺到他的優越感。這種笑,有時會讓人覺得不舒服。這種人可能容易輕視他人,而且絲毫不加掩飾,有獨善其身的表現。即使自己發生失誤,也會假裝和己無關,一副若無其事的樣子,毫不在乎地抵賴。

7. 發出哧哧笑聲的人,平常應該是溫順的人。他們是謹慎保守的老好人,會在別人背後幫忙。如果是故意這麼笑,就有嘲笑人的因素在裡頭。

8. 閉著嘴唇的笑。是一種虛假的微笑,嘴唇併攏的笑容比自然的微笑持續的時間更長,並且一般不會延伸到眼部。這種笑容一般被認為對內心不悅的掩飾或一種被迫的屈從。

9. 鼻孔張開,嘴唇一側向上翹起的笑,這很可能意味著竊笑或者抱有嗤之以鼻的想法。嘴唇露出一個小洞,牙縫裡擠出點氣息,意味著不喜歡或不信任對方,是一種瞧不起的訊號。

10. 扭曲的笑。充滿複雜的感情或者是嘲諷的笑容,嘴角鬆弛往下垂,是無緊張感,這種笑容的表現就是臉兩側的肌肉明顯表現的不一致。

11. 下顎張得很開的笑。又一種假笑,並非發自內心的笑,通常我們會在一些影視劇裡看到這樣的表演。

12. 仰天大笑。頭部往上傾斜，仰天大笑。意味著很活潑的笑，被逗樂的笑或帶有害羞意味的笑。前俯後仰的結果是使臉部的部分無法被他人捕捉到，所以有些人害羞的笑是這樣的。然而這種笑的時候，眼睛是會一直關注他所在意的東西（人或者某個笑料）。

13. 強顏歡笑意味著緊張或是配合性的笑。不自然的笑容通常是一種緊張或有壓力的訊號，用來驅散緊張的情緒或者緩解氣氛。有時候，這種笑還是期望獲得別人的配合或者別人同情的訊號。

笑容是人際關係的氣壓表，不管是真笑還是假笑，總比我們看見對方一臉冰霜舒服得多。只要我們善於觀察每種不同的笑容，發現其中的一些祕密，漸漸就會透過不同的笑容揣摩對方的心理，對我們的人際交往能力有很大益處。

托下巴的人在想什麼

中國古代對面相的研究非常深入，有句老話「天庭飽滿，地閣方圓」，這其中的「天庭」指的就是上額，而「地閣」指的就是下顎，也就是下巴。下巴處在面部的根基部位，過去，人們多認為下巴是主導人的榮華富貴的部位。說法的對錯姑且不論，這個部位的確給人與眾不同的感受。

第三章　看懂他人：催眠式心理洞察

1. 下巴突出的人。這類人通常具有豐厚的愛情欲望，善於人際交往；而下巴凹陷的人，對愛情則十分冷淡，或者愛情不專一。下巴發育良好的人，其精力絕倫，常常成為帶有英雄色彩的人物。

2. 下巴尖而狹窄的人。這類人不論男女都普遍很有才華，均有些神經質，與人交往時總是不盡如人意。他們多喜歡與異性合作，面對同性別的人總是會設定一些困難條件。

3. 下巴既狹且圓的人。這類人是性情中人，頭腦較為清晰，也是戀愛至上論的崇拜者，他們會為愛而生，為愛而死。在實踐能力方面可能會欠缺，不適於從事競爭激烈的職業。

4. 圓下巴的人。這類人工作十分熱心，性情溫和，也經常身負重任。具有仁愛之心，有孝心，擁有美滿的愛情，非常顧家。

5. 寬下巴的人。寬下巴人的性格比圓下巴的人性格要強硬些。他們對任何事物均會徹底加以研究，往往擁有偉大的愛情。雖然具有嫉妒心，但也兼有寬容的美德，不會由於激動而毀了自己，他們心中充滿了仁義。

6. 方下巴的人。方下巴的人是行動派，永遠不能無事可做。他們的個性常剛毅果斷，當他們有了一個意念時，會堅決地一往無前，不論遇到什麼困難，都會堅持到底達到目的。這種類型的人富於進取心，均能獲得極大成功。不過，

這類人如果走錯了一步，他的性格便會一反常態，甚至從事破壞性的活動。方下巴的人還是徹底的理想主義者，有時雖然知道會對自己不利，但仍然有勇氣積極行動。

7. 雙下巴的人。有雙下巴的男女，通常性情篤實，心地寬大，愛情忠貞。雙下巴這種人大都財運亨通，他們並無激烈的欲望，也不脫離常規的範圍，是比較德高望重的人。

提到下巴，很多人都會想到奧古斯特‧羅丹的著名雕塑作品《沉思者》(The Thinker)，的確如此，我們很多人陷入沉思的時候，都會無意識地用手托住下巴。如果我們的交談對象出現這種姿勢，說明我們的言語深深地打動了對方，對方在心理層面已經非常認可我們剛剛所說的話。

想像一下，我們和他人面對面聊天，如果我們一隻手搭在另一隻手上、雙手手背撐住下巴、微微抬頭看著對方，一定會讓對方覺得我們充滿了崇拜和尊敬之情，這會極大助長對方的自信和對我們的信任。這種姿勢，肢體語言專家叫做「托盤式姿勢」。托住下巴，就像要把自己的誠意和感受獻出來一樣，顯得非常謙虛和尊敬他人，將恭維、催眠之意表達得恰到好處。

我們聽到精采發言或者聽課入迷、感覺身心投入其中時，也有很多人會情不自禁托住下巴、仔細聆聽。

實際上，我們的手接觸面部的位置不同，體現的心理含義也有所不同，常見的有以下兩種：

■ 第三章　看懂他人：催眠式心理洞察

一、思考

　　動作的共同點是人們無意識地用手固定住頭部：有的人用手掌托下巴，還有的人用手掌或拳頭托住半個臉頰，或者用手指緊緊按住額頭或太陽穴。

　　這些動作的真正意圖是讓自己的注意力高度集中，以便全神貫注地思考。與此相反，搖頭晃腦、左顧右盼則代表注意力不集中，或者說根本就沒有聽到我們剛才說過的話。

二、掩飾

　　種種掩面的動作代表自己想要掩飾即將顯露出來的表情或行為。比如害羞或尷尬的時候，人們會用雙手摀住臉頰來掩飾自己的臉紅。

　　關於下巴的一些心理推論值得我們關注，托下巴這個動作也很簡單，許多人為了掩飾自己的內心狀況也會採用這個姿勢，我們要注意區別。同時，合理運用這個小動作，讓對方感受到我們的誠意，類似一種動作催眠，能在人際交往中助我們一臂之力。當然，它要和語言、表情等配合起來，千萬不要東施效顰，像木偶一樣原封照搬，以免過猶不及。

手頭的多餘動作

人們說話時都會配合一些手勢，使自己的語言更生動、更有說服力。除了一些大家常見的配合說話的手勢之外，人們的手部還會有一些多餘的小動作，這些多餘的小動作很多時候卻與人的本意相反或者洩漏他們的心理祕密。我們說「十指連心」，內心的情緒不僅表現在臉上，還會在手中顯現出來，甚至「手的語言」比「臉的表情」表現得更真實。

雖然大多數人不注重手的動作，但是我們與他人見面時，手往往是雙方唯一的身體接觸方式。雙方一見面，為表示熱情，男士大多用握手，女士大多用手攬著對方的手臂拉近心理距離。在交談過程中，手的動作會更豐富，這些動作並不是多餘的，而是人們內心真實想法的體現。我們了解這些手部的小動作，既可以讓我們看透對方的心思，也可以避免自己做出不利於溝通的手部多餘動作。

1. 說話時不時地用手遮住嘴巴。通常，這類人性情軟弱、內向拘謹，無法與人分享內心的祕密。

2. 說話時用手摸鼻子。說話時不斷摸鼻子，可能是在撒謊。人在撒謊時鼻部組織因充血而膨脹擴大，說謊者會因鼻子發癢而不斷觸碰。

3. 說話時用手摸眼睛。如果說話時不斷摸眼睛，有兩個意思，一是感到很疲乏；二是不同意對方觀點，想發表意見。

4. 說話時抓頭髮或摸耳朵。說話時這樣做的人通常心思細膩，甚至有些敏感。有時別人認為是雞毛蒜皮的小事，在他們看來就是大事。

5. 說話時手指放在兩唇間。這可能說明他在一邊仔細思考一邊說話，而不是信口開河。

6. 把雙肘支在桌子上，兩手交叉，這種動作表示拒絕的意思，手支起是要搭起屏障，阻擋我們的視線。

7. 一手握拳，另一隻手的手掌拍擊拳頭，這種動作也表示拒絕。

8. 手放在腦後，很多人害羞的時候會有類似的動作。如果同時還伴有雙腿伸長，身子後仰，則表示放鬆。如若不然，就是拒絕我們接近的戒備心理在發揮作用。

9. 手不停地擺弄身邊的某些東西。一是心裡緊張不安；二是心不在焉，漫不經心。

10. 一隻手撐著頭。如果一個人沒事的時候手撐著頭，則表示心裡「想依靠某個人」、「需要他人的支持」的想法。如果在交談過程中對方做出這種動作，還是盡量快交出談話的主動權為妙。

11. 手揣在上衣口袋或褲子口袋裡，這個動作可以把手隱藏起來，基本上是出於不願意暴露真心的戒備心理，不是有不可告人之事，就是不信任對方。

12. 背手,雙手背後,昂首挺胸,常常是政治家慣用的姿勢。這種動作表示此人崇尚權威,而且充滿自信,還給人一種鎮定自若的感覺。

13. 雙手攤放在桌面上,這表示很放鬆,心裡已經接受了對方。

14. 兩手的指尖交叉放在下顎的下面。這是向對方傳達「我很自信」這一訊息。

15. 用手撫摸額頭,表示十分疲憊,不過,說謊時也會經常出現這種動作。

16. 搓手,不僅僅是人怕冷才採用的姿勢,還表示內心的一種期待情緒,期待某事的成功或預期得以實現。

17. 急速地搓動手掌,表達內心的一種躍躍欲試的急切心情;而慢慢地搓手掌,則說明對事情猶豫不定的態度,或是要做的事阻力太大。

18. 尖塔形手勢,是將一隻手的指尖相對應地接觸另一隻手的指尖部位,形成一個尖塔形的手勢,好像教堂的尖塔。尖塔形手勢是一個表示高度自信的動作,動作者一般非常有心理優勢。在兩人交談過程中,做出尖塔形手勢的人一般都是自認為實力較強,在對方面前有優勢的人,我們常常看到好多領導者在開會時會做出尖塔形手勢,因為領導者在下屬面前非常有權威感和心理優勢。

第三章　看懂他人：催眠式心理洞察

這些手部的動作訴說著人們不同的內心活動和個性特徵，如果一個手勢做得不對，很可能會令對方留下惡劣的印象。我們掌握這些手的動作，就是為了及時發覺對方的心理變化，以便及時糾正自己所採用的人際交往的方法和策略。

站姿是在「裝酷」嗎

身體語言往往比嘴巴更誠實，嘴巴經常有意識地撒謊，身體語言卻是無意識地流露出當事人真實心理狀態。在我們成長過程中，父母總是耳提面命地教育我們要「站有站相，坐有坐相」。儘管如此，大多數人的站相都是千姿百態的，有時是隨機一個姿勢，有的則是習以為常的站姿，我們仔細觀察一個人的站姿，往往能發現這個人的一些特點，還能了解這個人的生活習慣，這對於我們摸清對方的性格喜好，無疑又多了一種觀察途徑。

當我們站立與他人聊天時，對方的站姿就洩露了他們對我們的潛在態度。因為，人以何種方式站立，對於理解他的身分或他極力聲稱自己具有的身分來說，是一個不錯的指南針。

在某些場合，叉腰姿勢更代表支配性和優越性，如果不是職位最高的人採取這種站姿，這種姿勢站立的人就容易導致對別人的冒犯。例如，與主管站在一起，兩手叉腰，這種漫不經心的姿勢極有可能被視為大不敬。只要注意一下電視

新聞，就會發現除了職位最高的領導者會採用這種站姿外，身邊的其他陪同的人沒有一個敢這樣站立的。

單（雙）手叉腰站立，或者背著手，還有左手握住右手腕放置在腹部的站姿，這都是標準的領導者站姿。這幾種雙手圍繞著腰部的站姿，都極其具有支配性和霸氣。就要令人留下這樣的印象：身強體壯，沉著穩定，對別人的任何威脅都不放在心上。氣場比較強大，很有主見，同時也有權利欲望。採取這三種站姿的人自信很強，喜歡掌控局勢，控制一切。一個陌生人若採用這些姿勢出現在眾人面前，說明他懷有居高臨下的心理。

以上這幾種站姿讓我們很容易知道對方的心理優勢，也明白對方在我們面前優越的原因。除此之外，還有一些站姿我們也經常看到，和我們身邊的人參照對比一下，看看有什麼收穫。

1. 背脊挺直、胸部挺起、雙目平視的站姿。說明有充分的自信，給予人「氣宇軒昂」、「心情愉快」的印象，屬開放型。這種人往往有充分的自信，或者就是十分注意個人形象，意志堅定、勇於承擔壓力。

2. 彎腰曲背、略現佝僂狀的站姿。屬封閉型，表現出自我防衛、閉鎖、消沉的傾向，同時，也表明精神上處於劣勢，有惶惑不安或自我抑制的心情。這樣的人往往缺乏自信。

3. 雙手交叉抱在胸前的站姿。典型的拒絕、不合作的姿勢。做事也非常謹慎，行動力強，堅持己見。防衛心理強，無論怎樣勸說，這樣的人都不會聽進去，他們對眼前的人或事發自內心地不關心，而且私下裡還有不盼望成功、幸災樂禍的心理。

4. 雙腿交叉的站姿，或者單腿直立的站姿，另一腿彎曲斜置於一側。一種保留態度或輕微拒絕的意思，也是感到拘束和缺乏自信心的表示。

5. 雙手插入口袋的站姿。具有不坦露心思、暗中策劃、盤算的傾向，很自信，也很孤傲。

6. 靠著牆壁、樹木、桌子等的站姿。有這種習慣的多是失意者，通常比較坦白，容易接納別人，不好的方面就是缺乏獨立性，總喜歡走捷徑。

7. 雙腿叉開的站姿。這是具有自信心和心理上優勢的表示，雙腳分開比肩寬，整個軀體顯得膨脹，往往存在著潛在的進攻性。若再加上腳尖拍打地面的動作，則暗示著領導力和權威。

8. 一隻手從腰後抓住另一只手臂的站姿。是在壓抑自己的憤怒或其他負面情緒。但是，在服務行業中，這種站姿又可能想表明「我沒有行動、沒有威脅」的意思。

9. 遮羞式站姿。雙手有意無意遮住襠部，一般是男性採取的動作。遮住要害部位，是一個防禦性動作，說明心裡忐忑不安，準備遭受批評和不贊同。

10. 雙腳成內八字狀站姿。多為女性的站姿，有軟化態度的意味。許多女性在擔心自己顯得支配欲和好勝心太強時，往往採取這種站姿。

11. 雙腳併攏，雙手手指交叉站姿。併攏的雙腳表示謹小慎微、追求完美。這種人看起來缺乏進取心，但往往韌性很強，是屬於平靜而頑強的人。

清楚了人們不同站姿的一些含義，就可以用來引導我們與對方的溝通更加順暢。我們還要注意，當我們以站姿與對方交談時，由於面前沒有障礙物的間隔，必須注意保持適當的距離，不要過度靠近對方。每個人都有一個心理安全區域，雙方之間的恰當距離就是一個心理緩衝區。較適合的社交距離是1.2公尺左右，多出現在個人交往中，如職場交往和商業會議。

當我們發覺對方不斷調整和我們的距離時，一定是我們侵入了他們的安全控制區域而引起了不安，同時還表明，對方沒有完全接受我們，我們還沒有掌握撫慰對方的主動權，對方還在猶豫是否結束和我們的對話。這就需要及時調整思路，尋找對方感興趣的話題。

耐人尋味的坐姿

坐姿不僅反映一個人慣常的性格特徵，還反映他此時此刻的心理狀態，會透露他的性格特點和內心的祕密。我們可

第三章 看懂他人：催眠式心理洞察

以從坐姿的細微區別推測出其本人的性格輪廓、為人處事的方式。如果我們是個有心人，面對一個陌生人，即使沒和他們說話，也能大致了解對方的性情，這或許是一個不錯的公關策略。從各色人等耐人尋味的坐姿，我們會找到很多想要了解的資訊，作為我們了解對方的切入點。

1. 坐穩後兩腿張開姿態懶散者，一般的說來都比較胖。這種人由於腿部的肉過多，行走不十分方便，說得比較多而做得相對少。這類人屬於豪言壯語型，頭腦中想的事情經常是被誇大了的。

2. 坐下時肩膀上聳，膝部緊靠，致使雙腿呈 X 字形的人。一般均比較謹慎，但決斷力差，缺少豪氣。如果對他有過多希望的話，其結果多為失望。

3. 坐下後手臂曲起，兩腳向外伸的人，其決斷力十分遲鈍。每天都在不斷地為自己定計畫，卻什麼也實現不了。這種人的理想與行動非常不協調，喜歡做白日夢。如果與此類人共事，相信會出現不間斷的糾紛。

4. 坐下時兩腳自然外伸，給人一種沉著冷靜印象的人。這些人大都身體健康，對疾病的抵抗力很強。就命運而言，他也是非常幸運的。

5. 坐下時，一隻手撐著下巴，另一隻手搭在撐著下巴的那隻手的手肘之上，大都不拘小節，面對失敗亦能泰然自

若。不過，如果我們被這種人迷惑住，他會厚顏無恥地逃避責任，甚至對我們使出各種損人利己的手段。

6. 將椅子轉過來，跨騎而坐。這種姿勢實際上是一種防衛的姿勢，椅子靠背充當了他們的第一道防線，當然，這只是下意識的。從社交場合來講，這樣的姿勢有失禮貌，我們可以斷定，這個人具有強勢心理，總想高人一頭，性格自私而粗魯。

7. 一腳架放在另一隻腳之上，作出莊重堂皇之態的人，雖然志向遠大，但卻缺乏具體計畫，致使他的志向如空中樓閣一般，無法實現。

8. 坐在座位上兩腳長伸在外，妨礙了通道，同時將雙手插在口袋裡的人，大多是貧困潦倒之人。如果其相貌長得不好，通常伴有恐嚇或脅迫他人的行為。對這種人，最好採取敬而遠之的態度。

9. 坐著看書時，腳尖豎起，同時眼睛不斷向上翻的人，肯定是個急性子。這是一種天生的個性，即使他有很多的時間，但他還是顯得非常匆忙。

10. 在工作時，用手撐著下巴且姿勢不良的人，其工作效率極差，同時這一坐姿也是他對工作理解不透的象徵。一個真正懂得工作內容的人，是不會用這種不良姿態工作的。

11. 跪坐在桌前，兩手大張撐在桌上並不時左右觀看者，如果他的神態又很怡然自若，這是一種計劃大事業的姿態。

■第三章　看懂他人：催眠式心理洞察

12. 在他人面前猛然而坐。好像他沒把人放在眼裡，但只要正視他的眼睛幾秒鐘，威而不怒地和他交談幾句，他馬上就會像漏氣的氣球一樣癟下去。因為這種姿勢恰恰說明他的內心隱藏著不安或有心事不願告人，因此不自覺地用這個動作來掩飾自己的抑制心理。

13. 將腳伸出桌底，並經常用手撫弄桌角的人，是缺乏勞動意念的人，很難成就大事。

14. 雙手叉手後仰抱頭而坐。在正式的社交場合，這種姿勢是非常不禮貌的。已經冒犯了對面的人，因為這種姿勢表示他無視對方的存在，是一個徹頭徹尾的利己主義者。

15. 坐下後，把一隻腳伸出去，而把重心放在另一隻腳的人，非常自信。可是，如果過分自信的話，反而會使他變得厚顏無恥，使他的身心都無法正常發展，進而變得非常虛偽。

16. 坐下後兩腳同時倒向一方的人，是一個長時間站立工作的人的特有的習慣。這種坐姿的人，常能堅持自己的立場，不論別人如何批評，他們都不加理睬，也可以說是臉皮很厚的人。

17. 坐下時，腳尖朝外，臀部與椅子靠背緊密相貼，這種人非常耿直乾脆，直覺感十分發達。

18. 坐著時身體前傾、直視我們。對方採取如此坐姿，對我們來說是一個有利的現象。如果在應徵，說明我們的話題

引起了他的興趣;如果在相親,說明談吐引起了對方的好感;如果是在談生意,恭喜,說明對方已經產生了簽單的願望。

人們在日常的人際交往中,工作、洽談生意、就餐時基本上都是坐著進行的,坐姿的千變萬化也預示著人們心情的起伏。在我們看來,無論哪一種坐姿都是有規律可尋的,坐姿的背後都蘊藏著一個心理密碼,只要我們掌握了破解的方法,抓住對方的心理易如反掌。

二郎腿

許多人喜歡翹「二郎腿」,認為很有氣派。但是,翹二郎腿是一種很不好的習慣,很多場合都不適合,那麼翹二郎腿說明了什麼呢?俄羅斯《真理報》(*Pravda*)曾刊登了一篇心理行為學專家的文章,專門對翹二郎腿的人的心理做了一番闡述。

整體而言,翹二郎腿有兩種基本姿勢——標準型翹腿和交叉合攏型翹腿。

翹二郎腿的標準姿勢,是指一條腿搭在另一條腿上,一般是右腿搭在左腿上,這是一種神經質、戒備或矜持心理的表現。不過這種姿勢也可以看作是一種純粹的輔助性動作,所包含的意義還得和別的一些動作或手勢結合在一起才能理解。比如說,人們在聽課或長時間坐著不舒服時也採用這個姿勢。如果一個人感覺很孤僻,他也會本能地採用這個姿勢。

■第三章　看懂他人：催眠式心理洞察

　　如果一個人翹二郎腿又雙臂交叉抱胸，說明這個人是在明顯避開談話。一個銷售代表如果執意去向一個翹二郎腿又雙臂抱胸的顧客兜售自己的產品，那可是最愚蠢不過的了，倒不妨問問對方，為什麼會採取這種不合作的態度。

　　一個人經常翹標準的二郎腿，我們就可以認真地分析一下他們的真實意圖，多半可以認為這是一種期待別人重視，又戒備心理很強的矛盾心理。

　　交叉合攏的翹腿再搭上手，說明這種人相當固執。如果一個人是一條腿呈半弓形搭在另一條腿上，說明這個人有一種競賽和抗拒心理。這種姿勢相當流行，翹起二郎腿，又用一隻手或兩隻手扶住。採用這種姿勢的人多是那種很難在討論過程中改變自己觀點的人，這種人相當固執，要想擊潰這種人的反抗心理，就得採用一種別出心裁的辦法，還得用相當長的時間。

　　除了這兩種基本的翹「二郎腿」動作外，還有一些變化的二郎腿姿勢值得我們關注。

　　兩腿交叉的姿勢表示內心裡不平靜，也缺乏自信。還有一些人站立或者坐著的時候，腳脖子交叉，這種姿勢也說明處在一種抗拒或防禦心理。

　　不可排除，有些人在休閒放鬆的時候也會蹺二郎腿，來放鬆自己，這種習慣也說明了這個人有點自我，不會太在意

別人的看法。但是也體現了一種拒絕心理,如果在一個正式場合某人表現出這種類似休閒的舉動時,多半表示他在拒絕參與。在工作中,如果合作的同事用的是這種姿勢,那他不僅是在迴避合作,而是已經明顯地表示出拒絕了,且這種拒絕心理頑固至極。

菸民的無意識動作

很多場合都可以看見吞雲吐霧的人,有的人抽菸是為了滿足心理需求,有的人抽菸是一種樂趣、是一種習慣。抽菸不分場合、不分老少。

許多人都說抽菸是一種非凡的言語、一種人際交往的最佳潤滑劑、一種威猛帥氣的風度、一種叼著高級香菸的炫富感……總之,可以列出抽菸的種種「好處」。也許抽菸是出於獵奇、模擬、反抗心理,也可能是為了社交需求、應付難堪、解脫自卑、追求時髦、打發時間,彰顯自己的開放和成熟等。在生活、工作、愛情中面臨壓力、壓制、苦悶或呈現人際交往矛盾之際,也會以菸為伴,借菸消愁解悶,臨時麻醉自我。

心理學家認為,吸菸的時候是一個人的心靈無意識張開的時刻,抽菸在相當程度上是一種心理需求。抽菸時的動作能深刻反映出人的心理變化,得意時,吸上幾支,抽菸的姿勢往往是頭向上,向後仰,向上吐煙;苦悶時,往往悶頭抽菸,吐煙方向則朝下;考慮問題時,菸量會明顯增多等等。

■ 第三章　看懂他人：催眠式心理洞察

如果掌握了必備的心理學常識，再結合菸民吸菸時的無意識動作，就可以抓住對方的心理特徵，了解他們的個性。

美國著名心理學家吸菸的分析最為生動：

一、持菸的方式

1. 夾在食指和中指的指尖上。這是常見的持菸方法。性情比較平靜、踏實，愛表達自己，親切自然。但是，不足之處在於容易隨波逐流，缺乏決斷力和意志力。

2. 夾在食指和中指的指縫裡。這種人是個行動主義者，自我意識很強，不太善於協調人際關係，因此容易引起誤解和反感。

3. 用拇指、食指和中指拿著，菸頭朝外。性情較為冷一些。頭腦聰明，工作作風幹練。不過，有的時候過度的驕傲會讓人不快。

4. 拇指、食指、中指捏住香菸，菸頭朝向手心，菸嘴朝外。這種拿菸的動作據說是軍人夜間吸菸，不暴露目標而採用的，比較謹慎，防禦心理重，但目的非常明確。

二、吸菸的方式

1. 叼在嘴角右端吸。思維敏捷，能夠迅速下決斷，行動出手很大膽，常常出其不意。對自己非常自信，而且，業績的確很突出。對自己的生活現狀和工作比較滿意，並且充滿了希望。

2. 叼在嘴角左端吸。思緒很多，計劃性強，有城府。

3. 在嘴唇的中央向上銜著吸。愛慕虛榮，即使有踏實的外表，往往過於相信自己的能力，去做超出自己能力範圍的事情，有時不能客觀地分析當前的形勢，會自討苦吃，屬於行為過於盲動的類型。

4. 在嘴唇的中央向下銜著吸。理性遠遠大於感性，做事絕不會強人所難。做事踏實，喜歡按著自己的節奏去推進事情。

5. 使勁咬著菸頭吸菸，用唾液溼潤菸捲。性格中依然殘留著不成熟的幼兒習性。

6. 香菸快吸到盡頭，還一直吸的人。對自己缺乏信心，總是在理想與現實之間徘徊，常將失敗歸咎自身，喜歡自責。但是如果這類人能建立樂觀向上的心態，就會利用這一特點，將自己引向一個比較高的目標，不斷地追求，最終獲得成功。

三、噴煙的方式

1. 把煙噴向自己面前的人。樂於挑戰，無視對方的存在，在對對方有攻擊心理的時候，常常這樣做。

2. 把煙往無人處吹。努力不想把煙弄到他人身上，對人際關係非常細心和在意，對人態度溫和，屬於溫厚型的性格。

3. 把煙四處亂噴的人脾氣急躁，不拘小節，對人無禮，不容易接近。

四、抖菸灰的方式

1. 正抽得起勁，頻繁地把菸灰抖到菸缸裡。此類人做事認真，有一點神經質。即便菸灰很短，也要抖落，精神壓力多來源於不能輕鬆對待事情，過於緊張地情緒。

2. 菸灰很長才會抖落。此類人缺乏足夠的精力，本質很小心翼翼。

3. 菸灰已經很長，任由其自行落下，卻不在意的人。此類人非常謹慎，一般用心很深，並且善於將自己隱藏起來，非常自信。由於不善與人交流，常常遭到誤解。雖然考慮問題比較周到，但也可能因此貽誤戰機，失掉機會。

4. 菸灰到達一定長度的時候，就抖在菸缸裡。此類人是非常仔細的人，知道自己在做什麼，什麼是最重要的，善於處理遺留問題。

五、掐滅菸的方式

1. 敲打菸頭，把燃著的部分在菸缸裡按滅。是個慎重的人，缺乏自己的主張，總想藏在別人的背後，附和他人。

2. 把菸很直地按在菸缸裡捻滅。不會感情用事，做任何事情都界限分明，把工作和娛樂、戀愛和婚姻分得很清楚。

3. 把菸頭折成彎弄滅。性格開朗，但有時難免傾覆，說話不算數的時候多。

4. 菸剩得很長就折成幾個彎弄滅。看起來很認真的樣子，對異性的影響力不小，善於遊說異性。

5. 菸頭沒掐滅也不在意。愛撒嬌，好惡明顯，以自我為中心，缺乏協調性。

6. 向菸灰缸裡倒水熄滅菸頭。既有對自己要求完美的一面，也有不修邊幅的時候，容易走兩個極端。平日裡很沉靜，但行動起來非常迅速。具有神經質的性格，做事時太過於考慮他人的感受和追求事情的完美結局。雖然能夠表現出對他人的責任心和細緻關懷，但結果往往因考慮得過於周到反而損失了一些不該損失的東西。

7. 菸還燃著，就直接丟入菸灰缸的人。自我控制力不強，經常將自己的感情任意表現出來或強加於人。做事不負責任，自由散漫，不顧及旁人，經常在不經意間傷害他人。

8. 愛用腳踩滅香菸的人。具有虐待和追求暴力的心理，無論發生什麼事，他都想吸引別人的注意力，誘惑周圍的人。有時會刻意追求一些新異的刺激來自我滿足，並且往往具有攻擊性，不肯輕易服輸。

心理學家指出，人們選擇抽菸，很多出於心理原因。我們了解菸民的這些習慣動作，可以探知他們的心理，就可以採取相應的了解策略和溝通策略。

第三章　看懂他人：催眠式心理洞察

◊ 細節動作顯露出的情緒

雖然我們都不是催眠大師，也不見得能記熟各種肢體語言的含義，但掌握這些技巧，可以把別人的心事看得八九不離十，無論如何也是一件有意義的事情。我們可以透過對各種肢體小動作的分析，進一步掌握對方的思路，使交流按我們設定的路線行進，可謂是一門高超的心理揣摩術了。我們把人們經常出現的一些細節動作整理如下，看看這些肢體語言告訴了我們哪些含義。

1. 觸碰或按摩頸部。我們的頸部有許多神經末梢，只要稍加按摩，就可以有效降低血壓與心跳速度，消除緊張。另外，按摩額頭或是摸耳垂，也都是一般人緊張時會出現的動作。拉領帶或是玩弄頸上的項鍊，也代表同樣的意思。

2. 深呼吸或是話變多。深呼吸是立即平緩情緒的最簡單方法，因此當我們看到對方深呼吸，就知道他可能在壓抑自己的情緒。或是在這一過程中對方不太愛說話，卻突然話多了起來，也代表他的情緒開始變得不穩定。

3. 手放在大腿上。內心緊張，試圖平緩自己的情緒。

4. 邊說邊笑。我們與這種人交談時會覺得非常輕鬆愉快，他們大都性格開朗，對生活要求從不苛刻，很注意「知足常樂」，富有人情味。感情專一，對友情、親情特別珍惜。人緣較好，喜愛平靜的生活。

5. 掰手指節。這種人通常精力旺盛,非常健談,有韌勁,喜歡鑽「牛角尖」。對事業、工作環境比較挑剔,如果是他喜歡做的事,會不計任何代價而踏實努力地去做。

6. 嚼口香糖。有壓力或壓抑的表現,不停地嚼是對壓抑的一種自然應對機制。此外,它也可以理解只是為了清新口氣,或者是吸菸的一種替代動作。

7. 腿腳抖動。這類人最明顯的表現是自私,很少考慮別人,凡事從利己出發,對別人很吝嗇,對自己卻很大方。通常善於思考,能經常提出一些意想不到的問題。

8. 咬嘴唇。很明顯的壓力過重訊號,或者因為承擔的責任重大,或者遇到緊急的事情。

9. 拍打頭部。這個動作是表示懊悔和自我譴責。這種人對人比較苛刻,但對事業有一種開拓進取的精神。他們一般心直口快,為人真誠,富有同情心,願意幫助他人,但是守不住祕密。

10. 擺弄飾物。這種人一般都比較內向,不輕易使感情外露,做事認真踏實。

11. 咬筆桿。自我安慰的表現,如同吸菸和含手指一樣。

12. 聳肩攤手。這種動作是表示自己無所謂,這類人大都為人熱情、誠懇,富有想像力,會創造生活,也會享受生活,他們追求的最大幸福是生活在和睦、舒暢的環境中。

13. 撅嘴唇。深思熟慮或者不滿的表現。這種表情就彷彿嘴裡有話將要被說出來一樣。也可以理解為對於不能發言的一種焦慮或者不耐煩，也可以理解為厭煩、壓抑的情緒。

14. 喜歡提高音量說話。多半是自我主義者，對自己很有自信，如果認為我們不適合肉麻地奉承別人，最好和這種人劃清界線。

15. 常常低頭。慎重派，討厭過分激烈、輕浮的事，任勞任怨，交朋友也很慎重。

16. 磨牙。有壓力或壓抑的表現。可能源於恐懼的反應或者其他被抑制的因素。

17. 咬指甲。壓抑挫折感，一種內心對恐懼感襲來（或其他壓力）的應激反應，一種自我安慰的習慣，以這種形式進行釋放內心的壓力。

18. 托腮。服務精神旺盛，討厭錯誤的事情，對效率低下的合作對象很反感。

19. 兩手腕交叉。對事情保持著獨特的看法，常給人冷漠的感覺，屬於易吃虧型的人，稍微有些自我主義。

20. 摸弄頭髮。情緒化嚴重、常常感到焦躁，對流行很敏感，但忽冷忽熱。

21. 把手放在嘴上。敏感型，常常嘴上逞強，但內心卻很溫柔。

22. 伸舌頭。不贊同、拒絕的表現。舌頭位於嘴的中間，就彷彿看到了一些很不舒服的東西產生了這樣的動作。如果在伸舌頭的同時，鼻子皺起，眼睛斜視，那這個動作就是很典型的不贊同的意思了。

23. 到處張望。具有社交性格的樂天派，對什麼事都有興趣，對人有明顯的好惡感。

24. 搖頭晃腦。這種人特別自信，以至於唯我獨尊。他們在社交場合很會表現自己，對事業一往無前的精神常受人讚嘆。

25. 穿著不拘小節。也代表個性隨和，而且面對人情壓力時容易屈服，所以有事情找他們商量時，最好是套人際交情，遠比建立的工作友誼要來得有效。

26. 喜歡眨眼。這種人心胸狹隘，不太信任他人。如果我們和這種人進行交涉或有事請託時，最好直截了當地說明來意。

27. 習慣盯著別人看。警戒心很強，不容易表露內心情感，所以面對他們，避免出現過度熱情或是開玩笑的言語。

當然，觀察不只限於剛碰面的幾分鐘而已，越到對話的中後段，越能看到對方真正的肢體語言反應。除非對方接受過專業訓練，否則過了一段時間，便會不經意露出真實想法。我們要把對方的多個動作連繫在一起判斷對方的情緒變化，尤其是在交流過程中突然出現的異常動作。了解這些肢體語言的目的，是為了在人際交往中占據心理優勢，多掌握這些讀心術的知識很有實際作用。

■ 第三章　看懂他人：催眠式心理洞察

習慣揭示心理偏好

每個人在工作、生活、人際交往、愛情婚姻等諸方面，都是自己日積月累的習慣。人們用各種方式建立的習慣，不需要別人或者自我提醒，因為人們已經適應了這種習慣，如果背離了這種習慣反而不舒服，不管這個習慣對於他人來說，是好習慣還是壞習慣。

其實，一個人的習慣行為恰恰最能體現他的心理世界。一種習慣的形成，不僅需要一定的時間，還需要一定的環境，同時也和他本人對待人生的態度有關。

習慣某種程度上還決定了一個人的命運，我們透過觀察他人一些有代表意義的習慣，可以探知對方的心理及其待人接物的方式，作為我們成就人際關係的心理策略。

◊ 購物習慣體現的心態

每個人的購物習慣有很大的不同，有人是缺什麼買什麼，有人的隨意性更強，是衝動型購買，有人認為購物是美好的享受，特別是心情不好的時候，只要去購物，那些壞情緒似乎就能隨著花出去的鈔票一起流走。購物習慣雖然有不同，我們依舊可以統一研究，因為其中的共同點還是很多的。

我們平時是否注意身邊的同事或朋友在購物時的各自不同呢？比如有的人很衝動，售貨員幾句話就掏錢買單；有的

習慣揭示心理偏好

人很理智,出門前要買什麼已心中有數,買完就走;有的人固定愛買某一類東西,比如飾品或鞋子;有的人則是在某一段時間集中買某一類東西⋯⋯

如果我們已經注意到了這些,會發現,呈現出來的這些購物習慣絕非偶然,而是性格、性情的一種體現,抓住這些特點是我們通往其內心的一個方法。知道了這些,可以跟他們更好地相處、乃至影響和暗示他們今後的行為。我們總結了人們主要的幾種購物習慣,嘗試著從中找到規律,以便從購物的角度增加我們對身邊朋友的了解。

1. 購物隨意性很強的人。對買什麼商品沒有想法,在隨意逛商場過程中,喧鬧的購物環境、打折促銷、別人的購買行為都能激發起他們購買的情緒。這類人一般都很情緒化,對情緒控制的能力差,易受別的事情影響,一天中心情的高低起伏也很大。他們都比較容易相處,但由於情緒起伏大,會直接影響到身邊的人,因為他們不會掩飾自己的情緒,無論高興或不高興,都會表露出來。要說服他們,可從營造氣氛入手,製造一些小情調或者緊迫感,讓他們感覺到自己或者事情很重要,調動起他們的正向情緒。

2. 目標性很強的購物習慣的人。不愛逛街,想買什麼,事前已經想好了,也確定了去何處買,買了想要的東西就會走,不會再東逛西逛。這類人很理智,屬於理智型的。計劃性強,做事有條理,當然也較死板,不太通融。遇到熱情過

第三章　看懂他人：催眠式心理洞察

度的人，會反感並拒絕他們，因為他們目的性很強，生活會較簡單，傾向於實用，情緒化的東西很少。好奇心不強，很少參與自己無力控制的事情。這類人的優點是講道理，人際交往不即不離，如果是同事或朋友，跟他們相處，只要合乎邏輯即可。要說服他們必須有足夠的道理才行，他們是非常認可真理的一類人。

3. 某一段時間集中買某一類產品的人。這類人在某一段時間，集中地買某一類東西，比如上個月買衣服，這個月買鞋子等，如此周而復始地循環。這類人的購買行為是有彈性的，他們適應力很強，當環境變化時，會配合環境來改變。在人際關係中，是比較敏感的，知道自己在什麼時候需要什麼。性格具有變通力，比較易相處，每當周圍環境變化時，都會做出適當的調整。從眾心理是這類人的另一特點，如果想說服他們，只要讓他們知道大多數人已經認可或同意了，他們自己就會接受。這類人不會主動站在風口浪尖的位置，更願意跟著大家的隊伍走。

4. 固定買某一類產品的人。這類人其實就是在尋找熟悉感，因為他們內心缺少安全感。喜歡熟悉的環境，喜歡與熟悉的人往來，思想保守，非常專一。想要這類人改變固有的想法，是非常困難的。這類人交友單一，不喜歡的人，無論做什麼都很難跟他建立聯繫，源於這種固執，與這類人交往時，最好找到和他們熟悉的中間人。

5. 綜合型購物的人。我們會發現有的人不在這四種類型之內，又都有這四種類型的一些特點，那麼，我們面對的可能就是一個綜合型的人。既有很隨意的時候，也有極理智的時候，同時還兼有某一時間集中或固定買某一類東西的習慣。他們的購買習慣非常不固定、不穩定。這類人的性格沒有完全塑造成型，所以才會時常處於變動之中，我們會覺得對方難以思索、猜不透。所以，跟他們相處最好是直接說出心裡的想法，用情感來打動對方會比講道理更有效。

我們應該認知到，一個人的購物是他個人的自由，並且會受周邊人的影響，不論怎樣的購物行為，都是一個人心態的體現。我們從中可以看到這個人對自己的自信心理和從眾心理的強弱，這就是我們研究他人購物習慣的出發點。

點菜習慣透露的心態

華人請客吃飯是最自然的事情了，可以說，不上酒桌的話，很多能辦成的事情也辦不成。有理由要請客，沒有理由找個理由也要請客。無論是有利益驅動的請客，還是為了請客而請客，華人總是喜歡在酒桌上談妥絕大部分事情。

很自然，相互寒暄、推讓一番，各自落座後，又一個考驗我們的事情出現了——點菜！千萬別小看了點菜這個環節，主人為了照顧每一個客人用餐愉快，一般都會讓客人點一下自己喜歡的菜，最後再由主人查缺補漏。

第三章　看懂他人：催眠式心理洞察

　　提起點菜，我們大多數人都很頭痛，看著菜單真是難以取捨，無從下手，很難找到一個自己喜歡大家又認可的菜。很多人掛在嘴邊的一句話是「隨便」，還真有頭腦靈活的酒店，設定了一道叫「隨便」的爽口菜，非常受歡迎。

　　是否受歡迎是人們點菜時最大的顧慮，很多人都認為自己的點菜水準不高，經不起滿桌客人的考驗。「眾口難調」一說也是他們不自信的重要原因之一。葷的、素的、甜的、酸的、辣的，各方面都得考慮周全，一個疏忽，點了個大家都不愛吃的菜，勞了神卻沒有得到眾人的歡心。

　　如果點的菜沒學問說不定還會被人取笑，對許多人來說，點菜就像一場心理攻防戰。其實，點菜確實是一門學問，它包含了心理學、地理學、社會學、經濟學、營養學、人際關係學等，還存在一個是否懂得飲食時尚的學問，也算一門人生的「百態學科」吧。

　　一般情況下，我們進入酒店入座，服務生會遞上菜單。首先要請最尊貴的客人點菜，然後再按照座次或者職位高低逐一點菜。

　　點菜的時候，大家的頭腦還處於非常清醒的狀態，點菜的方式可以明顯體現出點菜人的性格特點和思考方式。我們在酒桌上可以對感興趣的人有個大致了解，而點菜就為我們提供了這樣的一個機會。我們身為觀察者，就可以對他們做出判斷，以便確定今後的工作生活中如何與此人進行深入交往。

1. 愛吃什麼就點什麼的人，大多以自我為中心，也不管在什麼等級的酒店，一張嘴就點自己百吃不厭的菜。因為從小就愛吃這道菜，所以，當點菜的權俐落到他手上的時候，會毫不猶豫地點這道菜。既不考慮就餐的環境，也不考慮主人的意願，完全按照自己的喜好出牌。他們是樂天派，在生活中不拘泥小節、大大咧咧、做事果斷，經常因為莽撞而犯錯，帶給自己不少的麻煩。另外，點自己喜愛的菜的人也是有分別的：在點菜過程中，先看價格，再迅速做出決定的人是合理型的；只選愛吃的菜，不顧價格的人是享樂型的；比較價格與內容之後才決定的人，為人比較謹慎。

2. 根據別人點菜結果，選擇和其他人菜的價位、等級相似的人。在點菜時，從來不首先點菜，而是參照著別人點的菜價、等級決定自己的選擇，不高不低，恰到好處。別人點100元價位的，他就點125元左右的。這樣的點菜習慣，自己的口味倒是次要的了，只要和眾人保持一致就可以。他們做事謹慎，一般情況下不會出現大的失誤，但是過於從眾卻忽視了自我存在，對自己的想法沒有自信，當別人提出不同的意見時，難以堅持自己的立場，比較容易受別人的影響。

3. 先點菜，然後根據具體情況再做變動的人。這種人在點菜的時候並不猶豫，翻看幾下就會確定，但點完菜後，常常會喊住服務生，把自己點的菜再變動一下。雖然這只是個小插曲，卻可以看出這個人思考問題簡單、衝動，在工作和

第三章 看懂他人：催眠式心理洞察

交友上也是優柔寡斷的人。平時給人的印象是效率低下、性格軟弱，容易受到他人的影響，對大局的掌控能力存在欠缺。

4. 先請服務生介紹菜品，然後再確定自己的選擇。這種人驅使心理極強，討厭別人的指揮，喜歡指使別人做事。性格比較獨立，一旦認定自己的選擇是正確的，就會堅持到底，難以聽從勸告。他們追求完美，渴望成功，希望能一鳴驚人，所以，會積極地對待他分內的每一件事。在對待朋友上，能表現出一定的彈性和寬厚，讓雙方都感到很有面子。

5. 不看菜單點菜的人。優越感很強，對事物的掌控能力也很強，見多識廣，判斷力高超。通常都比較自負，不服輸，有的還很高傲。

6. 猶猶豫豫，點菜慢吞吞的的人。做事一絲不苟，安全第一。但此類人的謹慎往往是因為過分考慮對方立場而喪失自我，能夠真誠地聽取別人的勸說，很容易忘掉自己先前的觀點。

7. 不點菜的人。這種人多是從眾型的，做事慎重，勇氣欠佳，往往忽視了自我的存在，對自己沒有自信，人云亦云，不求有功但求無過，這種人是最易被人領導的人。

點菜如作秀，我們會發現，人們點菜的時候心理變化非常迅捷，既要考慮面子，又要考慮價位，還要考慮協調。點菜的過程和他本人的脾氣、待人方式都很類似，認真觀察一下他人點菜時的習慣，對於我們掌握與他人的人際交往心理有很大的幫助。

乘車選座習慣暴露的心態

心理學家對人們乘車的習慣做了很多深入持久的研究。他們指出，人們上了比較空的公車後，一般都不會選擇第一排座位——這排位子通常到了車廂座位快沒有時才有人坐。從心理學角度探討這種現象，這種選擇是人類特有的安全感造成的。當我們選擇了第一排座位時，坐在背後的人會讓我們感到一種潛在的威脅，因為我們看不見他們在我們的背後做什麼。

人類進化的過程同時也是在戰爭中求得生存的過程，戰爭的一個重要常識就是不要把後背留給敵人。人們雖然遠離戰爭，但是這種自我保護的心理仍然存在。特別是在一些較為敏感的公共環境裡，公共交通工具就是典型的代表。我們都喜歡坐在能夠通覽整體的靠後的位子上，即使沒有找到座位，我們也會找到一個安全的空間保護自己。一旦有人緊貼在我們身後，就會產生「小偷、騷擾」之類的念頭，很快會出現坐立不安的心理變化。

我們觀察身邊的朋友、同事或者陌生人乘公車時，在可以自由選擇座位的情況下不同的表現，會有意想不到的收穫，這些收穫可以幫助我們更好地了解身邊的人。有一點在這裡說明一下，一些擁擠異常的公車，人們只求能搶上車，根本不考慮有沒有座位的情況除外。

第三章　看懂他人：催眠式心理洞察

1. 坐在司機後面的人。這樣的人在發表意見時，總要滔滔不絕地引用別人說過的話，一般來說，他們缺乏主見，需要經常得到旁人的指點和幫助。

2. 坐在前車窗旁的人。這樣的人在生活中不甘落後，在工作上他們事事爭先，做起事來有一種拚命精神，渴望自己也能出人頭地。

3. 坐在車廂中間窗戶旁的人。這樣的人通常都比較喜歡思考，凡事都經過沉思熟慮。在生活中他們並不過於看重名譽地位，更不願意自己捲入糾紛中去。

4. 坐在車廂尾部的人。在現實生活中，這樣的人一般比較冷靜，喜歡用自己的眼睛去觀察社會和人生，且十分注意自身的安全，自我保護心理強。

5. 坐在通道旁的人。這樣的人通常喜歡按照自己的思想生活、學習，他們一般都比較自信，很少聽得進不同意見。

6. 坐在車門旁的人。這樣的人往往不能非常投入地參與某些大事，儘管常常會心血來潮想做些大事，但總是為自己留下一條冠冕堂皇的退路。

7. 坐在單人座位上的人。這樣的人性格比較孤僻，不喜歡與人交流，在日常生活中也沉默寡言，尤其是討厭說廢話的人，他們的朋友較少，但一旦認可了某個朋友，就會長期保持友情。

8. 即使有空座位也站著的人。這樣的人喜歡做出一些與眾不同的舉動，希望自己能夠成為人們注意的中心。而且為了表現自己，他們能夠忍受痛苦。

9. 找「順眼」的人同坐雙排椅的人。警惕心理很強，很多人乘車時願意找看上去「順眼」的人同坐。心理學研究認為，產生「第一印象」的時間不超過二秒鐘。因此，多數人能很快對同乘的人進行判斷，並且選擇其中看起來順眼的人坐在一起。他們透過對同坐的人裝束、舉止等的分析，會判斷出對方是否對自身構成威脅，以及這種威脅的大小。這是因為與陌生人相處，自我防禦意識會更強。

10. 過分在意座位餘溫的人。有些人坐在別人剛剛坐過、尚有餘溫的座位會很不自在，一些人甚至會站起來，等座位涼了再坐。這類人接受能力差，比較敏感，心理健康程度不佳。我們每個人都有一個心理緩衝區，以減少外界帶給自身的負面影響，而敏感的人心理緩衝較小。這些人在生活中一般很難接納自己，同時也很難接受別人。因此，對於座位上的餘溫會十分難以接受。

11. 半躺在座位上、伸長腿、對著手機大聲講話的人。從心理學上看，這些人的行為過於以自我為中心，不善於處理人際關係。他們一般不懂得換位思考，不關心別人的需求，平時就習慣了沉溺在自己的世界裡，很少顧及別人的感受。

■ 第三章　看懂他人：催眠式心理洞察

因此不了解自己的行為對別人造成了很大的不便。這些人不僅在公交上很不受人歡迎，他們在生活中也很少去關心和幫助周圍的人。

12. 不管什麼座位，上車就睡的人，他們有更多的安全感，心理不設防，其心理也相對健康。他們經常樂於與人分享，自我開放度高，在分享中得到快樂和他人的肯定，他們對身邊的人有更多的信任感。

一個人坐什麼座位，怎樣坐，都反映了他們的深層心理，反映出這個人的社會、組織、人際、防禦的意識。我們了解了這些，可以對身邊的人有個簡單的認識，幫助我們採取合適的人際交往策略。

◊ 飼養寵物的習慣知「主人心」

人們的生活富裕了，精神世界反倒空虛了，一些寂寞的人把感情寄託在了各種寵物身上。有些人對待寵物的感情已經到了不可自拔的地步，同食、同浴、同寢、同進同出，形影不離。

這究竟是一種什麼樣的心態呢？飼養不同的寵物又代表什麼樣的心理呢？這是人類的灰色心理的隱祕地帶，這裡面的心理問題非常多，值得我們深入了解一下。既然如此，作為人類深層心理的研究對象，我們不能放過對一個人所飼養的寵物的研究。

人們之所以飼養寵物，是因為寵物追隨、無條件服從自己。物似主人形，寵物將會成為他們主人的「自我延長」，就是說，一個人會透過寵物，表示出各種願望，從而表明其個性特徵，有時，甚至連一個人隱藏於內心的欲望也會暗示出來。

根據調查，一般家庭飼養的寵物，以狗最多，占全體寵物的30%以上，其次分別是貓和鳥類，各占全體寵物的20%與15%，不論任何時代，狗和貓都是人們的寵物的主角。人狗關係與人貓關係確實存在較大差異，養狗者比養貓者的神經質度少12%，養貓者更喜歡從事藝術、冒險、幻想等各種體驗，這種人有更多打破常規的觀念。

令人捧腹的是，有些心理學家以寵物為比喻，把人的個性也分為狗型和貓型兩大類。具狗型性格的人：個性隨和，極易遷就他人，受到他人指使，依賴心雖強，卻也相當體貼，大都個性外向，能夠很快地與人打成一片。此外，心理的感受，會立即表現在臉上以及態度上，給人爽朗、富於人情味、敏捷以及直率等印象。

專門飼養拳師狗、牛頭㹴、哈巴狗的人，大都對自己的外貌較缺乏自信，於是，他們飼養自認為比自己還要醜的狗，以掩飾自己對外貌自信心的缺乏。專門飼養牧羊犬、聖伯納犬的人，意圖藉著牠們的雄偉氣勢，炫耀自己的經濟能力以及社會地位，是虛榮心較強的人。喜歡飼養名狗的人，寵物就是他們作為表現自我表現欲的工具。喜歡飼養土狗的

人屬於獨裁型，支配他人的欲望強烈，因為，土狗對主人的忠誠心比外來犬要高許多，飼養牠的人可完全滿足自己的欲望。飼養狐狸犬、獅子狗的人，屬於較為平凡的一型。

屬貓型性格的人：不喜歡隸屬於他人，如果看不慣上司的作風，就像貓一樣離他而去，是個任性的人。自立心強，且自律甚嚴，個性內向、好孤獨。不喜歡外露自己的感情，也不願意敞開心胸與他人打成一片。給人不善於社交、內向、偏激、冷漠、遲鈍以及驕矜等等印象。

調查顯示，單身居住的養貓者比養狗者多三分之一，單身女性養貓的情況最多見。在性格上，養貓者更內向，也更冷淡一些。養貓者的控制支配欲相對較低——膽怯、害羞，攻擊侵略性較低。養貓者還很容易相信別人，性格往往比較順從、謙遜、直率，內向，更特立獨行，不喜歡交際。養貓人比較傾向偏離傳統文化，或者主流文化。養貓人對生活和工作缺少安全感，追求個性而不追求權利，對情感一般都懷有恐懼。

除了貓和狗之外，人們飼養較多的寵物還有鳥和魚。鳥類和魚類的反應較貓狗遲鈍，一般而言，把鳥或魚當寵物的人，任意擺布寵物的意願更強烈，希望建立唯我獨尊的世界，他們大部分也是不善於交際、討厭人際交往的人。

心理學研究顯示，人們總是在無意識的情況下，選擇一種長得像自己或具有自身某些性格特質的寵物。例如，慢吞吞的人會養慢吞吞的烏龜，較容易感到不安的人會養條蛇，

喜歡養豬的人有優越感，喜歡養小羊的人希望得到寵愛⋯⋯從寵物身上，可以看出主人的喜好，外在的寵物是其主人心理世界的一種象徵。

如今，許多年輕人也加入了飼養寵物的大軍，而且寵物的範圍也從貓狗為主擴大到了蛇、豬、蜥蜴、蜘蛛、鴨子、羊⋯⋯

這麼多的人痴迷於養寵物顯然不是簡單的「作伴」關係，心理學可以解釋得清清楚楚。其實無論養的是什麼，所選擇的寵物，與它們相處時都是其主人內心欲望的一種表現形式，簡單來說，那些寵物，就是他們潛在性格的一個延伸，是他們向外界傳遞內心訊息的一個載體。我們要捕捉對方的心理，就從他們養的寵物身上尋找答案吧！

生活習慣與做事態度

一個人的生活習慣能夠非常恰當地反映出他的性格，同時，生活習慣也會影響一個人的工作情緒，甚至改變一個人的性格。如果有機會到別人家裡做客，留意一下這個人的生活環境，說不定會有驚人的發現。

我們每天很大一部分時間是在室內度過的，而其中大部分時間又是在自己的家中度過的。良好的生活習慣不僅可以使人感到心情舒暢，最重要的，是對人的生理健康和心理健康都有

第三章　看懂他人：催眠式心理洞察

好處。打理自己的生活環境不僅是心情調節，也是一個人對生活環境的態度和觀念，可以反映出這個人的性格特點。

有的人家裡窗明几淨，一塵不染，所有的東西都擺在了恰到好處的位置上。主人似乎每天都在打掃環境、整理房間，走進這樣的屋子，給人的第一感覺就是這個人的生活很有品味。但實際上，很多客人都不喜歡拜訪這樣的房子，因為太整潔了，客人會有點不適應。過於潔淨的生活環境實際上代表著一種清高、一種孤芳自賞，甚至是一種拜訪拒絕。過於整潔的環境會讓來訪的客人感到拘束，給人無比潔淨感覺的同時，也造成了心理壓抑。

在這種環境生活的人往往是個較為較真的人，與他們相處容不得半點犯錯，一切都必須按照規矩來行事，當別人犯錯的時候，他們會毫不留情地指出來。對待工作和交友上，他們也是一個追求完美的人，很少做沒有絕對把握的事。這類人有一個共有的缺點，就是對自己行為不放心。一件事往往要重複驗證好幾次才放心。他們的心態很容易產生焦慮，從而導致過度敏感，損傷朋友之間的關係。

有的人家裡比較整潔，經常使用的東西就放在觸手可及的地方，有些凌亂但很得體，一進門就給人濃厚的生活氣息。到這樣的家庭裡做客，可以隨意走動，主人的東西也可以隨意翻看，而不用擔心主人緊張的眼神。這樣的人具有平和心態，不管他的職位高低、財富多少，在對待親戚朋友

上,都是古道熱腸,待人誠懇。

這樣生活環境的人比較隨和,喜歡和朋友們共同分享快樂;為人正直,不喜歡斤斤計較;性格直爽,對朋友的錯誤能夠直接指出,並提出切實可行的合理建議。在人際往來中能應付自如,如果需要他付出,他會積極地為欣賞自己的人提供一切支持,如果不需要他付出,他又可以默默地做個稱職的觀眾。

最糟糕的一種情形就是家裡猶如垃圾堆,自己卻打扮得像個即將登臺的明星。每天出門時都穿戴得乾淨俐落,但是在現實生活中,我們會發現他們的家裡就像一群大學畢業生離校前的寢室環境。到處是生活垃圾,桌子上堆滿吃剩的飯菜、沙發上隨處可見穿過的衣物、地板上鋪滿灰塵、洗手間空氣混濁等等。生活在這樣的環境裡,主人卻不以為然,或者根本沒感覺到有什麼不合適。可是對於我們來說,在這樣的環境裡即使待上片刻也是活受罪。

讓這種人和我們住在一起,不用一天,就能把我們的家弄得一片狼藉。因為他們習慣於這樣的生活方式,而且沒覺得哪裡不自在。這類人往往非常固執,聽不進別人的意見,做事情只圖面子好看,沒有責任心,難以接受別人的批評,經常自以為是。此類人還有一個鮮明的心理特點,愛占便宜,生活中想著占朋友的便宜,工作中想著占同事的便宜;對別人的困難視而不見,漠不關心。

■第三章　看懂他人：催眠式心理洞察

　　生活環境能夠反映出人的性格和生活觀念，同時，生活環境也能反應出一個人的待人接物方式和做事態度。很多人都會把生活中的態度帶到工作中來，甚至公私混雜在一起的現象也很常見。所以，我們要想了解一個人的心理世界，不妨觀察一下他們工作之外的情況，到他們的生活環境中拜訪一次，看看他們不為人常見的另一面，對我們處理人際關係說不定有特別的啟示。

◊ 開會時選座習慣體現的心態

　　開會時，哪些人會選擇坐在領主管的身邊？哪些人選擇坐在後排？我們會發現很多同事座位的選擇都值得研究，即使是職場新人，對座位的選擇也不是隨意的。開會時座位的選擇可以暴露出他是哪一種性格的人，還能顯示出他們以後的職場升遷前景如何。千萬不要小看座位的選擇，這是一門學問，也是我們成就人際關係的一個切入點。

　　1. 選擇了最後排座位的人。這種選擇方式一般都比較低調，目的是避開主管的視線，而且後排的座位便於「察言觀色」。許多人開會時都會爭搶最後排位置，從心理學的角度來看，這種選擇方式實則是「胸無大志」的表現。他們自認為很低調、避開了主管視線的焦點，卻沒想到前面的同事也可能成為他們視線的障礙，從而使自己處於被動地位。主管哪

有時間來發掘那些自甘隱蔽的人？這類人職場前景也不被看好，他們大多奉行明哲保身的原則。

2. 選擇會議桌左右側遠離主管座位的人。選這個位置的人一般是屬於謹慎中庸型的，守在主管的對角線附近，便於觀察「形勢」。他們一方面善於處理與主管之間的關係，一方面自身也有理想有抱負，希望在職場上更上一層樓。這個位置能清楚地聽到主管的發言，便於表達自己的觀點意見，還可以引起主管的注意，是有晉升欲望的一類人。

3. 選擇會議桌對面座位的人。選擇這個座位的人往往是團隊中的潤滑劑，這個座位可以很好地實現與其他同事的互動，發言的時候也可以看清主管的表情，這才是真正綜觀全體的位置。這類人自信心足，心理承受力強，能夠承擔重任。

4. 選擇主管左右側的隔著一個座位的人。這個座位比較受副手的青睞，這裡既能向大家展示他的能力，又不會顯得很專制，一般認為他想取得大家的信任，並讓大家把他當成自己人，建立一個良好的工作氛圍。這個座位，還能更好地集中精神、縱覽全體。

5. 選擇老闆與主管中間座位的人。老闆身旁的座位似乎是危險的「雷區」，即便是業績出眾，深受老闆喜愛的人也很少光顧。老闆身旁的座位通常是為嫡系紅人準備的，他們坐在這個位置上是隨時準備支持老闆觀點的。

第三章 看懂他人：催眠式心理洞察

6. 選擇主管左右側第三個座位的人。坐在此處的人往往是業務知識或者能力最豐富的人，他們努力工作，一點也不驕傲自大，不願引人注目，卻關心實事，是不容小覷的實踐家。是團隊的實力派。

7. 座位雖然靠後卻積極發言的人。這類人升遷欲望強烈，十分想表現自己，會把握在主管面前的每一次機會，利益和榮譽面前會當仁不讓，必要時可以犧牲同事的利益。

8. 座位靠前認真做筆記的人。這種情況有兩種，一是做做樣子的人，表明自己很用心；二是有實力的人，他們很在乎會議的核心內容與各部門的工作情況，想要被賞識，期待有一天可以拋頭露面，是將要有所作為的未來之星。

心理專家認為，排除論資排輩的座位順序外，大家隨意就座時是了解一個人心態和資歷的最好時機。誰的人緣好、誰的業績好、誰的關係硬、誰的資歷淺，都可以從座位上看到。我們從各人座位的選擇中就能察覺這個人的職場理念和工作態度，根據每個人的實際情況分別對待，選擇不同的人際交往方式，為我們的職場鋪陳順暢的發展道路。

乘電梯的習慣體現的心理

電梯是個奇怪的空間，每個人走進電梯，都會尋找一個適合自己的位置，每次電梯停靠樓層，人群上下電梯時，大

家又各自重新尋找最佳的位置。即使是熟人，也很少出現兩個人面對面的情況。如果是陌生人，相互的目光會很少發生接觸，偶爾接觸一下都會立刻移開。在電梯裡，每個人的警覺性都很高，每個人的心態也都不一樣。不知大家發覺沒有，平時嘻嘻哈哈的同事、朋友、親人、客戶等，進入電梯後說話都會減少，人越多，沉默的氣氛就越濃烈。

這是一個很奇怪的電梯心理現象，在這裡存在一個「心理空間」的概念，就是一個人覺得自己身體周圍的空間有一定的範圍是屬於自己的個人領域，說白一點就是自己覺得舒服的空間。每個人的心理空間都不一樣。人們一旦進入狹窄的電梯裡，人性本能中的心理空間立刻顯現出來，那麼，人們在電梯裡的各類舉止到底反映了什麼樣的心理呢？

1. 主動開口的人。在封閉的空間，和我們主動說話的人，他們的心理空間要比一般人大的多，對陌生人的恐懼度也比較小。性格奔放，精力過剩，或許他們覺得整個電梯都屬於他們的個人領域，覺得很自然，沒有不安全的感覺，像是在自己的家裡一樣。因此，他們會把電梯當作平時一樣的環境看待。這種人對別人的信心總是比較多一點，很適合做接待人員或者銷售人員。

2. 保持微笑，等他人先開口再接話的人。這類人的心理空間是屬於比較正常的範圍，他們不會可以擴展自己的心理空間。如果說話的人是在他的心理空間之外，他們就會放棄

第三章　看懂他人：催眠式心理洞察

主動開口的機會。因為，在公眾混雜的心理空間中，會讓他們覺得沒有信心，超出了自己控制的範圍，就會覺得力有未逮，這是很正常的現象。他們看似冷靜的表面其實是期盼和他人交流的，只要主動和他們說話，他們都會應答。所以，在人際交往中，對這類人應採取積極主動的策略，不要把希望寄託在對方主動來找我們。

3. 面無表情，盯著電梯樓層指示燈的人。這類人的心理空間比較狹窄一點，心理的防衛距離也很短。如果不熟悉的人太接近他們，超過了他們的心理安全距離，他們就會感到不舒服。這裡的心理防衛程度，和個人的自信心所拓展出來的範圍分不開，代表著自己可以掌握的安全領域，他們無法侵略別人的領域，就會嚴防死守住自己的既得利益。總之，他們是一個自我防衛系統比較強烈和敏感的人，即使別人稍稍做出些成績，他們也會覺得很不安，感到自己的利益受到威脅，所以他們會擺出一副很嚴肅的姿態，警告別人不要亂來，隨時防備別人和自己爭寵。

4. 雙手抱胸，頭朝下看著地板或別人後背的人。這類人是心理空間極端狹小的人，也就是說在公眾場所，他們是對自己極端沒有信心的人，而且有很大的不安和恐懼，甚至有點自我封閉的傾向。所以才會雙手抱胸，流露一副急於保護自己的下意識動作。而低頭動作，更是暗示了不想和外界溝通，也不想和任何人面對面，是個封閉在個人世界的自閉心

態。這些人的心態和心理對我們來講，是非常不利的，因為我們越是和他們接近、溝通，他們越是退縮、封閉，就會浪費我們太多的精力。那些嘗試多次都難以溝通的客戶大多都是這類的人，這樣下去，只是惡性循環，必須找到破解他們防禦體系的好辦法才行。

掌握電梯心理對我們的人際交往很有利，我們會在電梯裡遇到同事、主管、客戶，還有陌生人，這裡是我們觀察別人的一個視窗，為我們捕捉對方的心理提供一個強而有力的支持。

ves # 第三章 看懂他人：催眠式心理洞察

第四章
實戰催眠──
人際中的攻心策略

　　我們了解催眠術是為了學以致用，成就我們良好的人際關係，透過上一章捉心理的研究，我們掌握了大量讀心術方面的技巧，也初步了解了心理暗示和心理撫慰方面的一些技巧。催眠術的實用之處就在於心理暗示和心理撫慰他人，其實我們每個人都會用這二者，也經常用到，小到上學時考試前的互相鼓勵，大到工作中的自我激勵與團隊激勵等，我們都在把這種「精神催眠」應用在自己或其他人身上。這兩種心理策略在催眠術中能提供我們改變他人言行的諸多技巧，而這些技巧能使一些難以溝通的人際關係變得順暢。

　　隨時留意身邊的人和事，使用正確的策略。催眠術不僅可以為我們的人際交往以及工作和生活帶來更多的成功機會，也會幫助我們在激烈的競爭中占據優勢，成功搭建人生和事業的階梯，甚至還可以在愛情上助我們一臂之力！

打破陌生感的心理障礙

大部分人對陌生的面孔都有一種牴觸心理。看到誇誇其談的陌生人，不喜歡；看到深沉高傲的陌生人，不欣賞；看到孤僻冷漠的陌生人，很討厭……其實陌生人首次出現在我們的視野時，我們看到的不一定是他真實的一面，也不見得就看準了的他的本性。我們通常是按自己的審美觀和價值觀，冒然對陌生人進行了定型、定性。我們要鍛鍊自己與陌生人的交際能力，熟練運用讀心、暗示、撫慰、攻心等催眠技巧，引導和操縱陌生人與我們建立感情。實際上，我們所有的朋友不都是從陌生到認識，再一步步發展成為朋友的嗎？

參加旅行團，怎樣與陌生人接觸，並和對方成為旅行中的夥伴呢？說來簡單，就是主動和對方溝通，透過互相問候、探討共同關心的話題，兩個人的距離自然就拉近了。一回生、二回熟，話匣子一打開，必然你一言我一語，詢問對方的情況，並介紹自己，這樣很容易使對方成為自己的朋友或準朋友。

在與陌生人人際交往時，我們要用寬容互補的心理來對待他，發現他的興趣、思想和愛好。同時也要修正我們自己的審美觀和價值觀，不能像緊閉的城門一樣拒絕接納對方的進入。

第一印象的潛意識塑造

我們常說「不要憑藉第一印象判斷一個人」,但是在日常生活或是職場中,第一印象發揮的作用非常大。例如,一部即將上映的電影,會憑藉重量級人物雲集的首映禮吊足人們的胃口,為拉動票房塑造良好的第一印象。又比如,拜訪一個陌生的客戶或是相親,給予對方的第一印象如果是負面的,想在日後改變是不太可能的,後期修復的機率幾乎為零。為此我們提醒,第一印象一旦形成,我們就如被貼上了一個難以改動的印記,因此,平時的自我修養就有助於讓我們把握好這僅有的「第一次」。

有人說,「第一印象也是最後的印象」這句話還是很有道理的,留在他人心裡的第一印象就像一粒種子,會生根,會發芽,會長成參天大樹。決定第一印象的時間有多長?之前人們認同的說法是 4～6 秒,但最近美國一所大學的心理學研究組得出了最快速度不到 1 秒的驚人結論!時間如此短暫,所以我們不僅僅是在重要場合,在平時也要做好自我形象管理。我們能影響對方的前提是對方接納我們,如果連第一印象這一關都通不過,其他的階段就難以進行了。

第一印象很難被改變,是因為人們在認知過程開始階段的印象會一直存在,並影響後期的判斷標準。心理學將這種現象稱為「初始效應」。由於初始效應的存在,第一印象好的

第四章　實戰催眠─人際中的攻心策略

人做錯了事也會被人往好的方向想像，第一印象差的人做了好事人們也不會領情。

第一印象，可以讓我們獲得額外的機遇，也可能讓別人對我們產生誤解。心理學家認為第一印象與外表、肢體語言及談吐的關係最大。

從審美觀點來看，人們通常會對那些外表吸引力強的人留下良好的第一印象，將他們視為友善、聰明且樂於與之交往的人。外表吸引力相當程度依賴於天生，但人們可以透過一些方法使自己的吸引力最大化，穿著打扮就是其中之一。我們對著裝和個人形象千萬不可掉以輕心，精心選擇並不等於極端地求新求異，著裝要有針對性，要同本人的身分吻合。比如財務領域的人，宜穿深色套裝以體現出專業和嚴謹；若是從事公關行業，在著裝上可以適當體現出自己對時尚的敏感度，還有要注意鞋子、指甲、頭髮是否乾淨等細節。

我們著重強調外表在第一印象中的重要性，為了讓我們獲得更多的機會，適當的修飾很重要。平日可以閱讀一些指導穿衣打扮方面的書和雜誌，找到適合自己的著裝風格。

僅次於外表吸引力形成第一印象的就是身體語言。有研究顯示，在人際交往中，肢體語言的訊息要比有聲語言的內涵多數倍。現實中，我們大多數人是以直觀迅速的方式，去理解別人的肢體語言，對發現對方正向的或負向的心理有一定作用。為了把肢體語言使用得恰到好處，我們可以參閱上

一章介紹的關於肢體語言方面的內容。

　　需要提醒的是，只有我們的肢體語言傳達的訊息和我們說出來的話意義相符合時，才可能贏得對方的信任。

　　留下良好的第一印象還有一個重要的方面，就是談吐。無論職位高低、富有程度，無論男女性別，無論輩分，見到陌生人，我們可能做不到口若懸河、左右逢源，但我們一定要做到談吐平和自然、落落大方。這不需要我們有淵博的知識和圓滑的技巧，只要顯示出真誠和自信，就會贏得一份尊重。這種自信和語言駕馭技巧是我們個性的傳達和共性的體現，是我們深入對方內心的一種手段。切忌迫不及待地搶話、爭辯、聲音小或者高亢等，要注意談吐謙遜、堅定，以增加自己的可信度和親和力。

　　我們與陌生人見面時的第一印象，有兩個必須注意的關鍵點。第一，陌生人會根據自己的審美觀和價值標準衡量我們；第二，陌生人會透過他們的主觀感受和人生閱歷，來選擇與他們心中形象相匹配的人選。因此，我們有必要提前做些準備，了解一下將要拜訪的陌生人的經歷、個性、做事風格、價值觀等，為自己設計一套最適合這個陌生人標準的個人形象包裝。如果是無從了解的陌生人，我們不知道對方的標準是什麼，也就是對方個性方面的標準無從掌握，但我們可以從共性方面下功夫，提升自己的第一印象，諸如：真誠、善良、敬業、有禮貌等，這些都是形成良好第一印象的基本要素。

我們要珍惜這僅有的第一次機會，在平時注意自我培養，不斷學習和充實自己，適時展現自己的氣質和風采，令陌生人留下一個美好的第一印象，引導對方從內心深處認可我們、承認我們，進而樂於和我們建立良好的人際關係。

運用語言建立好感連結

在工作和生活中，每個人都喜歡被讚美，把讚美比喻成成就人際關係的潤滑劑一點都不誇張。如果一個人經常聽到真誠的讚美，就會高看自身的價值，這有助於增強自尊心和自信心。特別是當我們與他人交往時，雙方在認知上、立場上有分歧時，適當的讚美會發生神奇的力量。不僅能化解矛盾、克服差異，更能促進理解、加速溝通。所以，善催眠者也大多善於讚美。這些溢美之詞不需要任何成本，完全是免費的，只要我們注意觀察對方，總會發現對方有許多值得我們讚美的優點。

我們用語言表達對人或事物的讚美之詞，不僅能使人的自尊心、榮譽感得到滿足，更能讓人感到愉悅和鼓舞，從而會對讚美者產生親切感，相互間的認可程度也會大大改善。對方往往因為我們的讚美而放下心理的防禦，讓我們有機會進入他們的內心世界。喜歡聽讚美似乎成了人的一種天性，是一種正常的心理需求。當然，我們的讚美話不是隨變說的，要說得準，說得恰到好處才會引起對方的喜悅和重視，

尤其是與陌生人交往時，一定不要吝嗇我們的讚美詞，在適當的時候恰如其分地稱讚對方，會為我們增加一個深入對方內心的機會。

讚美是一門語言藝術，也是催眠術中經常用到的法寶，我們要讚美得有理、有利、有節，有技術含量的讚美應具備以下 6 個標準：

1. 要有根有據，不能言不由衷或言過其實，否則對方就會懷疑我們的真實目的。

2. 要雪中送炭，不要錦上添花。最需要讚美的不是那些聽膩了讚美詞的人，而是那些自卑感很強的人，尤其是那些被壓抑、自信心不足或總受批評的人。他們一旦被我們真誠地讚美，就有可能使尊嚴復甦，自尊心、自信心倍增，精神面貌從此煥然一新。

3. 內容要具體，要有新意，不能含糊其辭。空洞的詞語和大家說慣了的讚美可能會使對方混亂、窘迫，緊張或者沒感覺。讚美越具體，說明我們對他越了解，從而拉近雙方的人際關係。

4. 要恰如其分，不能摻一點水分。避免空泛、含混、誇大的讚美，而要具體、確切。不一定非大事讚美不可，即使是一個很小的優點或長處，給予恰如其分的讚美，同樣能收到好的效果。

■ 第四章　實戰催眠─人際中的攻心策略

5. 要把握時機，不要拖延。賞不逾時，一旦發現對方有值得讚美的地方，馬上就發掘出讚美的道理，當眾讚美他，不要拖拉，也不必另找時機。

6. 要真心誠意，不能虛偽。有的人在讚揚別人時，只想著樹立個人的威信，收買人心，實際上並沒有表現出欣賞的誠意，這樣的讚美根本不發揮作用。所以讚美要表示出真心誠意。

從讚美的場合來分，還可以將讚美分為當眾讚美和個別讚美；從讚美的方式來分，可以將讚美分為直接讚美和間接讚美；從讚美的用語上來分，可以將讚美分為直言讚美和反語讚美。如一位經常讚美孩子的家長，可以創造一個充滿快樂的家庭；一個經常讚美學生的老師，一定會贏得全體學生對他無限的依賴；一個經常讚美下級的主管，在下級的心目中，一定是最受愛戴的人。

讚美可以縮短人際關係的距離，為我們贏得友情與合作；讚美的最大好處還在於使被讚美者獲得相應的能力提升。我們讚美一個人效率高的時候，這個人會變得更加有效率；讚美一個人務實的時候，這個人會變得更加務實。

讚美很微妙地照亮了我們和他人之間的黑暗地帶，也為下一步的和諧發展創造了環境。有一點我們需要牢記，讚美與奉承是不一樣的，二者有本質的區別。讚美是真誠、熱忱的，是出於內心真實的感覺，為滿足雙方尊重和友愛的需求，給予別人精神上的激勵和鼓舞。而奉承則是寧肯犧牲自

己的尊嚴巴結他人，出於某種不可告人的企圖，明顯是趨炎附勢、投機討好的樣子。正如卡內基所說：「奉承是從牙縫中擠出來的，而讚美是發自心靈的。」

我們並不要求對方與我們有相同的文化、相同的成長背景、相同的愛好，只求他們讓我們有感動的優點就可以。一個有效的讚美可以幫助我們快速進入關係融洽的階段，我們發自內心讚美對方，自己的內心必然也受到震撼，人格也會得到昇華，對讚美的感受也便更強烈一些；而作為被讚美者，知道自己被人欣賞，會把這種優勢一直保持下去。

學會傾聽與沉默的力量

傾聽是我們對他人最好的尊敬方式和溝通手段，專心聽對方講話，是我們所能給予對方最有效，也是最好的肯定方式。人們總是很在乎自己的成就和興趣愛好，要使對方對我們感興趣，那我們就先對他們的經歷感興趣，鼓勵對方多談論他們自己及他們所取得的成就，不要忘記和我們談話的人，對他們自己的成就遠比對我們的語言更感興趣。

造物主賦予了我們兩隻耳朵一張嘴，就是讓我們多聽少說，這是人生智慧的至理名言。交談中，能說會道固然重要，而善於「傾聽」更是一門可貴的人際交往藝術。能讓對方袒露心扉的人，就具備了成為催眠大師的潛力。

第四章　實戰催眠─人際中的攻心策略

　　學過行銷學的人都知道,世界上最成功的業務員不是喋喋不休的人,而是最善於傾聽的人。只要留意一下那些成功的銷售菁英的經歷,會發現他們總是畢恭畢敬,注意力十分集中,讓客戶暢所欲言。不論客戶的稱讚、說明、抱怨、駁斥或是警告、責難、辱罵,都仔細傾聽,並適當做出反應,表示關心與重視,最終贏得客戶的好感與善意的回報。同理,一個全神貫注的傾聽者要比一個口若懸河的談話者更受歡迎。有人說:「聽」,有時會比成百上千的「說」還要重要。真誠的「傾聽」最能使對方感到他們是有價值的、是受我們尊重的,因而也是最容易令對方感動的。

　　傾聽是我們催眠實戰中必須掌握的一種方法,傾聽時我們應注意:

　　第一,傾聽要用心。傾聽不僅要用耳、用眼,還要用腦、用心。注意力要集中,注視講話者,好像正渴求對方告訴我們重要資訊。當對方與我們交流目光時,我們要適當點頭或發出「是的」、「啊」、「嗯」的聲音,表明自己對說話內容很感興趣,以引起對方講下去的興趣。一個善於傾聽的人,往往會從講話者那裡發現和捕捉到很多資訊,並走進他們的心靈。

　　第二,傾聽要耐心。有人計算過,說話的速度一般是每分鐘 120～180 個字,而思維的速度卻是它的 4～5 倍。所以,往往是對方還沒說完,我們也許早就理解或者猜到事情的結果了。這時,注意力就會分散,以至出現「一心二用」的

神情。如果此時對方突然問我們問題，我們答非所問，對方就會感到不快，有一種被冷落、受愚弄的感覺，談話就很難繼續下去。所以，在傾聽對方的談話時，應盡力排除各種干擾，洗耳恭聽，不要漫不經心、不以為然，否則對方會認為我們對他的話不關心、不重視，覺得我們很不耐煩，看不起他們，從而引起反感。

第三，傾聽要虛心。交談的主要目的是溝通思想、聯繫感情、增進友誼、促進合作，而不是演講比賽。所以，在聽人談話時，應該抱著虛心聆聽的態度。有些人覺得某一問題自己知道的比對方多，常常不等人把話講完，便插嘴打斷對方的話，自己發揮一通，這樣做是最不尊重對方的表現。有時即使對方的談話沒有價值，也不必馬上皺眉頭，或激烈反駁，可用改變話題的方法暗示對方，或用提問方式把交談轉移到有意義的話題上來。當然，善於傾聽並不等於不說話，偶爾插上幾句話是非常必要的，因為這是積極呼應，說明我們對他講話的留心和興趣。有時會心的笑聲也是一種讚許，是傾心聆聽的表露，會使對方覺得我們謙虛好學，從而不自覺地對我們產生好感。

另外，傾聽的好處很多，說得過多會暴露我們自己的意圖。在與陌生人交往的過程中，特別是在一些重大的公務往來、商業談判中，過早的表明我們自己的態度是很不利的。我們得首先摸清對方的情況，如果自己談得太多，到了關鍵

的時候就沒有迴旋的餘地了。在交談中，只要我們能讓對方盡情地說個不停，我們就成功了一半。

實際上，我們傾聽，對方述說的這種行為，就是我們在使用催眠術策略的一種隱祕的催眠行為，最終目的還是為了實現我們原先的想法。

解除對方的心理防衛

《射鵰英雄傳》中，黃蓉有一件防禦的寶衣──軟蝟甲，以保護自己免受別人的傷害。我們同陌生人接觸時，離他們越近，對方的防禦心理越重，猶如也穿了這麼一件軟蝟甲，提醒我們別靠的太近。

人們的內心世界都有防禦體系，阻擋各種內心不願接受的人或事物。這就是心理學中常提到的心理防禦機制，這種防禦機制有遺傳的基礎，更多的是在與社會的互動中逐漸養成應對外界刺激和內心衝動的方式。當這種應對方式固定下來後，一方面成為人格的一部分，一方面也會成為一種習慣性的反應，當事人在意識上未必能覺察到這種防禦心理所發揮的作用。

心理防禦機制的理論是佛洛伊德於 19 世紀末提出來的，用來指一個人面對應激、挫折、創傷、喪失、衝突等心理上的種種困難時，其內心的「自我」就潛意識地運用一些心理上的防禦措施，來保護自己的機制。

人際交往中,尤其是面對陌生人,人們都會小心翼翼地接觸對方,不會過早暴露自己的內心世界,會處處設防,阻斷他人進入自己的控制範圍,這種情形都是很正常的。隨著雙方互相了解的增多,各道防線才會慢慢解除,向對方開放心靈的領域。

心理防禦機制的作用有兩面性,一方面可以保護自我、維護人格的穩定;另一方面卻可能阻礙自身與外界(他人)的正常溝通。可以這樣說,如果一個人能有意識地、靈活地使用一些心理防禦機制,那麼這個人的社會適應能力就會較高;如果一個人無意識地使用單一的心理防禦機制,則較容易出現社會適應問題。

我們與陌生人溝通,經常遇到的現象是阻抗,是對我們來訪的主動防禦,常用的心理防禦機制有十餘種,我們簡單介紹4個最常見的心理防禦機制以及應對措施:

1. 否認機制。否認各項事實,以取得暫時的平靜。無論我們說什麼,對方都迴避現實,拒絕面對事實。事實上,這種否定並不能忽視存在的事實,只是使我們的注意力轉移而已。是一種心理交鋒中保衛自己的現象,出現這種情況,最好的辦法就是給對方多一點的時間考慮,讓我們的催眠行為低調一些、持久一些。

2. 抵消機制。對方在遭遇到某種挫折而感到痛苦時,常找出一些理由來安慰自己,以減輕痛苦,讓自己心安理得。

大多以象徵性的事情來抵消已經發生了的不愉快的事情，以彌補其心理上不舒服的一種心理防衛方法。比如，毆打了孩子的家長常使用此法以解除罪惡感和內疚感。對於這種情況，我們要坦白告訴對方，他們的抵消行為帶給我們的困擾及壓力，刺激對方的內疚感，喚醒對方的同情心，解除對方這種心理防禦機制。

3. 置換機制。人們在受到排斥、指責、批評、欺侮、被迫應戰而無法宣洩時，常把這種怒氣轉嫁到比他弱的人身上，遷怒於別人，心裡就感到輕鬆了，這是人們常有的傾向。比如，某個主管被上級訓斥，他就會把脾氣發洩在他手下其他工作人員的身上。對此，我們要多付出一些精力，前期溝通的時候，充分地了解對方的為人處世，放低我們的身段，為對方留足面子，對方能辦成的事情絕不再經手第三者，體現我們對他的重視。

4. 外投射機制。對方心中有一種不符合道德標準的動機和欲望而不敢承認，把它投射到我們身上，說我們有這種動機和欲望，典型的「以小人之心度君子之腹」。總是將自己的過錯歸咎於他人，形成敵對、難以溝通、多疑、敏感的現象。我們採用的對策是，多途徑了解對方的個人喜好和需求，對症下藥。

研究並弄清楚陌生人的這些心理防禦機制，可以使我們冷靜地、客觀地觀察他們，分析自己，採用適當的交往方法，做

到自覺或半自覺地應用破解對方心理防禦機制的各種方法，脫掉其身上的「軟蝟甲」，來扭轉我們人際交往中的劣勢。

共鳴引發的好感

有句老話，「酒逢知己千杯少，話不投機半句多」，道盡了與朋友有共鳴話題的開懷心情。美國前總統亞伯拉罕・林肯（Abraham Lincoln）曾說過：「我展開並贏得一場議論的方式，是先找到一個共同的贊同點。」這就是大家常說的共鳴，共鳴的好處在於可以消除對方的對立情緒，贏得對方部分或全部的贊同和信任，營造融洽的交流氣氛，為我們最終成就良好的人際關係鋪平道路，催眠對方的心理在不知不覺中接受我們的勸說或主張。

日常的交往中，我們很難和陌生人在一開始就產生共鳴，往往必須先引發對方與我們交談的興趣，經過一番對話後，才能讓彼此更加了解，才有可能找到雙方可能產生共鳴的話題。當我們嘗試說服對方、對其有所求的時候，最好先從對方感興趣的話題談起，不要太早暴露我們的意圖，讓對方先一步步地贊同雙方的共鳴之處。當對方跟著我們走完一段「思維路程」時，便會不自覺地認同我們的觀點。

這個說服的方法叫「心理共鳴」法，所謂心理共鳴法，是指運用心理學中「情感共鳴」的原則，歸納出來的一種說服方

法。它一般可分為四個階段：匯入階段，即心理接觸的初級階段；轉接階段，即心理接觸的中級階段；正題階段，即心理接觸的高級階段；最後是結束階段，即完全產生共鳴。和不熟悉的人或有對立情緒的人進行談話時經常使用此方法，很容易掌握對方的心理，並且引導對方進入我們事前設計好的催眠程序中。

1. 察顏觀色，尋找共同點。陌生人的品味、心理狀態、精神追求、生活愛好等等，都或多或少地會在他們的表情、服飾、談吐、舉止等方面有所表現，只要我們善於觀察，就會發現雙方的共同點。

2. 投石問路，搜尋共同點。這塊「石頭」很重要，可以以熱情的招呼開場，詢問對方的職業、畢業院校等，從中獲取資訊；可以透過桌面陳列、擺件，偵察對方的性格；也可以以動作開場，邊幫對方做某些急需幫助的事，邊以話試探；甚至透過借打火機，也可以發現對方的特點，打開雙方的話匣子。

3. 聽人介紹，猜測共同點。拜訪陌生人，我們可以找到與此人較熟悉的中間人，作為二者的溝通橋梁，為我們相互介紹，說明雙方與中間人的關係，各自的身分、工作，甚至個性特點、愛好等等，如果我們細心聽取，將會從介紹中發現對方與我們的共同之處的。

4. 揣摩談話，探索共同點。為了發現陌生人跟我們的共同點，可以在對方同別人談話時注意傾聽，留心分析，揣

摩，也可以在對方和我們交談時揣摩對方的話語，從中發現共同點。

5. 步步深入，挖掘共同點。只要我們留意，發現雙方的共同點是不太難的，但這只能是談話的初級階段所需要的。隨著交談內容的深入，共同點會越來越多。為了使交談更有益於對方，必須一步步地挖掘深一層的共同點，才能如願以償。

6. 臨渴掘井，製造共同點。如果實在找不到雙方的共同點，我們根據對方的喜好，選擇自己比較擅長的地方，臨時作為我們與對方的共同點，透過平常累積的知識和談話技巧，讓對方和我們產生共鳴。

有了共同的基礎，我們就可以邊引導對方，邊把這種共鳴擴大到其他範圍，逐步展開思路，這種心理策略有助於陌生人比較自然地接受我們的其他話題的探討。

面試場景中的心理操控

面試基本上都是陌生拜訪，現代職場有各種類型的面試，面試的過程也設計得十分巧妙，目的是了解求職者的個人情況和道德品格。近幾年，許多應徵公司在面試環節還增添了心理測試，這就提升了面試的難度。抗壓性合格可得到錄用，抗壓性不合格，即使能力再突出也有可能被淘汰。

第四章　實戰催眠—人際中的攻心策略

許多求職者對面試中的心理測試都產生了懼怕，帶給心理極大的壓力。如何在陌生人面前展示我們，引導應徵者對我們產生興趣和好感，是一個很現實的問題。必須精心設計我們的言行舉止，並且了解面試中的一些常見的心理測試範圍，做到有的放矢、胸有成竹。在面試中向用人公司成功地推銷自己，一定要注意催眠心理策略的使用，我們可以使用一些催眠術的技巧來幫助我們展示自己，激發應徵人員的思路和興趣，引導對方多探討對我們有利的談話內容。在此，簡單總結了面試中用到的一些催眠技巧，希望可以對大家有所幫助。

策略一：講究「包裝」。不僅商品的促銷需要良好的包裝，自我推銷也要講究包裝。我們給陌生的應徵方的第一印象，幾乎都是視覺上的。在別人真正了解我們之前，會在我們身上尋找其認為可取的對方，許多人面試成功相當程度上得益於大方得體的「形象包裝」。首先我們要「催眠」應徵方的眼睛，讓應徵方從我們的外部包裝上認為我們具備優秀的品行、良好的職業素養和個人價值觀。因此，面試時形象包裝應有講究：

1. 一般說，形象包裝給予人整潔、美觀、大方、明快之感。

2. 針對應徵職位性質不同，穿著打扮應有所不同。

3. 用服飾彌補性格的不足。如，內向的人若感到身單力薄，可以用粗獷一點的服裝去補充；性格過於活躍的人，不妨穿文靜一點的服裝。

有關個人形象包裝的部分，我們可以多參考一些相關的書籍，或者聽聽有經驗人的建議，對我們的幫助會很大。

策略二：注意禮儀。禮儀在面試中絕不可少，這是我們人際交往能力的體現。

1. 面試時，不能遲到，表明我們是守時的人，又表明求職的誠意。

2. 像走進家門一樣自然地走進面試現場，千萬不要拘謹、手足失措。

3. 見面時，向應徵方問好。產生一種友好的氣氛，有利於開始面試談話。

4. 切勿急於坐下。在應徵方請我們坐下時，說聲「謝謝」之後入座，並保持良好的坐姿。

5. 談話中，目光注視對方，不要飄忽不定。

6. 注意傾聽，既表現了謙虛，更是尊重與誠意的表示。

策略三：調控心態。面試的難關在於自身，情緒的過度緊張、心態的過度不穩，是面試成功的大敵，也是最應該避免的心理情緒。只有戰勝緊張感，才能從容地表現自我，成功地推銷自己。

1. 強化自信，態度豁達時，面試中就容易多一份恬然、安然、自然。

2. 鎮靜心神，調整呼吸，調節語速，調控目光。目光對準應徵方的額頭，對於安定情緒有意想不到的效果，又不妨礙禮儀需求。

3. 正向暗示。正向的自我暗示對心態的平穩，有一種自我制約的功能，可以減輕乃至消除心理緊張，同時也是緩和面試官態度的好辦法。

策略四：巧妙交談。心理狀態調控好了，就為順利地交談打下了良好的心理基礎。而交談，最便於表現我們的表達能力、理解能力、應變能力、人格魅力等。這正是面試要測試的重點所在。

1. 如實地展示自己的背景和工作經歷。

2. 口齒清楚，答話簡練，不用口頭禪。邏輯性和條理性尤為重要，我們事前打好腹稿或者多次演練。聲調不要太高，不妨多帶些感情色彩，適當運用幽默的語言為談話增加輕鬆愉快的氣氛。

3. 大膽說出自己的優點，既宣傳了自己又不虛誇。

策略五：機智應付。對於應徵方提出的尖銳問題，不要迴避。

1. 確實不會的，就坦誠回答「我不會」。

2. 很難回答的問題，就邊想邊說。這類問題時常沒有固定的答案，而是要從我們回答的過程，看我們的思維是否敏捷、思路是否清晰。

3. 大話說過頭了，不要面紅耳赤不知所措，也不要繼續掩蓋進行狡辯。最好的辦法是坦率承認之後在其他問題上補救。面試中自我推銷時誇張一點也是情理之中的，注意不要太過或不合邏輯就行。

4. 對自己不便回答或者涉及職業道德的問題應慎重，可以婉言拒絕，對方不會因為我們不回答而替我們打低分，反而會敬重我們的職業操守。

5. 感到有失敗的苗頭，要拿出「不到黃河不死心」的雄心，鎮定自若，臨危不亂，也許會反敗為勝！

面試的各個環節都充滿了技術含量，有的人不懂得其中的竅門，難免處處碰壁，不被人接受；而有的人卻可以靠自己掌握的人際交往技能左右逢源。我們要想擁有好的職業前途，必須學會面試技巧，必須掌握一套說話與做事的方法，暗示和引導面試方替我們打個高分，這無可厚非，大可認真對待。

清楚明確的人際關係

社會就是戰場,大家圍著一個蛋糕搶著吃,一個人多吃了,就會有人吃不飽。飢餓感會讓人做出任何瘋狂的事情,因此,在利益的對立面出現敵人是很可怕的。不是擊敗敵人,就是被敵人擊敗撤出,千萬不要做敵我不分的「傻瓜」。與潛在的「敵人」套交情、說真心話、建立同盟的關係,這都是是致命的。

事實證明,許多人被算計、被下黑手,往往都是平日裡說近不近、亦敵亦友的人所為。他們沒有感情上的顧慮,只有現實的利益。激烈的競爭要求我們必須堅決果斷,不想成為敵人,就把他變成我們的朋友,減少我們的對立面。我們要充分意識到這一點,化敵為友,擺脫亦敵亦友的羈絆,理順我們的人際關係。

◊ 消除對方的嫉妒心理

嫉妒心理是人際關係中較為普遍的現象。在生活中,有些人看到我們比他們成功、比他們幸運、比他們收入高,就別有「一番滋味在心頭」,導致心理失衡。明裡暗裡找機會挖苦我們、使壞、拆臺,甚至希望推翻我們的現有地位取而代之。

這種嫉妒心理是一種不正常的榮譽感趨勢所致,這種心理一旦出現,往往會使人處於過分關注自我的狀態。也就是

說，非常重視維護個人的表現和突出自我。一個人如果好表現自己、虛榮心很強，他們的另一方面往往是心胸狹窄、容不下別人。這樣也就很容易產生嫉妒心理，有這樣的一個人盯著我們的一舉一動，滋味確實不好受。因為我們在某些方面超過他們，他們不對自己的能力進行反思，反而把這種不滿變成對我們的憎恨，甚至失去理智，做出一些損人不利己事情，他們得不到的東西，也不讓我們得到。

如果我們發現身邊的人不能控制自我情緒、出現強烈的嫉妒心理時，應做到及時調整雙方的關係，避免我們的利益受侵害。養虎為患、老好人的心理策略都是不可取的，必須想辦法消除這種嫉妒心理，給予對方一種平衡感，讓對方徹底死心！

怎樣找平衡，消除他人的嫉妒心理呢？

1. 分肉策略。對方因嫉妒而眼紅，要讓他不眼紅的方法之一，就是分塊肉給他，得到了便宜，他們的嫉妒之心也就淡化了。我們平衡了對方的利益欲望，引導他們對我們抱有繼續得到實惠的期望，就會站在我們這一邊，對我們感恩戴德，這是最有效的一種實用策略。

2. 以失意的事平衡。人不可能總是錦上添花，講些我們失意或者出醜的往事，平衡一下對方的心態，對方聽到我們也有不如意的時候，嫉妒心會消除大半。失意的事最好與得意的人事有關連，例如得到高額獎金被嫉妒，就說：「為了這個專案我搭進去好幾千元，公司也不讓我報帳，這點獎金還

不夠彌補費用的呢」。若找不到關連的事，也可找其他失意的事說說，聽到這些，對方多半會躲在一旁暗自得意了。

3. 說些客氣話。得意是事實，不能否認，如果我們再老王賣瓜，對方聽了火氣會更大，嫉妒心理會更強，不如說些「我當時緊張得腿都在抖」、「真是僥倖」、「多虧了你的指導」等不傷大雅的客氣話，讓對方心理平衡，嫉妒不起來。

4. 禮節周到。得意的人對失意的人禮貌一些、對方會因我們的有禮而感到好過些，就算心中嫉妒，也因我們禮數周到，而以禮相待，願意溝通。

5. 天下沒有白吃的午餐。如果對方是值得交往的人，要讓他了解我們今天的成功，不是僥倖得來的，也是經過一番奮鬥而成，嫉妒不如奮發圖強。對方若能認同，會將嫉妒心改為激勵自己的動力，甚至向我們請教成功之道，此時若要溝通什麼事，也會水到渠成了。

找到解決問題的關鍵，讓對方意識到社會存在著一定的不公平性，不要將許多無可奈何的情況變成雙方人際交往的障礙。與嫉妒心理強的人在一起，要注意引導他們的行為，但也要注意，不要被這樣的人影響，消磨了意志，我們自身要保持熱情和樂觀向上的態度。

嫉妒是一種普遍的社會心理現象。常常發生在與我們地位相似、年齡相仿、經歷相近的人之間。嫉妒所產生的負面

情緒會影響到雙方的交往，如果這種由羞愧、憤怒、怨恨等組成的情緒得不到及時排解，會累及我們辛苦培養的職場順境，不但影響我們先前的付出，也會造成我們人際關係的極大障礙，由此看來，給予對方一些平衡感實在很有必要！

示弱策略化解對方的攻勢

我們都希望做工作和生活中的強者，而現實中，有一種人自認為自己是強者，處處壓制他人，不把他人放在眼裡，不尊重他人卻希望人人都尊重自己，這種人就是那些非常霸道的強勢者。

強勢的人處處都要凌駕於他人之上，將平等的人際關係變成一種隸屬關係，不懂得尊重他人，以個人喜好而為，強迫他人按照他們的想法去做，不考慮他人的處境。領導欲和控制欲非常強烈，命令他人必須按照他們的指揮去做，如果不聽指揮，他們就會施加各種壓力，逼他人就範。如果他人提出反對意見，不但不會使他們有所收斂，反而變本加厲。強勢的人行為往往會超越我們的道德底線，他們會做出損人利己的行為，但之後可能還能有好的結果，得到別人的讚賞和晉升的機會，這是社會的不公平現象所致，這會讓人感到極度不平衡。

我們一般都不願與這樣強勢的人合作，因為與他們合作有吃虧的跡象，在合作過程中常常會感到氣憤、無奈、無

第四章　實戰催眠──人際中的攻心策略

助、無力。但是，這種情形又無法避免，忍讓和妥協解決不了問題，反擊又實力不夠，淡化這種行為才是上策。製造出我們弱於對方的情況，這是一種環境催眠方法，讓對方陶醉在自我膨脹的環境裡，對我們放鬆警惕和牽制。

面對強勢的人，我們只能俯首貼耳嗎？當然不是，只要我們了解強勢者的內心狀態，掌握一些溝通的方法，就能有效地應對這類人。

從心理分析的角度來看，追求外在強大的人內心往往掩藏著某種自卑。外在的強悍往往是為了補償內在的虛弱。他們擔心我們比他們能力強，更擔心我們會看透他們、知道他們的底細，所以才拚命地找面子，希望透過這種方式讓我們尊重他們、相信他們的能力。我們可以運用一些溝通的技巧和強勢者相處，示弱是最好的辦法。

第一，與強勢的人在一起要學會示弱。因為強勢者很怕別人認為他沒有能力、沒有自信，他們缺的就是自信，那我們在跟他們合作的過程中，就適當地示弱，顯得我們不如對方，讓他們有信心，並且讓他們覺得不需要在我們面前表現強硬，便可以得到我們的尊重，這樣就可以控制局面。

第二，與強勢的人溝通要堅守好自己的心理界限。我們可以示弱，但不允許強勢者任意地突破我們的心理界限。當他們提出不合理的要求時，我們需要委婉地拒絕不合理的要求，讓對方的強勢行為漸漸減少。

第三，示弱的地方恰恰是我們的強項所在。這是一種隱藏實力，避免在無效的時間和環境中顯現能力的一種方式。木秀於林，風必摧之，就是這個道理。讓強勢的人覺得我們暫時不是對手，也就沒有興趣端他的架子了。我們可以趁此良機尋找發展的機會，一旦時機成熟，擺脫對方的控制。

其實內心真正強大的人不會刻意展示自己的力量，他們不需要把精力放在要壓制和超越別人身上，因為他們是自信的，不需要透過凌駕別人之上來證明自己的強大。我們示弱也不代表沒有反擊能力，要保護好我們的心理底線，在尊重強勢的人的基礎上進行溝通，防止他們變本加厲。

適當示弱，能讓我們巧妙地跟強勢的人站在同一戰線，把他們催眠成我們的同盟軍，感覺我們不是他們的敵人，我們發展的空間才會順暢一些。

「善意威脅」的勸說術

生活中需要說服的對象有很多，可能是我們的父母、上司、同事、顧客、朋友……與他們交流，有時候我們說的話可能不發揮作用，或者全然無效，對方根本不聽我們的建議。或者我們遇到一些死纏爛打的銷售人員，不停地騷擾我們的生活，怎麼也擺脫不掉。如果不掌握一些技巧，就很難擺脫這種糾纏，也很難實現說服對方的目的。這種情形讓人焦急，原因在於我們說話過於軟弱，沒有力度，達不到震撼

第四章　實戰催眠—人際中的攻心策略

對方心理的作用。

說服別人是一種技巧，保持一種語言高壓態勢能幫助我們占據有利的局面。我們每一個人，從出生的那一天起，就會透過個人經驗的累積，形成了對社會和生活的看法，而這個看法就是我們的生活策略和生存策略的基礎。隨著社會的變化、人們觀念的更新，我們的策略也面臨著失效的危險。因為這個原因，我們必須不斷地更新我們對世界的看法，更新我們說服別人的力量，透過發現和處理與雙方利益緊密相關的事情，引導對方接受我們的心理策略。

人們都很固守自己的防線，很難接受別人的建議，因此，善意的威脅十分有利於結束糾纏的局面。只要出於善意的目的，威脅是允許使用的，但是這種威脅是有限度的、可控的、假裝的或被認為是假裝的。比如，對不聽話，亂吃保健品的長輩善意地威脅說：「這種保健品吃多了會影響人的腎臟，導致尿毒症。」對不聽話的小孩善意地威脅說：「你這樣胡鬧，週末我不帶你出去玩了。」

善意的威脅與實際情況之間的距離不能太大，因為就會削弱威脅的真實性。這取決於我們怎樣定義「善意的威脅」，應該圍繞矛盾的中心，巧妙地使用說服技巧，使對方放下原先的想法，避免造成嚴重的損失。可以採用下列措施，來達到這種善意的威脅。

一、調節氣氛，以退為進，抓住要害

在說服時，首先應該想方設法調節談話的氣氛。如果我們和顏悅色地用提問的方式代替命令，並給予人維護自尊和榮譽的機會，氣氛就是友好而和諧的，並且抓住了問題的要害，說服也就容易成功。反之，在說服時抓不住要害，多半會失敗。畢竟人都有倔脾氣，誰都不希望自己被他人不費力地說服而受其支配。

二、爭取同盟軍，以弱克強

建立同盟軍是說服他人的最佳方式，如果想說服比較強大的對手時，不妨採用這種爭取同盟的技巧，從而以弱克強，以群體的力量壓迫對方就範，達到目的。

三、善意威脅，以剛制剛

我們都知道用威脅的方法可以增強說服力，這是用善意的威脅使對方產生恐懼感，從而達到說服的目的，威脅能夠增強操縱對方的能力，但是，在具體運用善意的威脅時要注意以下幾點：

1. 態度要友善。不要擺出惡狠狠的樣子，這樣不但達不到效果，反而會把事情變得複雜。

2. 講清後果，說明道理。讓對方看到一意孤行的後果和聽取我們的建議帶來的好處，有利於對方頭腦冷靜下來。

3. 威脅程度不能過分，否則反會弄巧成拙。

四、消除防範，化解敵意

　　一般來說，我們和要說服的對象較量時，彼此都會產生一種防範心理，尤其是在危急關頭。這時候，要想說服成功，就要注意消除對方的防範心理。如何消除防範心理呢？從潛意識來說，防範心理的產生是一種自衛行為，也就是對方把我們當作假想敵時產生的一種自衛心理，那麼消除防範心理最有效方法就是反覆給予暗示，表明我們是朋友而不是敵人，我們是好意而不是惡意。這種暗示可以採用種種方法來進行：噓寒問暖、雪中送炭、給予關心、提供贊助等等。

五、投其所好，以心換心

　　站在對方的立場上分析問題，能給對方一種為他著想的感覺，這種投其所好的技巧常常具有極強的說服力。要做到這一點，「知己知彼」十分重要，先知彼，而後方能引導對方按我們的立場考慮問題。

六、尋求一致，以短補長

　　習慣拒絕他人的人，經常都處於「不」的心理狀態之中，所以自然而然地會呈現僵硬的表情和姿勢。對付這種人，如果一開始就提出問題，絕不能打破他抗拒的心理。所以，得努力尋找與對方一致的地方，先讓對方贊同我們遠離主題的

意見，從而對我們的話感興趣，而後再想法將我們的思想引入話題，最終得到對方認可。

善意的威脅效果是十分明顯的，一定限度內的作用也是令人滿意的。因此，面對總是抗拒我們語言的人，我們就知道怎樣去應對他們。我們需要擴展「威脅」的範圍，還需要擴展「應對威脅」的辦法，使之包括「解決引導問題」的內涵。將這種善意的威脅作為說服術，達到我們改善人際關係的目的。

無招勝有招的應對法則

在人際關係錯綜複雜的職場中，難免會遇上若干對我們懷有敵意的同事或上級，對我們怨恨頗深怎麼辦？夫妻雙方或者戀人之間因為瑣事發生爭吵，互相攻擊對方的缺點，導致怨氣大增怎麼辦？家長管教孩子，孩子為了溜出去玩耍，與家長發生爭執，孩子的心中充滿怨恨怎麼辦⋯⋯

有一部分的爭執或敵意是我們視為可以接受的，也是可以慢慢化解的；而有一些行為或情緒我們認為是難以接受、難以釋懷的。久而久之，我們心中就淤積了太多的怨氣，而這些怨氣都會藏在潛意識中。一旦有些外界訊息激發了藏在潛意識中的這些怨氣，它們就會被啟動，於是人們就會情緒失控，而表現出自己無法控制的敵意語言或者行為來。敵意行為過分嚴重時，還會傷害到雙方的關係和以後的相處。

第四章　實戰催眠—人際中的攻心策略

德國家庭治療大師伯特·海靈格（Bert Hellinger）曾經說過：「如果我們必須要順從，那麼我們可以告訴對方，不是因為壓力而順從你，而是主動選擇了順從你。」所以關鍵就是要化解自己心中已有的怨氣。對於這一點，我們的理解是，之所以會埋藏著很多怨氣，關鍵不是人性本惡，反而是人性被壓抑得太過了。

有時，有些家長非得要孩子參加他們安排好的才藝班，假若孩子不照做，家長會從內心怪罪孩子，甚至會以家庭暴力相逼。孩子們很難對這種敵意不產生回擊。那麼，在這種情形下，雙方的對抗就會產生嚴重的傷害。

心理學家說，每一個被嚴重壓制的情緒都是一個怨氣的情結，而每一個這樣的情結都是我們自己的一個盲點。這個盲點一旦被觸動，人們就會失控，但假若這些盲點得到了及時的覺察，也就自然化解了，到時別人再去觸碰這個地方，就不會激發自己嚴重的情緒。

不妨試試無招勝有招的辦法，化解對方的怨氣。坦誠地和孩子溝通，希望服從家長長遠的安排，要說出心理的想法，要有理有據，把孩子的前途和社會現狀講清楚，甚至為孩子擬定今後的發展方向。這樣做的前提是要尊重孩子的意見，也要讓孩子理解父母的苦心，雖然孩子不一定喜歡父母的安排，不如自己選擇的才藝班那麼有興趣，但依舊會真心

對待。這麼一來,雙方心理的怨氣就沒那麼嚴重了,如果雙方溝通得好,也許還會有兩全其美的結果。

工作和生活中的怨氣很多是因為誤會、嫉妒、冷漠、不負責任或是自大產生的,對雙方的影響都非常大。此時當面爭執、非要對方給個說法並非明智之舉。一是對方可能一口回絕,二是關係鬧僵了,影響了和解的可能性。最好的辦法是及時與對方溝通,選個合適的時間和場合,把自己的情況和想法講出來,爭取得到對方的理解。

那些採取對抗手段的人最終的結果不是兩敗俱傷,就是被迫出局。讓對方知道,不是因為他們的逼迫才這樣做,是心甘情願這樣做,這是我們主動的選擇。即使內心非常排斥,但假若我們不得不順從,那我們就要做到沒有怨氣地去順從。別人向我們施放的壓制之所以會成功,根本原因很簡單,是因為我們心中也埋藏著很多敵意。如果我們心中沒有敵意,那麼敵人的招數再精妙,也沒有展示的必要了。

人際交往中,透過心理溝通,我們都會發現,一旦我們化解了對方的怨氣,就會變得坦然了很多、寬容了很多。我們要鍛鍊自己的「化功大法」,熟練掌握和運用讀心、暗示、撫慰、攻心等心理技巧,多製造對我們有利的言行,久而久之,就會將百鍊鋼化作繞指柔。

■ 第四章　實戰催眠—人際中的攻心策略

建立健康人際互動的準則

人生要廣結賓朋，多交知心朋友。俗話說得好，朋友是天、朋友是地，有了朋友可以頂天立地；朋友是風、朋友是雨，有了朋友可以呼風喚雨。有了朋友就能分擔我們的壓力，或者在工作和生活中給予我們安慰。和諧的人際關係能為我們的人生插上騰飛的翅膀，為我們的成功帶來強大的助力。

交朋友會帶給我們快樂，古人云：獨樂樂，與人樂樂，孰樂？和諧的人際關係應該是雙贏、互利、可持續發展的。這就要求我們必須在對待和處理人際關係時平衡、公平、寬容、大度，要得到朋友的尊重，首先也要尊重朋友。

親密關係中的界線與支點

要想在人際交往中遊刃有餘，僅靠個人形象以及為人處世是完全不夠的！在注重個人素養內外兼修的同時，還應該善於經營人際關係，樹立良好的口碑，確保自己在交往中受人歡迎。但是人們在交往中，隨著雙方經濟實力的變化、社會地位的改變，友誼隨時可能發生傾斜，這是一個很顯著人際關係變化的因素。即使沒有上述兩個原因，朋友之間的關係也會隨著時間的推移、相聚的次數、相隔的遠近、人情往來等發生變化，我們一定要找到平衡友誼的支點，才能確保這種人際關係不發生傾斜。

下面就是一些穩固人際關係「支點」的要訣，相信這些內容會使我們與朋友的人際關係變得更順暢。

1. 關注朋友的愛好。俗話說「臭味相投」，有相同的愛好、興趣才能讓朋友與我們走到一起。如果朋友的所有愛好我們都不喜歡，怎麼能成為好朋友呢？怎麼能在一起長期相處呢？嘗試著關注一下朋友的愛好，我們會找到許多共同的話題。

2. 不隨意洩漏朋友的個人隱私。朋友的個人隱私不想讓其他人知道，但是告訴了我們，這說明朋友對我們有足夠的信任，兩人之間的友誼肯定超出別人。如果我們洩露了朋友的這些祕密，被出賣的朋友肯定會在心裡咒罵我們，並為以前付出的友誼和信任感到後悔。因此，不洩漏朋友的個人隱私是加深友情的基本要求，如果這一點做不好，恐怕沒有哪個朋友敢和我們推心置腹地交往了，漸漸就會失去所有的知心朋友。

3. 不要讓愛情擋道。如果和朋友同時喜歡上了一個人，最好理智地處理，為了愛情與朋友反目成仇會成為大家的笑柄。

4. 閒聊應避免刨根問底。朋友間相互在一起閒聊是一件很正常的事情，大家相互知道的知識也差不多，偶爾會出現某個朋友對某個領域的知識了解得比較多，不要打破砂鍋地向對方發問，咄咄逼人的發問會讓朋友難堪，也會掃了大家的興趣。不求事事明白，問話適可而止，這樣朋友們才會樂意接納我們，和我們漫無目的地聊天。

第四章　實戰催眠—人際中的攻心策略

5. 遠離搬弄是非。飛短流長、搬弄是非對朋友間的往來是一種殺傷性和破壞性很強的武器，這種傷害可以直接作用於人的內心，會讓受到傷害的人感到非常憎恨。經常性地搬弄是非，會讓朋友們產生一種避之不及的感覺。

6. 低調處理內部糾紛。與朋友產生一些小矛盾是很正常的，在處理這些矛盾的時候，要注意方法，盡量不要讓矛盾激化。不要表現出盛氣凌人的樣子，非要和朋友做個了斷、分個勝負。要是得理不饒人的話，其他朋友也會敬而遠之的，不為朋友留餘地，這樣可能會失去一大批朋友的支持。此外，被攻擊的朋友，將會懷恨在心，平白又會多了一個知根知底的敵人。

7. 切忌隨意伸手借錢。朋友之間相互幫助是理所當然的，但錢財方面還是謹慎為妙，因為，人們往往會因為對債務處理不當而使友誼變質，甚至斷絕交往。假如把錢借給朋友，要有「要回不來了」的心理準備。如果我們遇到困難需要向朋友借錢的時候，要嚴格遵守期限和約定的日期，盡快還款。

8. 牢騷怨言要遠離嘴邊。不少人總是怒氣沖天、牢騷滿腹，見到朋友就大倒苦水，過分地嘮叨會讓周圍的朋友苦不堪言。為了耳根清淨，朋友們漸漸地都會躲開。

9. 得意之時莫張揚。成功或者高升了，不要得意忘形，這樣會招致朋友的反感和嫉妒，從而引來不必要的麻煩，帶

給友誼障礙。此時最好低調一些，如果有餘力能夠幫助朋友的話，就主動向朋友提供力所能及的幫助。苟富貴，勿相忘，會讓更多的朋友聚集在我們身邊。

10. 不私下隔離開朋友。不要為了控制某個朋友，而在私下做一些見不得人的小動作，譬如說其他朋友的壞話，使其對其他的朋友產生懷疑。如果對方比較理智，也會懷疑我們對友情的忠誠度，甚至還會懷疑我們人格有問題，以後再相處時，就會下意識地提防我們。

朋友是一個動態的概念，不好好把握就會失去朋友。與朋友相處，我們也要遵循一些原則，不要突破朋友的底線，也不要突破做人的底線。朋友之間要保持一種平衡，我們找好這個合適的支點，無論是心態上的平衡、事業上的平衡、經濟上的平衡，或者友誼上的平衡，都要讓人感到可以坦然接受。

我們要巧於平衡雙方的人際交往關係，做出積極的溝通行為，及時調整雙方的心理差距。如果我們與朋友間的支點不恰當，出現某種失衡，這種友誼很快就會瓦解。保持我們大腦清醒的洞察力，建構和諧的人際關係非常有必要。

拒絕負擔過重的人際關係

貨車超載有安全隱患，友誼超載也會有安全隱患。人們都有自己的計畫和目標，都有自己的見解，都知道自己該做什

第四章　實戰催眠—人際中的攻心策略

麼、不該做什麼。朋友間應該是相互勉勵、相互支持的，並不是相互攀附與服從的關係。然而，現實中也有代替朋友做決定、干涉朋友私生活的人存在，他們認為自己的看法和意見是正確的，朋友就必須聽取，不能反對，尤其是那些經濟條件和社會地位優於對方的人，更是喜好對朋友的生活指手畫腳。

這種過度為他人操心和受他人影響的心理情緒，在心理學上稱為「心理捲入程度過高」現象。它是指個人在心理上與外界因素的相關程度過高，例如，有人過分關心朋友，朋友遇到困難，他按照自己的經驗幫助解決；朋友想買件喜歡的衣服，他卻替朋友做決定，讓朋友按自己看中的款式買。

心理捲入程度過高的人，很容易受到外界環境的影響，總是把自己和周圍的朋友連繫在一起，導致情緒波動大，行為控制不當，進而出現心理問題或人際關係障礙。造成心理捲入程度過高的原因，通常是因為當事人沒有獨立性和自信，激發他的朋友代為決策的念頭。此外，由於某些人的自立能力發展不完善，個人的狀況和心理狀態易受環境和他人的影響。再者，是因為自身缺乏必要的社會經驗和人際交往技巧，不會恰當地判斷事件等。

我們可以輔助我們的朋友做一些事情，但絕不是代替他們做決策。我們要避免過多地捲入朋友的心理決策中。有效解決心理捲入程度過高的問題，一是我們要信任朋友能獨立解決問題，不需要我們越俎代庖。二是幫助朋友加強自信和

獨立性，只有消除了朋友在心理上對他人的依賴，才能駕馭自己的生活和情感。我們使用催眠術是為了改善我們的人際交往能力，不是也不應該出現控制別人思想的行為。

現實中，可以坦誠提供我們的意見給朋友當參考，我們有義務為朋友提供幫助，但是，我們沒有權利要求朋友一定服從於我們的意願而強人所難，這是誰都不願接受的。適可而止，是維繫友誼以至一切社會關係的有效手段。心理學家告訴我們，與人交往要掌握「適度原則」，跟朋友交往不過於親密，也不過於疏遠。不要認為是好朋友就可以隨便為朋友做主，好朋友之間也是需要掌握分寸的。

對朋友的生活，我們提供想法讓他參考，但無權替他做出任何決定。過分強為，是不明智的。客觀地來講，我們只是朋友生活的旁觀者，而不是感同身受者，因此，我們的決策並不一定適合於他，也許並不符合他實際的生活狀況，所以只能由朋友自主決定。

朋友都具有獨立的人格，都有自己選擇生活的權利，其對生活的感受也是獨特的。友誼的維護就在於共同的呵護，維護的方式並不是強求別人接受我們的觀點，因此，我們在與朋友交往過程中，要合理使用心理引導策略和心理撫慰策略。我們應該明白「人各有志，不能勉強」這一道理。強迫朋友接受我們的思想，會使這份友誼出現超載現象，最終導致友誼關係的破裂。

朋友之間保持一定的寬鬆度反而會走向真正的和諧，凡事總有一定限度，朋友之誼、同事之道，取決於我們的見好就收、適可而止。

◊ 共感朋友的成功經歷

當朋友在某些方面取得成功的時侯，內心肯定會有成就感、滿足感，因為這是他們長期努力的結果，也是他們取得人生階段性成果的自豪感。這種喜悅一般都會和身邊的親人、朋友、同事等共同分享，大家一起來品味一下成功帶來的榮譽和回報，以及在實現這一過程中付出的種種艱辛。

能分享朋友成功的快樂，是一種很好的品德。真正的好朋友會發自內心地祝福，為朋友的成功感到驕傲和自豪。有一點切記，我們分享朋友成功的快樂時，最好找在這個事情上能與我們共同慶賀的其他朋友，千萬不要找正在為此類事情煩惱的朋友一起慶賀。輕者，他們不會與我們同往；重者，他們會認為我們在幫助朋友炫耀，把我們歸入勢利小人一派，不但不能為成功的朋友送上真正的祝福，還無意間惹惱了失敗的朋友。

研究心理的專家指出，分享朋友的快樂與下面所列的情緒是不相容的，如：自愧、嫉妒、害怕被排斥、害怕孤立、衝突、敵意、疏離等等。我們能夠分享朋友的快樂，說明我

們沒有以上這些自私和負面的心理陰影。研究結果指出，人際關係良好的人都是盡全力與人相處、共享快樂的人。

每個人都有各自的社交圈和朋友圈。好的社交圈和朋友圈中，每個人又都有自己的優點和成功的經歷，我們置身於其中，能從他們身上學到許多經驗，有利於我們從朋友身上挖掘優秀品行，不斷學習和提高自己的素養。當朋友無論在哪方面取得成功時，我們都應該真誠地為朋友祝福，分享他們成功的喜悅。

我們要學會調整自己的心態。看到朋友出眾的表現，有的人心中出現不平衡，感覺雙方的差距一下子拉開了許多。我們要避免這樣的嫉妒心理，無論發生任何事情，對於使自己的人際交往產生痛苦的根源，不要過多回味，不要讓它占據我們的心靈，而要盡量地想著快樂的事情。這是自我調整心理，不要讓這些負面想法占據我們的潛意識。

不管朋友的成功帶給我們多大壓力、心中是多麼著急，也要保持坦蕩的心情。改變我們保守封閉的心理，把這種困惑和壓力放下、隨它散去。如果我們有博愛心，行為就會光明磊落，這樣會使朋友也覺得坦坦蕩蕩、心情舒暢。這種心安理得的感覺，才是我們引導朋友的出發點。

喜歡獨享快樂的朋友固然會感受到自己成功的喜悅，但是與自己有交情的朋友也來祝賀，會更讓他們念念不忘。無論自認為多麼喜歡孤獨的朋友，當我們和他們在一起共享成

功的快樂時,聊聊天、說說話、下下棋、打打球,大家都會覺得心情舒暢。因為這不但表明我們對朋友的欣賞與讚美,也帶給朋友溫暖和動力,增加他們對更高目標的追求和對我們的信任。

營造一個良好的氛圍,分享朋友成功的心理也會發揮我們自身的潛能,鍛鍊我們與朋友深入相處的能力,會使我們與朋友間的關係更加深入,為引導朋友與我們更好地相處奠定堅實的基礎。分享朋友成功的快樂還為我們創造了一個潛在的催眠氛圍,讓我們的人際關係建立得更加牢固。

樂於分享朋友的成功是一種快樂,是一種隨眾的表現。一個人社會化的過程需要體現自己的價值。生活中不能每時每刻都有機會讓我們的價值得到體現,這就需要有一個豁達的心態,懂得享受生活、懂得分享朋友的成功和快樂,從中獲得幸福感。

在此建議,我們在人際往來中,應多鼓勵自己學會欣賞朋友的優點,把我們正面的、積極的、真誠的友誼種子播種在朋友的心中,朋友也會以相同的態度回報我們。

積極拓展人脈

孔子說過這樣一句話,「有朋自遠方來,不亦樂乎」。隨著我們自身素養和事業的不斷提升,許多新的朋友加入我們

的人際關係網。一個好的社交圈和朋友圈,就像一個大網,涵蓋了社會上的各個行業和部門,我們的觸角能夠延伸到這張網的每一個連線處,想辦任何事情都可以找到朋友幫忙。在這樣的圈子中,我們的綜合素養也會不斷地得到提升。

物以類聚、人以群分,圈子中的每一個人身後同樣又擁有各自的人脈。有這樣一句話,想辦成任何一件事,最多經過 7 個人就可以實現。想一想,這個說法確實很有道理,什麼樣的性格,就會有與之相協調的人脈,所以我們要懂得使用催眠術技巧,打造自己的朋友圈和社交圈。

人脈建設是一項投資,而不是浪費生命,到四十歲還不懂得人脈的意義人生是很失敗的。成功學大師卡內基則說:「專業知識在一個人成功中的作用只占 15%,而其餘的 85% 則取決於人際關係。」那些成功者肯定沒有三頭六臂,也同樣經常需要別人的幫助。無論個人能力多麼全面,都不會靠個人能力解決一切問題。他們最清楚孤軍奮戰的苦惱,知道建構什麼樣的人脈圈子最能為自己提供幫助,他們擁有充足的人脈,並且善於處理人際關係。

一般而言,我們的人脈圈子可以分為三層:最近的圈子是親情圈子,這是我們一出生就擁有的,幾乎固定不變;中間的圈子是我們經常接觸的同學、同事、同袍、朋友、鄰居等,關係相對穩定;最外圍的圈子是廣泛的社會交際,其中

有的人我們可能打個招呼就不再記得了，這是個動態的圈子，大小和能量取決於我們自己。這些人脈都可能成為我們人際關係網的一部分，成為我們事業發展的強大助力。人脈就是成功脈，人脈就是財富脈，人脈就是生產力。了解到人脈的重要性，我們就已成功一半了，根據我們的需求去結識，並成就有助於我們事業成功的人際關係吧！

有了人脈還需要維護和使用，多年閒置不用的人脈就失去了結識的意義，我們要提高為人處事的技巧，主動和人脈圈子裡的人交往，提高我們的知名度，同時還要鍛鍊我們操縱人脈的能力。那些高階的人脈就算別人介紹給我們，我們本身沒有高超的人脈操縱能力。也不可能長久維持。可是如何才能使自己更有人緣、擁有更多的人脈資源呢？面對不同的人，該如何處理？如何拓展人脈呢？

第一，建立守信的形象。長期奉行守信的原則，絕不過度承諾，不管是朋友、同事還是客戶，允諾的事情一定辦到。一個讓人信任的形象，是讓人脈可以產生正向遞增的關鍵。如果我們講的話每次落實時都會打折扣，那麼我們認識的人越多，帶來的負面遞減就越多。

第二，增加自己被利用的價值。沒有利用價值的人在人脈圈裡是站不住腳的，也沒人願意和這樣的人交往。不要覺得自己被他人利用就一定是壞事，這表示我們有這個能力。

增加我們自身價值的管道很多，可以多學習、多總結，不斷提高自己的能力，找到自己的特長和優勢所在，幫助和指導身邊的人。比如我們有教育孩子方面的知識，我們就對身邊的朋友開展兒童教育指導，稍加利用，就能引導一些有孩子的朋友們聚集在我們的周圍，以此建立一個廣泛的人脈。

第三，樂於與別人分享。不管是資訊、金錢、各種利益或工作機會，懂得分享的人，最終往往可以獲得更多。賺錢機會非常多，一個人無法把所有的錢賺走，把機會分享給別人，我們並沒損失什麼。相反，朋友會因我們的慷慨堅定地跟著我們，成為我們的依靠力量。

第四，增加自己曝光的管道。參加社會公益活動、加入汽車粉絲俱樂部、加入健身俱樂部、進入行業協會等，都是把自己推銷給別人的好管道，也是可以建立自己人脈的機會。

第五，創意與細心。交友方式上不要拘泥於一格，有點新創意的交往會令朋友留下深刻的印象，交友的場合隨時都存在，只要細心觀察，與朋友相處也要細心一些，發現朋友的困難及時幫忙。

第六，珍惜每一個幫助朋友的機會。得道多助永遠都不過時，不管與我們交往的人職位高低、財富多少，我們總是盡量幫助身邊的朋友，就是我們組建人脈競爭力最突出的地方。

第七，保持好奇心。一個只關心自己，對外界沒有好奇心的人，即使再好的朋友出現，也會與其擦身而過。

第八，同理心。在人際交往過程中，能夠體會朋友的情緒和想法、理解朋友的立場和感受，並站在朋友的角度思考和處理問題。通俗的說法就是換位思考、將心比心，減少誤會和衝突。得罪一個朋友後想要補救會很難。

積極拓展人脈在於我們對這些細節的關注，我們身邊的每個人都有不同的性格特點，有的與我們投緣，有的則剛好相反，我們要努力學會適應朋友和撫慰朋友，抱著廣交朋友的心態，自然而然會得到更多人的認可。

跟隨領導者的心理技巧

每一個優秀領導者的身後都有幾個追隨者，追隨並不僅僅意味著成就領導者，而是積蓄力量，準備成就自我，追隨領導者是我們成就夢想的必經之路。在這個世界上，每個人在每個時期都有自己的位置，如果一個人連追隨者都做不好，那麼將來又如何做領導者呢？

一個不能忠誠地追隨領導者的人，就不可能變成領導者眼中突出的人才。忠誠的追隨者有許多優勢，最大的優勢就是無形中催眠了自己的領導者，成為領導者眼中最可信賴的下屬，有機會從領導者那裡獲取更多的指導和支持。

真誠與奉獻的心理界線

「拍馬屁」是個學問，給人的感覺很新鮮吧！在人們眼裡，拍馬屁總是和那些圍著領導者屁股後面轉的勢利小人連繫在一起的。嘴裡說著肉麻的話，一味地恭維，許多人都看不起這種行為。可是，這些溢美之詞確實有一種讓人難以抗拒的魔力。我們生活中也避免不了偶爾拍拍別人，同時也讓別人拍拍我們「馬屁」的情況。有些時候，明明知道對方是在恭維我們，是過分誇大了事實，但這些話還是很好聽，對被「拍馬屁」的人而言受用得很。

職場中，我們拒絕低階趣味的「拍馬屁」，我們提倡有的放矢地讚美，能夠真誠地、有針對性地讚美也是一種能力和美德。如果有人不相信，可以觀察一下身邊的人，有相當一部分人不會讚美人，他們說出來的話只會讓人心裡不舒服，甚至遭人反感。

在很多人的概念裡，誇獎和自己地位相當的人還可以接受，如果讚美的對象變成了上級，對一些人來說，就成了天大的心理障礙了。「拍馬屁」的惡名是萬萬擔待不起的，「拍馬屁」就是巴結領導者，對他們來說，這是件極為不齒的事情。他們對待領導者從來都不苟言笑，彙報工作有一說一，沒事絕不多說幾句。

從心理學的角度看，這種行為很不可取，人人都有被讚

美的需求。當生活的壓力、工作的壓力讓人們愁眉不展時，如果有人能適當說一點好話，這不光能提高大家的士氣、增進大家的身心健康，還能成就和諧的人際關係，個人認為，這樣的馬屁，但拍無妨。好聽的話是語言的開心鎖，我們要學會讚美別人，被讚美也是人們的一種心理需求，它已經成了一種稀缺資源。

我們可以用組織行為學觀點闡述所謂的「拍馬屁」在向上管理角度所具有的正向意義。身為下級，主觀上積極主動地與上級溝通，維護上級權威的作法，既體現了組織中對職位設計層次的認可與尊重，又可因此得到領導者的關注與了解，以便領導者及時掌握工作的動態和大家的工作態度。職場之上，這樣的「馬屁蟲」確實是大多數領導者都迫切需要的，對領導者自身來說是有益無害的事情。

既然我們可以讚揚朋友、誇獎同事，可以微笑著鼓勵自己的孩子，那麼就把這些肯定讚美的語言分一些給領導者吧！其實所謂的讚美上級，不過是以一種示好的姿態告訴對方：領導者的工作成績、管理才能、公關能力、社會經驗自己都看到了，自己學到了許多有價值的東西。這只是人與人之間平等的交流，跟上下級或者地位的高低，並沒有太多關係。

試試看，當面讚美上級並不是一件特別難的事情。我們可以從身邊的小事談起，我們可以對領導者說，「您的車保養得真棒」、「您的酒量太高了，喝不倒」、「您這套服裝太有品

味了」、「您講的話非常棒,我們很受啟發」,甚至是一句「有您在,我們就有主心骨了」的鼓勵,都會讓領導者感覺到自己被關注,無形中拉近彼此之間的距離。這種方式就是一種潛移默化的催眠行為,引導著領導者的心理對我們的存在產生依賴感。

這樣的語言和我們平時對親人、朋友說的又有什麼區別嗎?主要是克服不了自己心中的障礙。不喜歡讚美上級,其實是一種自我清高的表現,也是溝通能力差的表現。我們在工作中表現出對上級的尊重,包括對上級的讚美,其實是對他們某些行為的一種鼓勵。在職場上這也是一種能力,它發揮的另外一種作用就是引導和管理上級,以一種正向的方式加快我們的行為、處世方式與上級的磨合,要知道,溝通中一旦加入了個人的情感元素,就比冷冰冰的就事論事讓領導者覺得舒服、事半功倍。這種可見的好處何樂不為呢?

與上級相處,做好向上管理,幾乎是職場上每個人都要面對的課題。實際工作中,我們也要注意讚美的技巧,很多人往往把自己當作上級的心腹,建立超乎眾人的良好私交,以請上級吃飯、送禮等方式增加熱度,殊不知這樣的行為恰恰犯了向上管理的大忌。

對大多數領導者而言,在經驗能力存在差別的幾個下屬之間做選擇,任用的公正性,常常是領導者重點考慮的因素。「任人唯賢」是領導者樂於收穫的附加價值,而對「任

人唯親」的忌諱,則在不經意間會把私交好的排在後面。所以,與上級的溝通、讚美上級,最好是在彙報工作、召開會議的正式場合下進行,這樣做,不僅僅是令領導者留下的好印象,更重要的是為領導者對我們的賞識做好「公正」的鋪陳。

讚美上級,目的大致相當,無非是為取悅上級,但實際效果,則要因各人的水準而異了。所以,讚美也是分境界的,讚美得好的,可讓領導者心花怒放,還可平步青雲。關健時候,還可化解領導者的怒氣,化險為夷。讚美水準低的就要注意了,如果掌握不好分寸和火候,會弄巧成拙,非但不討好,反而拍到馬蹄子上,被踢得鼻青臉腫,招人恥笑不說,還讓領導者不悅,這可就慘了!

動用一下讀心術策略,對上級多些了解和真誠讚美,相信會有意想不到的好處。

面子與自尊的心理工程

人們傳統觀念中長幼之尊分得很清楚,尊老愛幼成為人們日常生活中的美德之一。職場之上,也有同樣的道理,存在職位高低的差別,我們必須聽從上級的安排,按上級的指示行事,領導者都是好面子的,如果誰膽敢公開抗命,後果一定很壯烈。一個組織中職位設計的結果形成了上級與下級不同的職級差異,指揮與服從,管理與被管理,這是天經地

義的，任何時候都不要弄錯亂了這種關係。

如果我們與上級的私下交往比較頻繁，關係也很好，與上級在一起多數時候就會顯得比較隨意，會把這種熟悉表現在一些正式或者對外交往的場合中。偶爾還會和上級稱兄道弟，開上級的玩笑，說上級的糗事，一次二次，也就罷了，次數多了，我們的行為就會遭致領導者的反感。

雖然我們掌握了催眠術的技巧，可以影響到領導者的一些行為，或者可以影響領導者的某些心理變化，但是也不要太過分，忽視上下之分。當上級的權威和尊嚴，在我們不經意或不分場合的玩笑被損傷的時候，上級對我們的看法就會從親近走向截然相反的一面。到頭來，吃虧的還是我們自己。

應當記住，上級任何時候都是上級，維護上級的權威和尊嚴，是一個好下屬必須做的事情。讓上級沒面子的人，上級會讓他沒飯碗，我們只有讓上級有了面子，上級才會給我們面子。一般而言，領導者的面子在下列幾種情況下最容易受到傷害，我們必須多加注意。

1. 領導者出現失誤或漏洞時，不願被下屬批評糾正。有些人直言快語，一旦發現領導者的疏漏就馬上指出來，這樣只會讓領導者不快。我們向領導者提示其失誤時，應該顯得我們只是在提醒他某種「他本來就知道，不過偶然忘掉」的事

情,而不是某種要靠我們指點他才能明白的東西。

2. 領導者至上的規矩受到侵犯。在公開或正式場合,一般的領導者都喜歡我們恭維他,討厭我們搶鏡頭、搶次序。尤其是有些領導者平時與我們距離過近,平常嘻嘻哈哈、隨隨便便,甚至稱兄道弟,我們心目中的領導者意識淡薄了,一遇正規場合就可能傷害領導者的尊嚴。

3. 在別人面前顯得與領導者很親近。領導者都不喜歡別人把他當作招風的幌子,到處炫耀,即使我們和領導者比較熟悉,也不要在眾人面前刻意表現出來。

4. 領導者理虧或有不雅舉動時,一定要找臺階讓他下。眼看著領導者要出醜,我們反而幸災樂禍,這會讓領導者懷恨在心,找個理由就可以讓我們吃苦頭。

5. 即使在非工作場合,也不能把領導者當普通人看,讓他失了面子。面子和尊嚴之所以如此重要,根本原因在於他們與領導者的能力、水準、權威性密切相關。

6. 不衝撞領導者的喜好和忌諱。喜好和忌諱是領導者多年養成的心理和習慣,漠視領導者的喜歡和忌諱無異於向領導者發出挑戰的訊號。

領導者愛面子,這是眾所周知的,他們很在乎下屬的恭謹態度,有的領導者還會以此作為考驗下屬的方式,以便摸清下屬對自己尊重與否。有些人對領導者不滿,雖不敢當面

發洩,卻在背後有意詆毀領導者的名譽,揭領導者的老底。世上沒有不透風的牆,被領導者知道後,後果可想而知。

我們要懂得職場的這些潛規則,應該細心了解哪些是領導者最在乎的事情、哪些是領導者最引以為豪的事情。如果我們冒冒失失,讓領導者沒了面子,輕者被領導者批評或大罵;遇上素養不高、心胸狹窄的領導者,更會暗地裡讓我們吃苦頭,甚至將我們長時間打入冷宮,職位紋絲不動。

另外,與領導者相處時,不要鋒芒畢露,讓領導者感到不如我們。多數領導者都希望自己比下屬有能力,然而事實卻經常相反,工作中領導者會常常發現下屬在某些方面有傑出表現,甚至超過自己。為了不傷領導者的面子,明智的我們應該盡力收斂鋒芒,盡力不刺激領導者那固執的自尊。領導者面子上滿足了,就容易接受我們的溝通了。

我們在公開場合一定要注意維護領導者的權威!有損領導者形象的小道消息不要傳播,多幫助領導者樹立威望,巧妙為領導者解圍,比如替不勝酒力的領導者擋擋酒,讓領導者因為我們的輔佐行為而更有面子。

我們所做的這一切,目的就是一個:增強領導者信任我們的心理。這是心理引導和心理撫慰的巧妙使用。領導者也是普通人,給領導者面子,讓領導者感覺到在我們心中的受尊重的地位,會大大增加領導者對我們的好感,這是職場常見的生存策略,我們大可以心安理得地使用。

第四章　實戰催眠—人際中的攻心策略

向上溝通的心理策略

領導者有時會讓我們說出對某個問題的看法,或者讓我們對某個事件發表真實意見。此刻,我們怎麼做呢?是含混其詞地說幾句不著邊際的話,還是慷慨陳詞、直抒心意好呢?當今社會,職場勾心鬥角,平時都要眼觀六路,耳聽八方,不該說的話絕對不說。

在面對領導者讓我們說真話的情形時,我們就一定要說真話嗎?這裡的建議是,對於昏庸的和不可理喻的領導者,絕不可實話實說,而是放任他們,讓事實教訓他們。我們沒有義務為這類領導者貢獻自己的一切,如果有誰對卑鄙齷齪的領導者奉守誠實的原則,那就實在是無可救藥了。

比較好的做法是:當開明的領導者向我們徵求意見時,我們不妨坦然表明自己的真實想法。不管我們的想法是對是錯,直言相告都不會影響領導者對我們的評價。有話憋在心裡不說出來,也是瞞不過領導者眼睛的,猶猶豫豫只能說明沒有信心,或者對領導者不信任。若是很在意自己的意見,不願意草率發表觀點,也可以負責任地告訴領導者:容我想一想,想清楚了再做彙報。在向領導者彙報問題前,應該盡可能地進行調查分析,做出我們認為正確的結論,然後向領導者彙報,請領導者把關。

向領導者進言,從管理學的角度來講,員工在向領導者

進言時，必須做事切實，是喜說喜，是憂說憂；不誇大成績，也不縮小缺點。只有堅持這個原則，領導者才會了解到真實的情況；也只有堅持這個原則的員工，才是誠實可靠、值得領導者信賴的員工。

但是，我們必須知道，原則不等於實際指南，換言之，原則不能代替方法。即使是非常開明的領導者，我們進言也要注意講究報喜與報憂的策略：

1. 減少主動性。無論是報喜還是報憂，只要不是指定由我們作答，就應該少說、不說最佳。因為，議論喜與憂本身就是一個是非問題，而愛說是非的人，不管是說公，還是說私，是議喜，還是論憂，在企業內、公司內，往往都是不受眾人歡迎的人物。更何況有些素養低下的領導者常常混淆黑白、是非難辨，弄不好恩將仇報，得不償失。所以，閉上自己的嘴巴，不要主動到領導者那裡報喜或報憂。

2. 受寵不必驚。假如領導者有興趣和我們一道議論工作的成績與失誤，切忌忘乎所以、縱橫議論，把所看到的、聽到的、猜測的信口開河倒出來，這是一種不謹慎的表現。不少領導者有時故意寵愛某個員工，目的是掌握員工們的一些情況。我們不要被領導者的「寵幸」催眠，也不要被領導者的甜言蜜語所催眠，堅持自己的做人原則。

3. 圍繞我們的成績進言。向領導者進言，原則上應注意只談自己，不談別人。實事求是地講，一個人只對自己的所

作所為最有發言權。他人的喜與憂，應由他人自己去說。我們進言要掌握兩點：一是報喜報夠，把自己取得的工作成績都向領導者講清楚；二是報憂報透，工作上和生活上遇到的難題、工作上的不足，向領導者透澈地描述，不要期盼領導者主動發現我們的困難，那是不現實的。

4. 忌攬功推過。有意誇大自己的作用和貢獻，把過錯和應負的責任向別人身上推，為自己開脫。給人的印象是文過飾非、不誠實，如果我們採取這種態度做人，可能會在眼前利益上受惠，但是從長遠看，會吃大虧。

5. 成績歸何人。在談到成績和貢獻時，不要忘記領導者的作用。善於把成績歸功於領導者的指揮，這常常是一種大智若愚的行為，也是對領導者的精神催眠。

6. 實話實說。向領導者進言時，應該是實話實說、把實際情況反映給領導者，這是一種對領導者、對工作高度負責的行為。但是，這種實事求是、實話實說的行為，只能適用於那些開明的、有胸懷的領導者。而對那些心胸狹小、剛愎自用、喜歡別人吹捧的領導者而言，實話實說就是自掘墳墓，講了這類領導者工作的不足或失誤之處，他們找藉口報復，就只是時間問題。因此，實話實說的關鍵是先摸清領導者是哪一類人，絕不做職場上誠實的傻子。

向上級進言，歷來是員工與領導者打交道時所必須注意研究的重大學問。我們應該了解和掌握相關的技巧和方法，

引導上級的思路向有利於我們的方向發展，以利於和諧共事，推動我們事業的前進。

維護權威的心態建構

在領導者的眼中，一個有責任感、勇於擔當的下屬是值得信賴的。這種責任感既表現在我們平常的本職工作中，也表現在一旦出現問題時，在關鍵時刻我們能夠挺身而出，替領導者分憂，以及主動擔當一部分責任的行為，讓領導者有迴旋的餘地。

一些有經驗的下屬，在這方面做得就很巧妙。除了那些嚴重性、原則性的錯誤外，在其他情況下，出於維護領導者尊嚴的目的，敢於負責任，敢於面對問題，有擔當精神，把大事化小，小事化了，也不影響工作的正常開展，巧妙地代領導者受過，確實做到了維護領導者的權威和尊嚴。

這是職場中的潛規則，要想在職場順風順水，我們必須遵循一些職場潛法則。在我們成為領導者之前，必須先成為一個合格的好下屬；在開始使用權力之前，先要懂得配合領導者。領導者最需要的是懂得配合並幫助他建立和諧工作關係的人，那些期望領導者出醜、推翻上級做領導者的方式是最愚蠢的行為。和領導者搶功、看領導者出醜也是很愚蠢的行為，領導者緩過這口氣後，肯定會拿幸災樂禍的人開刀

的，不懂得這個潛規則再努力都是白費。

我們不但應該主動幫助遇到困難的領導者，還應有「知恩不圖報」的心理，這樣才能真正贏得領導者的信賴和賞識。一般來說，領導者有願意做大事，不願意做小事的心理。領導者的主要職責是「管理」而不是「做事」，是問大事而不拘泥於小事。因此，在實際工作中，大多數小事都需要由下屬來做。同樣的，領導者也有願意當好人，而不願意當惡人的心理。在工作中，矛盾和衝突是不可避免的，一旦出現讓領導者難堪的局面，此時最需要下屬挺身而出，敢於主動攬過責任。

因為處於管理者的職位，領導者因而有樹立自己權威和形象的心理需求，尤其是在自己的下屬面前。良好的形象是領導者經營管理的核心和靈魂。因此，身為下屬，要在充分了解這個心理需求的情況下，用自己的實際行動來維護領導者的形象，讓領導者了解我們維護他形象的良好心理動機，領導者才會在高興和方便的時候替我們爭取實惠。

下屬應有擔當精神，出現任何問題和狀況，都不會怕麻煩，領導者把困難的任務交給我們，我們也不會找藉口推脫，不會粉飾太平，不會推卸責任，領導者就需要多幾個這樣的下屬在身邊，他們才會感到職位穩定。

比如，在工作中處理問題時，我們要站在領導者的角度看問題，領導者的問題就是我們要解決的問題。在開會之

前,我們要有意識地經常向領導者介紹行業新資訊,使領導者掌握行業內的動態和現狀,讓他在會上談出來,滿足他的心理需求,而不是由我們在會上大聲炫耀,讓領導者沒有新的觀點可講。如果一個人經常炫耀才能,不把領導者放在眼裡,一定是一個不合群的人,離落魄的時候也就不遠了。

維護領導者的權威,我們才有機會得到他的賞識和提拔。在工作中,領導者指揮下屬,但同樣領導者也需要下屬的心理撫慰。因為,許多工作都是由下屬來具體操作的,領導者更多的是進行決策和規劃。我們除了服從領導者外,還應該更多地擺正自己的心理狀態,體現自己身為下屬應具備的素養。

一個做大事的人,一個有遠見的人,是不會計較個人得失的,他們有著成熟的心理,懂得調整心態來配合領導者。我們要低調做人、高調做事,把成績留給領導者、把問題留給自己,維護領導者權威,主動替領導者擔當一些責任,才能得到領導者的扶持和青睞。這是一種十分高超的心理撫慰術和職場縱橫能力。

擔當角色的信任建立

我們身邊是否總有同事抱怨,領導者不信任自己,總是插手自己的工作,像個間諜,天天盯著自己的一舉一動。還有的人覺得在公司的發展不盡如人意,總是感慨懷才不遇,

第四章 實戰催眠—人際中的攻心策略

指責領導者待己不公。類似的現象還有很多，為什麼會出現這個情況，是領導者真的看這個人不順眼嗎？不是的，如果我們是領導智者，遇到走一步看一步的下屬可以放心嗎？一個做人、做事都無法讓領導者放心的人，必然會成為領導者重點照顧和看護的對象。

我們應該盡職盡責完成工作、不把問題留給別人，這樣領導者肯定會放心地把工作的重擔交給我們。我們敬業負責，將分配的工作當成自己的使命，勤奮努力，積極主動，在領導者眼裡，我們就是一個值得信賴的人，一個領導者樂於重用可能成為得力助手的人。

讓領導者放心，不是一句空話，領導者的精力有限，不能具體負責各項業務，這就需要在經營管理方式上做出變革，權力下放，賦予下屬更大的發展空間。只要我們與領導者相處得好，領導者對我們放心，就會授予我們重要的職位、給我們發揮的空間。

如果我們想要成為一個讓領導者找放心的「先鋒官」，就一定要從責任、自律、合作、解決實際問題等諸方面加以鍛鍊和提升。最終成為「遇山開路，遇水搭橋」的先鋒官，得到領導者的信任，讓領導者放心地跟著我們前進，獲得施展才華的舞臺，創造價值，成就自我。如果取得了領導者的欣賞和提拔，也就達到了引導領導者心理認可的目的。

我們可以從以下幾個方面影響領導者對我們深刻的心理認定。

一、做解決問題的人，不做製造問題的人。鴕鳥遇到危險，會拚命奔跑，跑累了，就把頭埋在沙子或草叢裡，以為這樣天敵就看不見自己了。不會解決問題只能使問題的嚴重性變大，當我們意識到在工作上哪裡出了問題，就積極行動起來，做一個有執行力、解決實際問題的人。

當我們把遇到的問題看成是必須解決的事情，而不是沮喪的事情，就會變得更有自信。當我們學會解決一個特殊的問題，就會成為這方面的專家。相信自己的能力，詢問信任的同事或朋友，從他們那裡得到智慧，在挑戰和變化中繼續向前。避免一些怠惰的言語或是一些令我們洩氣的話。解決問題不是一帆風順的，而是來自我們的決心。

二、做守規矩的人，不做越權的人。大膽工作，認真履行好職責。想法不越位，善於領會領導者意圖。實際工作不越位，做好分管的工作，不謀官位、不謀私利、重實績不圖虛名、不自作主張、不超職越權，讓領導者放心。重要場合不搶位，我們要擺正自己的位置，別忘了自己是「配角」，尤其在一些重要場合時，不要想著突表現自己。

三、做勤快的人。對自己職權範圍內的事情，只要看得準、拿得穩，就要大膽實施。分管的工作要真管、敢管、善管，在急、難、險、重工作中發揮先鋒官的作用。

第四章　實戰催眠—人際中的攻心策略

四、做善於合作的人。與領導者是事業上的搭檔，又是共同工作的幫手。相處中應消除彼此心理上的「防禦狀態」。有容人之量，正確看待領導者的失誤，並積極主動承擔責任；善於發現領導者的長處，主動向領導者學習和求教，使自己發揮更重要和更好的先鋒官作用。

五、做受得了委屈的人。當自己的進言和計畫不被領導者採納時，要回過頭來冷靜地思考自己的意見是否正確。即使領導者誤解了自己，也要心平氣和地說明自己的觀點；如果自己的意見還是不被接受，要從整體出發，按領導者意圖辦事。

六、做負責的人。對結果負責的人，就是對自己負責的人，這是一個職業者的基本素養，也是最值得挖掘和培養的領導者素養。領導者會把我們敢於負責的精神記在心裡，一旦出現適合的職位，就會大力推薦我們就任。

做好先鋒官，讓領導者對我們放心，就要有讓領導者放心的理由，我們要養成經常彙報工作的好習慣，讓領導者知道目前我們在做什麼、我們的工作進度到哪一步了，一切工作進展都在領導者的可控之中。哪個領導者不喜歡這樣的工作態度呢？

領導者喜歡聽話的下屬，更喜歡既聽話，又能幫他把事情做得漂亮的下屬。我們能夠做到以上這六點，實際上就用到了催眠術中的讀心、心理暗示、心理撫慰等技巧，讓上級對我們放心，沒有後顧之憂，積極接受我們的建議和行為。

◊ 學會欣賞自己的上級

認可一個人、欣賞一個人，我們就會發自內心地與他交往，期待從他那裡學到一些經驗。與領導者相處也是這個道理，不要總是把領導者看成是我們的對立面，從某種意義上講，領導者也是我們的良師益友，是我們成功道路上的指明燈。領導者不會視我們為競爭者，較有包容心；領導者較為穩健，做事有章法；領導者願意用他過去的經驗指導我們，不求報酬；與領導者合作可以互補，一個負責指揮，一個負責實際行動，鍛鍊我們的理解能力和操作能力。

有些人拒絕欣賞自己的領導者，一是認為欣賞領導者就是諂媚，有損自己的人格；二是自視情高，覺得領導者不如自己；三是怕不會與領導者相處，弄不好會出醜。希望有這種心理的朋友摒棄這種不健全的心理，用心研究欣賞領導者的方法，必然能領略到其中的好處。

我們所在的公司，每一個人都有自己的上級，在部門或小團隊中，每個人都需要和自己的上級之間建立友好、融洽的人際關係。從自身出發克服自我情緒，真正樹立和培養與上級亦師亦友的關係。

不要總是以為自己是一匹千里馬，伯樂就一定會選中我們。今天這個社會，人才大量過剩，不是伯樂尋找千里馬的時代了，而是千里馬去尋找伯樂的時代。伯樂相馬，說和做

■第四章 實戰催眠──人際中的攻心策略

的都是對馬的讚不絕口；千里馬尋找伯樂，說和做的都是對伯樂的感激和尊重之情。

明白了這個道理，就懂得了另一個道理，那就是領導者也存在著需要得到他人賞識和肯定的心理，尤其是需要來自下屬的欣賞。下屬對領導者的欣賞會讓他們感覺到獲得了更多的威望和擁護，對下屬的眷顧也會增多。這不是阿諛奉承，而是對領導者個人能力的一種肯定。

懂得欣賞領導者有利於形成融洽和諧的人際關係；懂得欣賞領導者有利於增進人與人之間的信任和感情。如果我們在心裡把領導者視為死對頭，看領導者一無是處、事事抱怨，只能說明我們的個人能力有限，做事也會處處放不開。無論換多少個工作也不會得到領導者的認可，因為永遠不懂得欣賞任何人，只認為自己懷才不遇。

學會欣賞我們的領導者要講技巧，所有的領導者都喜歡和他的下屬講他輝煌的「豐功偉業」，或許還誇大了許多成分，興許就是無中生有、張冠李戴的事。領導者在談這些意氣風發的往事時，是否常常眉飛色舞，一副功成名就的樣子？遇到這種情況，我們是如何表態的呢？是態度冷漠、不屑一顧？還是大加吹捧，讓人感到「肉麻」？抑或是謙恭有禮，真心地讚美上級？

欣賞領導者不能存有拍馬屁、阿諛奉承的陰暗心理。什麼是真心的讚賞、什麼是誇張的逢迎，領導者的心裡一清二

楚。儘管好聽的話誰都愛聽,但聽得多了總會膩,不是發自真心的欣賞只會使領導者懷疑自己的能力和下屬的目的,效果只能適得其反。

如果我們是領導者,看到自己完成了一項高難度的工作,而此時下屬對我們說這項工作完成得太棒了,並且滿臉真誠,我們的內心一定很高興。那麼,如果我們認為領導者做得很漂亮,為什麼不當面向他表示祝賀呢?這種祝賀會讓領導者沉醉在我們製造的快樂情緒中,不正是我們展開催眠,引導領導者接受我們的有利時機嗎?

因此,如果領導者圓滿地完成一項工作,我們向他表示祝賀,那麼領導者同樣也會在我們順利完成一件工作之後向我們表示祝賀。有人將這貶低為「相互捧場」的遊戲,但事實上,它卻在客觀上促使我們與領導者的人際交往能更好地磨合。

有人可能會說,他的領導者從來沒有注意到他,或者說從來沒有對他說過讚美的話。這個道理與我們結交朋友有些相似,那些經常抱怨自己沒有朋友的人很少主動去結交別人,總是等著別人來找他們;而那些朋友多的人之所以能夠左右逢源,是因為他們擅長發現別人的優點,善於主動結交他人,並從心底裡接納他人。因此,得不到領導者讚揚的人,除了檢查一下自己的工作做得是否達標之外,想一想,自己發自內心地欣賞過領導者嗎?

第四章　實戰催眠─人際中的攻心策略

如果領導者很年輕，或者是一位新上任的領導者，他可能在某一方面沒有什麼經驗，因而事情做得不是很圓滿，但只要不是什麼原則性的失誤或嚴重的過錯，我們就不要對他求全責備。不要因為他是領導者，就要求他事事都要比下屬強。我們應該找他做得好的方面去讚美鼓勵他，使他在更有信心的同時，也感受到我們對他的尊重和支持。我們可以對他說：「您才來就能夠做到這種程度，真的很不容易」、「您還這麼年輕就能做得這麼好，真是不簡單」等等。

學會欣賞領導者、尊重領導者，這是我們必修的職場技能。請記住，它不同於「拍馬屁」，而是融洽上下級人際關係、培養友好的氣氛所必需的，因為只有相互欣賞的人才能愉快交往。

別急著和同事同根相煎

在很多人眼裡，持「同事是敵人」觀點的人不在少數。爭榮譽，搶利益，暗中耍手段的同事大有人在。許多同事對我們取得的成績，顯露出嫉妒心理，刻意貶低我們或是從側面挑毛病。相信我們大多數人都遇到過這種情況，這是職場固有的頑疾，只能靠我們自己坦然面對。我們有必要和同事建立良好的職場友誼，互相幫助共同完成工作任務。

一個人在職場中人際關係的好壞,也決定了其日後職務提升時的基礎和口碑效應。所以,我們一定要注重與同事友好相處,扭轉同根相煎的觀念。

不把同事當成敵人

職場人際關係的複雜之處就在於,今天感情好的同事,說不定明天就會變成爭奪利益的對手;而今天是敵對的同事,說不定明天又會站在同一陣線上。我們在職場和同事維繫良好的關係已經不易,但是想要樹敵卻非常容易。就算是比較親近的同事,也可能在瞬間反目成仇。這就是職場的殘酷性,尤其是職位人員流動頻率快的公司更是如此,無論怎麼簽合約,說穿了都是臨時性質的工作。同事之間都沒有顧慮,一旦出現交惡,無法立足,最多換個新的環境重新開始。

我們都知道頻繁地換公司對個人職業前途不利,還是要立足於穩定,穩定才會有更多的發展機會。因此,我們要與同事和諧相處,即使沒什麼利益糾葛,也不要和同事成為敵對關係。職場樹敵是十分危險的行為。

我們都知道不能把同事當成朋友的道理,這是很多職場人的信條,而不要把同事當作敵人的真理,卻被大多數的職場人所忽視。如果我們和某位同事成為敵人,那麼相互之間就會封鎖一切交流的機會,不會透露任何資訊,甚至連一句話、一個

第四章　實戰催眠—人際中的攻心策略

眼神也不願意給對方。如果雙方都見不到面也就算了，但偏偏是在同一個部門或是在同一個團隊中，那麼這樣的關係不但會讓雙方感到工作不順暢，還會讓周圍的人感覺尷尬。

如果某位同事說我們的壞話，那麼與其用更毒的言辭報復對方，不如想想對方所提到的自己的缺點。以牙還牙、以其人之道還治其人之身的做法，只會帶給我們更多的傷害以及無法挽救的結果。同事看到的我們身上的小毛病就如星星之火，不改掉也會出現燎原之勢，小小的細節也可以毀掉我們的全部。如果我們改掉了同事眼中的缺點，也可以讓同事主動閉上嘴，不要讓這個缺點變成大的惡習。

我們主動放下攻伐之心，與同事進行坦率的交流溝通。同事不是我們的敵人，寬容同事，帶著欣賞的眼光去發現同事的優點，我們會發現雙方以後的合作感覺更好、更輕鬆。我們可能第一次見到某位同事時覺得不太合心意，但如果太露骨地表現出我們的厭惡，就會讓對方感覺到敵意，並會因此迅速關上心門，雙方之間聯繫的紐帶也會中斷。

就像「冤冤相報何時了」這句話所說的一樣，和同事保持敵對的關係，最終只會兩敗俱傷。與同事交惡，最終引出上級來調解糾紛，判定孰是孰非是最不可取的。領導者會認為雙方不團結，這是任何一個領導者都不喜歡看到的現象。

我們可以多從自身出發，調整對待同事的方式和態度，引導同事與我們的交往，增進職場友誼。如果我們能遵照以

下的幾個要點去做,便能與同事建立好的氛圍,並能保持平易近人的形象。

一、切忌鋒芒畢露。這句話最適合職場,不在同事面前趾高氣揚,這樣會廣泛樹敵。我們真的有才華,做出一些令同事讚嘆的業績,也不必炫耀我們取得的成就,也不要說得太過輕鬆,特別是在職場中,這樣說會令人妒忌。

二、賺得多也不要炫耀。我們可能家境殷實,每個月的收入也高出同事一大截,請別在同事面前炫耀有錢。這是一種職場隱身術,不要把自己置身於大家嫉妒的目光下。縱然比其他同事經濟基礎優越,也要對自己的消費保持低調、謙虛,拉近平等的心理距離,可在職場中擴大自己的人脈基礎。

三、不吝嗇讚賞。另一個增進感情的方法是讚賞同事,同事的衣著、品味及其他值得一提的事物都可以是我們讚美的對象。這樣做同事會覺得我們是一個有風度的人,能留意到他的細節,同時會因為我們的關注而對我們更友善,還會相應地與我們交流心得體會。

四、只談事實。溝通時應聚焦事實內容,避免引申或讓人聯想過多,以免同事誤以為話中有話,引發防禦心理。唯有就事論事、彼此尊重,才可能齊心解決問題。

五、借別人的口說話。如果真的需要面對同事的錯誤,最好借別人的嘴說出來,我們表示認可這種事實。這樣我們

是站在大多數人立場上發表的個人見解，同事即使不快，也不會把怒氣發在我們身上。

當我們與同事發生不快，內心積壓了許多負面情緒，感覺很壓抑時，要提醒自己停下來。否則，就會感到煩躁不安，甚至會有一種攻擊和毀滅的衝動。要及時清理這些情緒，可以採取和好朋友傾訴、在空曠處大聲喊叫、唱歌、運動等方法。

其實，任何人都應該明白，同事永遠都是我們的鏡子，如果我們對同事微笑，同事也會對我們報以笑臉；如果我們對同事投以敵視的目光，我們會看到同事也向我們投來敵視的目光。

人們總希望自己的職場敵人能夠陷入困境，似乎這樣自己就勝利了，但要記住，如果處於這種關係，雙方到最後就都會變成受害者。因此，盡量不要為自己樹敵，不要在背後說同事的壞話。就算我們不能成為職場香餑餑，也不要成為樹敵高手，否則早晚會成為眾矢之的。

職場中輿論效應很重要，我們為人公正、方法得當，就會促進對我們有利的群體輿論和基礎的形成，這些有利之處遲早會為我們帶來益處的。

◊ 修復惡化的關係

職場衝突不可避免，年輕人血氣方剛，工作中與同事意見不合、發生爭執的現象常有。一般情況下，這種爭執隨著

事情的解決就過去了,雙方也不會放在心上。不過如果爭執過於激烈,最終發生爭吵,雙方的關係就會出現嚴重的裂痕。如果這個同事還有自己的一個小圈子,得罪他,也許就會有好幾個同事跟著起鬨,在今後的工作中合夥起來對付我們,處處製造難題,想盡一切辦法不配合工作,我們的工作難度就增大了許多。

對於這些將會成為敵人的同事,如果有把握擊敗他們,就堅決不要手軟,對敵人的容忍就是對自己的殘忍,想盡一切辦法戰勝這些不能感化的同事。如果自己力量確實不夠,無法扳倒他們,我們還要在這個公司生存,就必須及時採取措施,及時修復惡化的人際關係,不要讓對方成為破壞我們工作的幕後黑手。

職場工作需要不同部門、不同人員之間的相互配合,有接觸就很容易發生矛盾衝突,這是很難避免的。分析一下發生衝突的原因,找到問題的根源,就能找到解決問題的適當辦法。

同事間大部分的衝突可能是發生在部門間或者公務上的利益衝突,也可能是處理問題的方式欠妥當,也可能是資訊不對稱造成的相互誤解,甚至僅僅是沒有處理好個人情緒而帶到工作中來。分析出了這些原因,我們就知道從哪個方向入手了。

我們要做的就是正面溝通,衝突一旦發生了,沉默是不對的,當事情還沒發生時更不可以。正確的態度是坦誠對

第四章 實戰催眠─人際中的攻心策略

待、認真溝通，不要拖，溝通越早越好，時間拖得越長，雙方心理上的芥蒂越深，化解起來就越麻煩。主動溝通還可以讓同事找一個臺階下，對方看到我們的誠意，即使心裡還有不快，基本也消了大半了。

如果當著大家的面爭吵，主動和同事溝通也會令眾人留下好的印象。況且，在辦公場所發生爭執，也會對其他同事之間的關係造成不良影響，盡快化解矛盾甚至敵對情況，也是做給其他同事看的，這種姿態非常重要。

在溝通的時間和場合上，需要注意：不必是很正式的場合。可以借一個機會，比如，利用聯繫工作的機會主動表示一下自己的態度和看法。如果覺得工作時間不方便，可以直接約個時間一起吃頓飯，在輕鬆平靜的情緒下順便交換一下看法。不一定要分出對錯，關鍵是把事情說開，不要因此種下心結。

在溝通的內容上，還是要針對具體事情做討論，做到「對事無情，對人有情」。應該看到，大家出現分歧和爭執是由於各司其職，但是雙方的出發點都是維護整體利益。在這個共同的前提下，沒有什麼事情是不可以談的，只要雙方都是真誠的，看似很麻煩的問題也會變得簡單起來。

職場中要著眼未來，不能鼠目寸光，更不要為自己的職場埋下一個強大的敵人。出現爭執後，要亡羊補牢，及時修復惡化的人際關係，不僅關係到我們的人脈，也關係到我們工作中的難易程度。試想，一個或一群同事在背後拆臺，這

個工作還能繼續下去嗎？

　　不愉快的心結解開之後，還應該考慮一下怎樣在今後的工作中避免發生類似的問題。到底是規章制度有問題？還是工作進度沒有按程序？找到問題的所在，制度可以修改，程序可以提前準備。這樣一來，既解決了已發生的不愉快，又規避了今後可能發生的不愉快。

　　與同事交往構成了職場的主要內容，我們與同事都是在複雜的心理對抗和妥協中不斷成長與發展的。透過人際交往，透過相互了解，才能在職場上學到各種社會經驗，完成社會化過程，從單純走向成熟。我們離不開同事的配合，同樣，身邊的同事也需要我們，這是一種雙贏的人際關係。

看準弱點制勝

　　現代職場的工作，分工越來越細，我們離不開同事的幫助與合作，那些善於處理同事關係、巧妙贏得同事支持的人，工作就很順利；而那些自命清高、不善於和同事合作的人必然舉步難艱，在競爭中容易失敗。要獲事業成功，我們必須研究與同事相處的學問。這裡用到的心理暗示和心理撫慰的策略非常豐富，因此，我們要認真研究同事的特點。

　　我們身處的公司越大，人越多，人際關係就越複雜。大公司不像小公司，除了老闆，就是三、五個工作者，彼此的

第四章 實戰催眠—人際中的攻心策略

關係一目了然。在體系龐大的公司中，利害關係十分複雜，許多想像不到的地方都容易產生利益糾紛問題。這是無法避免的情況，因此我們必須多聽、多看，了解公司內的人際關係，了解和我們有接觸的同事的情況，盡可能做到知己知彼，不陷於被動。

學會與同事保持一種適當的關係，在同事面前不輕易顯露內心及言行，做個聆聽者。公正地對待每一位同事，要想辦法消除同事的敵意。我們的目的是成為辦公室中的生存者，而非受害者。面對各具特色的同事，我們非常有必要了解他們，觀察他們的言行，分門別類制定不同的應對辦法，引導同事與我們和諧相處。

我們總結了一些常見的同事類型以及應對方法：

1. 無私好人型。這種同事因為他們的確是天底下最善良的人，所以也就往往容易被我們忽視，他們不會壞我們的事，所以我們也會忽視他們，或者不拿他們不當回事。如果那樣的話我們就錯了，其實他們才是可以真心相處的朋友。辦公室裡無友誼的論斷，只有在這些人身上才會失去它的意義。同理，我們也不要欺負這樣的人，這樣做會引起所有同事的公憤，成為大家的公敵。

2. 固執己見型。這類同事一般觀念陳腐、思想老化，但又堅決抵制外來建議和意見，剛愎自用、自以為是。對待這種人，僅靠我們的肺腑之言是難以說服他的。不妨單刀直

入,把他工作和生活中某些錯誤的做法列舉出來,再結合眼下需要解決的問題,提醒他將會產生什麼嚴重後果。這樣一來,他即使當面抗拒我們,內心也開始動搖,懷疑起自己決定的正確性。這時,我們趁機擺出自己的觀點,曉之以理,動之以情,引導對方接受我們的建議,進而操縱對方的行為,那麼,他接受的可能性就大多了。

3. 傲慢無禮型。這種同事一般以自我為中心,自高自大,常擺出一副盛氣凌人、唯我獨尊的架勢,缺乏自知之明。和這種人打交道或共事,千萬不要低三下四,也不要同樣傲慢,只需長話短說,把需要交待的事情簡明交待完就行。

4. 毫無表情型。我們就算很客氣地和這種同事打招呼,他也不會做出相應的反應。無表情並不代表他沒有喜怒哀樂。只是這種人壓抑住了熱情,不表露出來罷了。所以,對於這種人,我們無需生氣,只需把我們想說的繼續往下說,說到關鍵時刻,他自然會用言語代替表情。

5. 沉默寡言型。這種同事一般性格內向,不善交際與言辭。但並不代表他沒話說。和他們共處,我們需要把談話節奏放慢,多開掘話題。談到他擅長或感興趣的事,他才會敞開心懷,滔滔不絕地向我們傾訴起來。

6. 自私自利型。這種同事一般缺少關愛,心裡比較孤獨。永遠把自己和自己的利益放在第一位,不可能要求他做

無私奉獻的事。和這種人相處，我們必須從心靈上關注他，讓他感受到情感的溫暖和可貴。

7. 生活散漫型。這種同事缺乏理想和積極上進的心，在生活中比較懶惰，工作上缺乏熱情。和這種人相處，只有用激將法把他的鬥志挖掘出來才有效果。

8. 深藏不露型。這種人自我防衛心理很強，生怕被窺視出內心的祕密，其實，這是一種非常自卑的表現。想了解他的為人和心理，不妨和他坐在一起多喝幾次酒，讓他酒後吐真言；或者去KTV，邊喝酒，邊吼上幾首歌，對方也會說出心理話。

9. 行動遲緩型。這種同事一般思維緩慢、反應遲鈍，和他做朋友可以，和他共事，就不是理想的搭檔了。

10. 草率決斷型。這種同事乍看起來反應敏捷，常常在交涉進行到高潮時，忽然做出決斷，缺乏深謀遠慮，容易做出錯誤判斷。和他相處最好的辦法就是經常潑他冷水，讓他保持清醒的頭腦，切莫感情用事，草率做決定。

11. 過分糊塗型。這種同事做事時注意力不集中，記憶力低下，理解能力不夠。這種人和行動遲緩者一樣，不是理想的共事夥伴。但是在交朋友方面，這種人很有人緣。看起來隨性、大度。

12. 嘴碎型。社會新聞、時尚娛樂、公司小道消息等，沒有這類同事不知道的，做著工作，嘴裡也閒不下來。和這

樣的同事在一起時不要發火,他說什麼全當沒有聽見。這樣的人,在關鍵時候不太會說我們的壞話,還可能說我們的好話,因為他們比較有同情心。

13. 搬弄是非型。這種同事與前一種類型的人有本質上的差異。他們的嘴也不願閒著,但是卻到處打聽周圍人的隱私,並樂於製造、傳播一些謠言,企圖從中獲得快感。而且,在他們的心中,任何人都可以是他們發表意見的對象(上級除外),而他們自身卻沒有什麼所長。這種人讓我們討厭,但他們並不可怕。所以,也不必如臨大敵,與他們過多計較。只要他們說的內容構不成誹謗,倒也傷不了我們。

14. 欺負新人型。這種同事對新來的同事,都有相當長的一段時間會頤指氣使。這種人並非真正的壞人,至多只能說素養低下,只要他們做得不過分,我們還是忍一忍,過了一段時間,他們自然會接受我們的。如果不願忍,或者說沒有那麼長的耐心,也不妨抓住時機,奮起反擊他們一、兩次。這種人一般都欺軟怕硬,只要反擊,十有八九就不會再指手畫腳了。

15. 性格古怪型。這種同事不勢利,也不願與人同流合污。我們可能會莫名其妙地被他們說教,但不要記恨他們。他們一般是事情過去了也就算了,仍然像從前一樣的態度,所以,不要企圖去改變他們,當然,他們也不想改變我們。對這種人,注意不要交往過深,也不要對他們有過激的行為和語言。

16. 輕狂高傲型。這種人看誰都不在眼裡,包括自己的頂頭上司。處處要顯得與眾不同,比別人優越,他們上能認識政府要員、富賈鉅商,下能認識街道旁修鞋的,有一技之長就想壓制所有同事。其實這種人的內心有著深深的自卑感,他們多半是目光短淺的人,沒有見過什麼真正的大世面。對這種人,根本不用與之計較,他喜歡吹噓自己,那就由他去吧。

了解同事並掌握他們的特點,就算和同事再親密,也不要掏心掏肺地把全部想法都告訴對方。多想想如何與同事合作愉快,提高與同事的交際能力,別對同事耍小聰明,因為對方說不定技高一籌。

如果能將這些祕訣做到心中有數,我們就具備了良好的職場成長環境,催眠同事成就自己的人際關係就不在話下了。

繞開同事設計的陷阱

在榮譽和利益交織的職場中,所有的同事都在追逐這些共同的目標。職場是豐富多彩的,同事的性格也是各式各樣的。在這樣一個複雜多變的職場裡,應該學會適應、處理與同事之間的關係,更要學會做人。面對有限的機遇和實惠,為了爭奪有限的資源,免不了會遇到同事的出賣、中傷、壓制,這些種種意想不到的事情,猶如設在我們面前的陷阱,

一不留神，就會掉入其中。如果我們事先能預料這些事情的發生，並一一克服，便能在職場遊刃有餘、百變不驚。

與同事交往，必須有一雙火眼金睛，看得透人與人之間虛虛實實的進退應對技巧。自己該如何出牌、對方會如何應對，這可是比網路遊戲更具趣味的事情。我們與形形色色的同事打交道，不要因為同事和自己的關係不錯就完全信任對方，隨時保持清醒的頭腦和獨到的觀察力。這樣，我們才能漸漸地成長為有眼力的人，催眠術的關鍵點就是觀察力要精湛，及時捕捉到問題的關鍵。

以下總結了4條繞過同事陷阱的策略，相信它會幫我們處理這種複雜的關係：

一、和同事不可隨便交心

同事中，有正人君子，也有偽君子。在複雜的環境下，不注意說話的內容、分寸、方式和對象，往往容易招惹是非，授人以柄，甚至禍從口出。有些同事故意引誘我們說出對其他同事或領導者的看法，然後把這些內容添油加醋地告訴對方。有句諺語說得好：滑到嘴邊留三分，就是要人們說話謹慎，不要口無遮攔。

我們只有工作環境順心了，才能發揮最大的動力，才能順利地走上成功之道。因此，對同事說話一定要小心，為人謹慎些，避開職場的雷區，使自己置身於進可攻、退可守的

有利位置,牢牢地掌握職場的主動權,無疑是有益的。

同事之間,只有在大家放棄了相互競爭,或明知競爭也無用的情況下,才會有友誼的存在。如果交出真心,動了真感情,只會自尋煩惱。

二、孤軍作戰,注意保全自己

現代職場最無助的地方就是個人面對激烈的競爭,我們面對強勢的公司和上級,只能單打獨鬥,沒有援軍。不要指望哪個同事能和我們站在一起共同面對壓力,職場同事之間沒有那種真摯感情,往往還互相猜忌,爾虞我詐。

這種環境,有如深入敵後、孤軍作戰的游擊隊。一方面要敢於鬥爭,一方面又要在敵人的地盤中保全自己。在勢單力薄的情況下,就要夾緊尾巴,千萬不要露出要搏、要向上爬的樣子,成為眾同事防備的對象。也不要幻想和同事共進共退,向領導者或者公司要待遇,也許還處在謀劃的過程中,同事早已跑去告密了。

三、不要替同事背黑鍋

工作中同事出現失誤,請求我們幫忙把失誤攬過來。這種情形在老員工對待新員工時常見到,有些強制性地讓新員工接受。雖然令人討厭,但卻有威勢,許多新人都不敢拒絕,怕得罪老員工,只好無奈地替同事挨罵。

如果我們接受了這樣的事實，就是所謂的「爛好人」，沒有原則、沒有主見、沒有膽量的人。這種人不知是性格因素，還是有意去討同事的歡喜，反正有求必應，也不管是否值得。有時也想堅持己見，可是同事聲音一大，馬上就軟下來，因為缺乏原則與堅持，導致是非難分。當事情不能解決的時候，便「犧牲」自己來成全大家；有時想強硬一點，但勇氣總是欠佳。

　　這種「爛好人」得到的效應和「好人」是不同的，「好人」是有原則的，我們在頌讚好人時帶著幾分尊敬甚至喜歡。但是爛好人則不然，他在人際關係上是「替代品」。同事因為這類人的弱點，會繼續算計他，得寸進尺，反正不會受到反抗、不會被拒絕。所有人都得到了好處，唯獨這個背黑鍋的人一點好處都沒有。

四、不被同事當槍使

　　在職場裡，難免碰上「棘手問題」，我們要特別當心，不要被同事利用，被同事當槍使。特別是在權力傾軋的職場環境，我們應該有自己的立場，才能夠生存下去。遇上人事調整的問題，我們的態度最好是不表態，保持中立。

　　例如，某同事突然對我們說：「老李似乎跟你有很大的矛盾啊」。我們要冷靜一點，這當中可能有不少問題，表面上，我們表現得落落大方，反問對方：「你聽到了什麼」或者「你

看到了什麼」。這個問法可收到很好的效果，看看他說出的事情是否可信。若對方是有心挑撥，或試圖獲取情報，我們的話就沒有半點線索可以讓他查到。對方要是真的要透露某些蛛絲馬跡或小道消息，我們做到心裡有數就可以了。我們不知道他和哪方面關係好，不要輕易表態，既保護了自己，又不會傷害別人。

不過，很多事情並不如表面那樣簡單，背後可能有不可告人的目的，我們必須提防陷阱，小心被人暗算。無論同事說的話多麼令人氣憤，在接受之前必須三思，否則的話，我們會發覺自己被同事當槍使了，後悔不已。

慧眼識珠要求我們看透對方的心理，不要被表面的現象迷惑，不要被我們的同事催眠，許多同事表面的稱讚或好話就是對我們的精神催眠，一定要保持清醒的頭腦，利用反催眠的技巧，迷惑對方，引導對方按我們的意圖行事。

◊ 保持致命一擊的優勢

同事之間存在競爭的利害關係，一些同事為了贏得領導者的好感，獲得升遷，以及獲取其他種種利益，對我們下手是毫不留情。這種背後下黑手的做法，在相當程度上不是單純面對面的實力較量，而是摻雜了暗中使壞、惡意拆臺、惡語中傷等等險惡手段。它是一種變形、扭曲的職場競爭，我們都很憎恨這種卑鄙行為，急於找到應對的辦法。

表面上同事間同心同德，平平安安，和和氣氣，內心裡卻有自己的小算盤。同事在什麼時候會顯露出他的「惡」？就是在他想擴張他的欲望，或欲望受到阻擋的時候。例如，有的同事為了升遷，不惜設下圈套打擊我們；有的同事為了賺錢，不惜在利害關頭出賣我們；有的同事為了爭寵，不惜惡意詆毀我們⋯⋯。因此，我們若把這樣的同事都當成好人，那就大錯特錯了。

　　明槍易躲，暗箭難防，我們要對那些背後搞鬼、使壞的同事提高警惕，大兵壓境，隨時保持致命一擊的優勢。軟弱和妥協不適合職場，受傷害的最終是自己，針對卑鄙齷齪的同事，就要刀對刀、槍對槍，不要蠻幹，要有一刀見血的必殺技！

　　首先，保護好我們的弱點不暴露，也就是讓同事摸不清我們的底細。實際的做法便是不隨便露出我們個性上的弱點、不輕易顯露我們的欲望和企圖、不露鋒芒、不廣泛樹敵、勿太坦誠⋯⋯同事摸不清我們的底細，自然不敢隨便利用、陷害我們，因為我們不給他們這樣的機會。

　　相反，我們要查清對方的弱點，摸準他的命門，掌握他的致命所在。比如，對方專業技能差，就在關鍵時刻提議以專業技能作為升職考核的標準；對方的人緣差，就在關鍵時刻調動大家的反對情緒；如果上級也不喜歡他，就收集這個同事的惡行，聯合其他同事，鼓動領導者辭退他⋯⋯

第四章　實戰催眠—人際中的攻心策略

其次，兵不厭詐。職場利益之爭需要我們冷靜客觀的判斷，凡異常的舉動都有異常的用意，把這舉動和自己所處的環境一併思考，便可發現其中玄機。我們可以採用各種應對措施，包括對方曾經使用過的手段，「以其人之道還治其人之身」，「來而不往非禮也」，就是這個道理，讓對方明白，大家都會耍手段。

再次，建立良好的人際關係。即使我們的工作能力很強，思考問題也比其他人深遠，在同事中居於無形的領導地位，我們仍然不能仗著「自己比別人強」的想法獨斷專行。必須尋求他人的幫助，借他人之力，方便自己。平時注意聯繫幾個沒有利害衝突、可以利益共享的同事，工作中互幫互助。危難時會大力幫我們排憂解難，渡過危急。或者當我們吉星高照時，他們歡欣雀躍，真心為我們捧場。在職場建立一個良好的人脈，圈子雖小，作用卻難以估測。

最後，學做「惡人」。有人選擇做職場好人，但職場好人總是受職場惡人的欺負；有人選擇做職場「惡人」，他們做「惡人」不是為了欺負人，而是讓別人不敢欺負他們。做職場「惡人」，對我們本身會有什麼好處呢？

第一，職場「惡人」雖然肯定令人討厭，卻勝在有威勢。人們大多欺軟怕硬，職場中強硬的面孔肯定比軟綿綿的面孔更有征服力和威嚇力。也許不受大家的歡迎，但卻更能令同

事不敢造次,只能遠遠地望著我們步步高升,這是做職場「惡人」的第一個好處。

第二,可以獨善其身。上級最反感的就是下屬拉幫結夥,不好好工作,只會內耗。那麼職場「惡人」的形象便會產生適當的阻嚇作用,遠離公司內的「小團體」,令我們的應酬減到最低限度,賺得清靜,也讓領導者對我們放心。

第三,不用逢人堆笑臉。平時就是一副嚴肅的樣子,無論看見誰都是一本正經的,比起那些巴結奉迎、滿臉堆笑的同事,反而是嚴肅、令人肅然起敬的沉穩作風。

從上面三點分析,這種方式是一種保護自己的方法,不是真的惡人,但基於需求,還得裝出「惡人」的形象來辦事。我們經常會遇到外表嚴厲,內心卻是火熱的同事,嚴肅指出我們工作不足之處,又無私地幫助我們。這樣的同事實際上比那些外表善良、內心險惡的同事好上許多倍。

不過,裝惡人遠比裝好人難,無論是真惡人或假惡人,首先要有一個惡的表象。好人可以完全是個裝出來的假象,但裝惡人卻得有真的三分惡,才能成功地裝出所需的形象。如果公司裡派系林立,勾心鬥角,防不勝防,不如改頭換面,以毒攻毒。

我們不輕易挑起爭端,然而與同事的矛盾,始終是一種常態,不是突發狀態。由於利益的爭取、理念的分歧、嫉妒

等因素,會不斷地產生衝突。我們要理解對方,尊重他人,卻也要明白自身的權益所在,透過努力,一一化解衝突,妥善處理和引導。雖然社會提倡以和為貴,但是我們要做好隨時捍衛自己權益的準備。平穩自信地處理衝突,當我們具備了足夠的能力後,就會控制局勢,不讓衝突發生,這才是我們的最終目的。

送人玫瑰,手有餘香

雖然前面提到的同事間的交惡現象多一些,但在實際工作中,我們還是與同事友好相處的情況比較多。同事和我們一樣,都是為了「五斗米」在職場打拚,都希望遇到友好的工作環境和同事。工作中都希望互相幫助,互相支持,多一份體諒,少一分爭鬥。

職場合作,共同進步、實現雙贏是雙方的共同目的。尺有所短,寸有所長。在以職位劃分為基礎的職場中,任何人都不能忽視分工合作。單打獨鬥的「獨行俠」時代早已成為歷史,現代職場講究的是團隊合作。

的確,在一個大的集體裡,做好一項工作,占主導地位的往往不是一個人的能力,而是各成員間的團結合作。團隊合作可以提升我們的參與性,這個團隊中的人會毫無保留地教我們很多有用的東西,共同完成工作任務。特別是在程序化、標準化極強的行業裡,每個人只能完成一部分的工作,

團隊合作在相當程度上關係著發展的命脈。無法想像,一個只會自己工作,平時獨來獨往的人能帶給同事和團隊什麼。

因此,在與同事的關係處理上,是處處要勝人一頭,還是合作互助?這實際上不單是人際關係問題,而是社會發展的需求。同事之間關係和睦融洽、辦公氛圍健康向上,對我們個人來說,是莫大的好事,對我們的團隊運轉和效益也會產生良性影響。

諾貝爾經濟學獎得主賴因哈德・澤爾滕(Reinhard Selten)教授有一個著名的「博弈」理論:假設有一場比賽,參與者可以選擇與對手是合作還是競爭。如果採取合作策略,可以像鴿子一樣瓜分戰利品,那麼雙方浪費時間和精力的爭鬥就不存在了。如果採取競爭策略,像老鷹一樣互相爭鬥,那麼勝利者往往只有一個,而且即使是獲得勝利,也會被啄掉不少羽毛。現代社會中的職場文化,追求的是團隊合作精神。所以,不論對個人還是對集體,單純的競爭只會導致關係惡化,使成長停滯,只有互相合作,才能真正做到雙贏。

從這個理論可以看出,我們與同事在工作中,如果合作,可使彼此的工作友誼不斷得到鞏固,業務順利發展,彼此的事業都步入穩健發展階段。建立對同事的完全信賴,尊重同事,充分發揮取長補短的優勢,工作上就等於亮起綠燈。同事之間互相幫助是一種信任,幫助同事也是幫助我們自己,我們要把幫助同事變成一種經常性行為,充分理解幫

第四章　實戰催眠─人際中的攻心策略

助同事其實就是在引導同事與我們走得更近,明白「送人玫瑰,手有餘香」的道理。

實現雙贏的策略目的,可以為我們累積人脈。這是一個長期持續的過程,我們可以經常盤點自己的人脈資產,計算我們的投資和收益。只有不斷累積人脈資源,我們才能在這個聯繫日益加強的社會關係網中遊刃有餘。我們在工作中最大的收穫不只是賺了多少錢、累積了多少經驗,更重要的是我們認識了很多人、結識了很多朋友、累積了很多人脈資源。這些人脈資源不僅對我們在工作中有作用,即使我們以後離開了公司,還會發揮作用,成為幫助我們創業的重要資源。

我們在工作中難免遇到這樣那樣的困難,當同事遇到困難,請我們給予他一些幫助或意見時。我們可以表達一些客觀看法,這就是我們幫助同事的大好機會。千萬不要簡單回答「是」或者「不是」,這樣會給他一種我們並沒有認真對待的感覺。我們要站在同事的角度思考問題,誠懇地提出一些有建設性的意見,告訴他我們為什麼會給出這樣的建議,這樣會讓同事感受到我們對他的重視,可以樹立我們在他心中的威信。幫助同事獲得他們需要的東西,我們也會因此而得到我們想要的東西。幫助的人越多,得到的回報也就越多,與同事間良性的合作會使雙方都受益。

我們幫助同事要設身處地為他人著想,既然決定幫忙,就不要對投入的時間和精力過分計較,但是在這個過程中,我們

可以旁敲側擊地告訴對方,我們為了幫助他付出了很多代價。讓同事明白這並不只是一個舉手之勞,而是我們真正付出了心血,才有他的成功。我們付出得越多,同事就會越加感激我們。這種道義上和感情上的催眠,時間久了就會在同事心裡形成一顆感恩的心,在適合的機會,會加倍回報給我們。

領導者的心理運作

當我們成為了一個領導者,我們的思維和工作方式就要及時調整。我們的工作任務不再是完成某項具體的工作,而是帶領下屬共同完成一個工作過程。其成功和價值的體現一方面是調動出所有下屬的積極性,塑造一個有戰力、聽指揮的團隊;另一方面就是培養自己的下屬成為能創造價值的人才,這是做領導者最成功的所在。

所以對我們而言,有效管理下屬,並引導有潛力的下屬按著我們的意識成長,才是體現領導者價值最光輝的一面。

了解下屬的真實心理

如何了解下屬的真實心理?如何打造與下屬之間的無障礙溝通?這無疑具有十分重要的現實意義。很多時候下屬的想法總是與我們相反,我們說的話下屬總是理解錯誤,是我們語言

表達有誤,還是下屬的理解能力太差所致?可能這兩種原因都存在,更多的原因則是雙方了解不深入形成的,其實,我們只需要找到一種最合適的溝通方式就可以解決這個問題。

1980、1990後出生的人漸漸成為員工的主流群體,他們普遍對那些「傳統」的職業精神和工作態度不感興趣。往往是我們抱怨下屬不能以工作為先、執行不力;下屬卻指責我們不能以人為本、領導無方。之所以會這樣,一個重要原因是我們沒有在下屬熟悉的思維和語言平臺上交流。如果想對下屬進行有效管理,就要用他們熟悉和可以接受的方式、借他們熟悉的情景說事,這樣才能掌握下屬的真實心理。

因此,我們可以在引導方式上做一些改變,比如透過聚會、聊天、集體出遊等輕鬆的形式熟悉下屬,引導下屬自省和思考,繼而找到解決這些常見問題的辦法。

第一個常見的下屬心理是要求更多的回報和發展機會。做工作要求高回報本身並不是壞事,我們應該引導下屬意識到:一個人的回報是建立在滿足他人需求的基礎上的,滿足需求的能力越強,就越有獲得溢價回報的資格。做領導者的會以此來決定下屬如何工作和做到什麼程度,才能為自身保值增值,才有下一個成功的機會。

我們要為下屬規劃好奮鬥的前景和每一階段可以支配的資源以及相應的回報,這樣做能令下屬信服並且產生激勵效

果。幫助下屬找到個人需求與集體需求的共同部分,並經常提醒下屬,在這個階段內他們為集體做的每一分努力,都同時是在向自己的目標接近。過了這個階段,下屬可以自行審視這個目標,以評估自己與集體的合作是否產生了先前期盼的回報和成功機會。

我們必須花費精力去了解和感受下屬的心理,從下屬的立場出發,協助他們發現並實現自身的價值之路,而不只是嘴上說說而已。隨著下屬對工作的深入會發覺自身的不足,漸漸就會改變原先要求的更多回報和發展機會了,他們開始腳踏實地用心做事,我們也將因此獲得收益。並不是他們改變了,而是因為我們的正確引導避免了他們急於求成的想法。

第二個常見的下屬心理是懷才不遇。經常有下屬感嘆自己懷才不遇,總是自我惋惜、在哀怨中度過一天的工作,感嘆世事不公、領導者個個都是不如他的大草包。他們經常自認為當個中層主管都是大材小用,做個大主管也不在話下。他們不是在責怪老闆,就是在責怪上級,責怪他們不懂得發現人才、選拔人才、使用人才,同時,他們也怨自己命苦,怎麼就遇不到一個好上級、好老闆。

有的下屬有些能力,就以為自己很能幹,開始驕傲,工作中的團隊精神、敬業精神漸漸忘記,甚至對老闆和上級也不懂得尊重,當然,這種人是不會被老闆和上級欣賞的。真正優秀的下屬從來不擔心自己會懷才不遇,優秀的人才在領

■第四章 實戰催眠─人際中的攻心策略

導者的眼裡是一目了然的。

對於下屬感慨懷才不遇的這種心情,我們非常理解,但是感慨沒有任何實際意義。天下沒有免費的午餐,他們可以透過自己的努力和奮鬥改變命運,而不是怨天尤人。懷才不遇不是別人的過錯,而是下屬自己本身的行為有錯。那些終日自我陶醉、自命清高的下屬,好高騖遠,一事無成。這樣的人真的很可憐,不是因為他們懷才不遇,而是因為他們不清楚自己對權力、物質的貪婪導致迷失了自己。

我們要教育這樣的下屬謙虛好學,低調做人,高調做事。另外,下屬如果真認為自己很優秀,也需要在適當的時候、適當的場合,適當地推銷自己,自己不表現,消極地等待領導者的發現,這樣沒有自信的人,難怪領導者不識貨。

第三個常見的下屬心理是對工作環境不滿。下屬總是對工作的環境很不滿意,據調查,約有45%的人認為辦公室沒有良好的工作環境:感覺辦公室溫度太冷或太熱的分別占到26%和38%;41%的人認為辦公空間過於狹小,產生壓抑感;60%人認為「同事交流聲音較大」、「手機、電話鈴聲很吵」,讓人反感;超過50%人的座位離影印機、列印機、傳真機等設備很近,擔心受到輻射;35%的人辦公室中沒有任何綠色植物,感覺死氣沉沉等。

上班族一生中有超過7萬小時在工作中度過的,工作環境就像我們的「第二個家」。這個家的環境是否健康,和每個

人的身心健康以及所在團隊的戰力都有莫大關係。

下屬對工作環境不滿意，不但會損害下屬的身心健康，導致工作效率低下，往往還因為嘈雜、沒有隱私，人的注意力容易分散，會對下屬的心態產生不良影響。這個心理是可以理解的，所以，我們應該盡最大可能改善下屬的工作環境，提高心情愉悅度和工作效率。

第四個常見的下屬心理是攀比。他們掛在嘴邊的話是「給我同樣的條件和機遇，我也能做到」，然而對我們來講，工作任務分配給哪個下屬也是深思熟慮的結果，接受任務的人肯定是我們心中最佳的人選。如果因為下屬之間產生攀比心理，從而造成組織內耗，就會對集體的整個運轉產生很大的影響。而對下屬本人來說，由於不平衡的心態作怪，往往會產生強烈的不滿情緒，進而產生妒忌心理，這是極其危險而又可怕的。這是一種不健康的心理，時間長了，就會導致心理失衡，影響身心健康。

針對這種情況，我們除了在制度上必須明確一些基本工作準則外，更重要的是透過組織內部暢通的溝通管道，及時讓下屬知道任何策略的成形、改變以及交付執行，讓每一個人清楚知道自己的責任與角色，也知道自己對集體的該做的貢獻，必須把集體的目標灌輸給下屬，並引導他們把這些當成自己的工作目標。

我們教育下屬的過程中會遇到各種挫折和失敗，也會遇到各式各樣的挑戰。最好能放低心態，給自己一個能夠掌控的工作目標，或把撫慰下屬定在自己的能力範圍之內，這樣，就能從自己取得的一項項成績中看到希望，享受到成功的快樂。知足常樂，就會少為自己添許多麻煩和煩惱。

不要對下屬的期望過高，使自己時時處於緊張狀態，要積極掌握下屬的真實心理，引導下屬的行為步入正軌。同時，還要多看到下屬的長處，沒必要拿最嚴格的標準去要求下屬，只要下屬能按照著我們設定的路線一步步前進，就是我們成功管理的代表。

看懂下屬的心理需求

領導者的管理風格大致分兩類，審慎型和果斷型。審慎型的管理是藉助於有邏輯性的推理，有意識地引導下屬，讓下屬按照自己的方式工作，比較注重效益結果；果斷型的管理風格就是透過言語表達，主動操縱下屬，強調下屬無條件服從。許多領導者因為自己手中有權，就容易忽略下屬的內心感受，工作中比較專制、嚴厲，但是效果卻並不理想。

領導者管理下屬最重要的法寶是什麼？一些調查顯示，很大比例的下屬認為在高效的工作中最主要的動力不是錢，而是人際關係和良好融洽的工作氛圍。這個調查結果推翻了

人們腦海裡以錢為主要致勝法寶的概念，了解了這個需求才能使我們與下屬溝通的時候，找到切入點和言語溝通的基礎。從下屬的角度出發考慮問題，使得下屬和我們之間的溝通通暢，這樣下屬才會聽我們說的話，積極配合我們一同完成目標。

身為領導者，我們除了經驗豐富外，還要有廣度，這樣下屬才能心服。我們也要重原則，不僅要講誠信，還要親自投入，做到以身作則，做事情要麼不抓，要麼就一抓到底。

我們由於精力、知識、能力、經驗的限制，所能掌控的管理細節也是有限的，因此需要調動下屬的主動性、積極性。我們所做的這一切，都是圍繞著人性化管理進行的，實際上還是人際關係的處理。在日常的管理工作中，下屬的表現會各具特色，總有許多的下屬對我們的管理出現牴觸，產生不利的影響，讓我們身陷管理的疑難之中。比如，我們與目前的下屬原本可能是同級關係，後來因為晉升才成為他們的領導者；個別下屬可能是我們非常要好的朋友之類的，在處理這些複雜的關係方面，最重要的就是掌握好強勢和低姿態「親民」的度，才能與下屬順利溝通，達成信任和理解。

很多領導者管理上出問題就是因為對下屬關心不夠。即便我們與這個下屬素昧平生，我們還是需要第一時間知道下屬工作和生活上的重大問題，哪怕不能全部解決，也可以讓下屬知道我們的關心，這樣上下級之間的關係就能得到加強。

第四章　實戰催眠—人際中的攻心策略

　　了解下屬的需求，才能引導和培養下屬成為一個有凝聚力的團隊，要讓下屬知道我們希望他做什麼樣的員工，要給他強烈的訊號。一個腦子裡沒有方向、沒有目標、沒有希望的下屬無論如何也不會按著我們的意圖開展工作的。

　　在必要的時候我們甚至可以利用一些方法來影響下屬的行為，促使其養成習慣。每個領導者帶出來的下屬都不一樣，我們不要完全繼承上一任領導者傳下來的管理方式，不要蕭規曹隨。如果我們還是沿用上一任領導者留下的工作作風和方式，下屬怎麼會有凝聚力呢？必須按著我們的行事風格培養下屬的習慣，做到一個手勢、一個眼神，下屬就能心領神會的程度，這樣下屬就能養成一種按計畫嚴謹的工作習慣。

　　首先，我們應該明白，有效管理下屬，改善我們和下屬之間人際關係的主導權，就掌握在我們這些管理者手裡，我們對下屬的溝通和信任才是最關鍵的。事實上，很多普通員工覺得自己與領導者相處的最大障礙就是溝通和信任，而非更流於表面形式的親疏。要想有效管理下屬，獲得更大的成就與發展，就必須獲得來自下屬的更多支持。我們就得去了解下屬們的思想和需求，給他們安全感、尊重感、成就感。

　　在這裡提供幾點建議給大家，可以增強自己的管理手段：

　　再小的團隊、再小的部門，也不能讓人情取代制度，不要自恃領導者身分，讓自己游離於團隊之外和組織之上。

管理風格如果存在缺陷，就替自己找個能充黑臉或白臉的助手，以彌補自己的不足。強硬態度或親民路線都行不通時，就要剛柔並濟、軟硬兼施，獎罰分明。

體恤下屬，並合理地安排工作給下屬，合理獎懲，不讓下屬覺得我們厚此薄彼，甚至是故意排擠某個人。否則的話，團隊中就可能增加一些讓我們遭遇麻煩的難纏之人。

如果遇到經常和我們唱反調的下屬，無需太過動氣，我們既然是規則的制定者，就用強力的規則去約束他、操縱他，或者是把他調離這個部門，甚至是乾脆找個機會開除他，而不是留下他與我們作對。

上下級關係就是上級和下屬的關係，不要新增過多的複雜因素進去。這樣會讓自己處理起來的時候相對輕鬆。

我們都喜歡那些對自己持肯定態度的下屬，而不喜歡那些對自己的持反對意見的下屬。這對我們的啟示是：為人處事一定要客觀，並且不斷有意識地增加對下屬的正面引導。我們也許認為下屬能力欠缺，或者出於對下屬的嚴格要求希望下屬進步，但很多領導者卻養成了一味批評和指責的習慣。我們要經常性地校正這些對下屬的片面看法，在發現問題的同時，也要有意識地發現下屬的優點和進步，即使在批評時，也要給予客觀的肯定和誠懇的鼓勵。這樣才能使下屬對我們產生親切感和信服感，我們的意圖才能貫徹下去，我們的催眠效果才會更明顯，我們的指令才能得到正確執行。

激勵與引導

激勵是管理中的重要環節。許多公司都把激勵政策當作一種文化傳給每一位員工，雖然其激勵下屬的方式方法有重大差別，但是管理者對於激勵的作用和價值都是達成共識的。

我們激勵下屬真正的目的是人盡其才，各展其能，把他們的智力、能力最大化地轉化為高效益的工作動力，為我們的總體目標和長遠目標服務。激勵下屬是事業持續發展的關鍵、是重點，要解決好這個重中之重的問題，就必須用一系列綜合的激勵手段和方法，重視物質激勵和精神激勵有效結合，才能更好地調動下屬的積極性。

激勵的方法和手段比較容易掌握，我們在這裡不做過多說明，特別提示在激勵下屬時必須注意以下六個方面：

一、要注意為下屬描繪「共同的願景」

從基本面來觀察，「共同願景」主要應該回答兩個方面的問題：一是集體存在的價值，這裡不僅僅涉及泛泛的倫理判斷問題，而是關涉到集體所在行業的發展趨勢以及集體自身在行業內部的發展趨勢問題，說通俗一點，這是一個策略判斷問題。其二，「共同願景」必須回答下屬依存於集體的價值。集體存在的價值並不代表下屬也有共同的價值感，我們必須引導下屬產生共同的集體價值才是目的。

二、要注意用「行動」去昭示下屬

說得多,做得少,不能以身作則的現象在現實工作中比比皆是,此種做法是做領導者的大忌。在這一過程中的「說」有目的性,更具指導性,只是一個行動指南,當我們希望下屬做什麼時,還請拿出我們的示範行為。身為領導者,當然不可能不說,卻更忌諱不做,邊說邊做的正向作用最大,做的過程對我們來說是一個了解真實狀況的過程,對被領導者來說是一個被感召的過程。

三、要注意善用「影響」的方式

影響方式是一種肯定的思維,我們肯定下屬的主觀能動性,強調以人為本,承認個人都會有意識地追求自身價值。身為領導者,其主要任務就是運用組織的目標與自身的人格魅力去感召他們、操縱他們的心理,讓下屬產生自我感知,迸發工作的原動力,從而產生巨大的行動力。

四、要注意授權以後的信任

授權以後又不信任下屬,橫加干涉,讓下屬覺得無所適從,只好靜坐觀望,我們反過來又認為下屬無主動性,必須推動一下,下屬才能動起來,因而越加有干涉的理由,下屬越發感到寸步難行,由此形成惡性循環。我們如果能夠意識到授權以後的充分信任不僅對下屬極有好處,同時對我們自

身也利多弊少，就會積極主動地充分放權。這樣就等於給了下屬一個平臺、一種機會，給了其受尊重的感覺，讓其有一個廣闊的施展抱負的空間。信任下屬才會被下屬信任，我們付出的是信任，收穫的是下屬的忠心，也會把工作程序簡單化，我們就有充裕的時間去思考重大決策問題。

五、要注意「公正」第一的威力

一般來說，下屬會尊敬態度強硬但公正的領導者，而強硬只有與公正相伴，下屬才可能坦然接受。公正是對我們品格的一種考驗，它首先要求我們的品行端正，是我們從思想意識層面對下屬的有效引導，可惜的是，我們身邊的許多領導者缺乏公正意識。公正意味著秩序上的公正，如對員工的獎懲要特別強調有據可依、不可無中生有。公正意味著制度面前人人平等，公正的立足點是制度管人，而不是人管人。公正強調讓事實、數字說話，精確而有效。

六、要注意溝通的實質性效果

溝通對我們來說更具有特殊意義，溝通的過程是我們爭取支持的過程。領導者的本質就是被領導者的追隨與服從的過程，成功的領導者下屬支持率必須高於70％，如果低於60％則很危險，低於50％就是不合格。溝通過程是汲取智慧的過程，如好的方法、主意、決策雛形等都可以由溝通中得

到。溝通是引導下屬的最好方式,我們認真地聆聽、詢問,雖然不可能解決所有問題,但給下屬的感覺是自己很重要。由此可見,溝通過程中純語言的功效是次要的,我們應重視從意識深層解剖自己,再轉化為相應地被下屬所接受的方式。

調動下屬的熱情,讓下屬保持火一般的熱情,需要我們不斷摸索和總結,我們要不斷地激勵下屬、調動下屬的積極性和創造性,才能保持團隊的活力。如何做好激勵,對我們來說,既是一門人際交往策略,更是一門領導藝術,是一個永無止境的值得研究的課題。

賞善罰惡的機制

這些年來各行各業薪資、獎金都有了較大幅度的增長,激勵機制也很到位,但一些員工的積極性並不見得有提高。這一問題的產生有許多原因,而領導者賞罰不明,是經常被提及的導致員工積極性不高的直接原因之一。

賞罰分明是一個領導者或居上位者管理中的御人法寶。因為人的本性貪婪成性、對災禍避而遠之的,關鍵的是在賞罰中,高高在上的領導者們有無「分明」可言?韓非子有句話,「誠有功則雖疏賤必賞,誠有過則雖近愛必誅」。古人在論述管理之道時,就把賞與罰並提。賞與罰,是管人的兩把利劍,是領導者統御下屬、使用人才的重要手段。有賞就有

第四章　實戰催眠—人際中的攻心策略

罰,賞罰要分明,才能引導下屬做好事,又制止下屬做壞事,使他們進有所得,退有所失。

可是看看現實中有些領導者的做法,無功的人因有關係、有門路而被賞,最不可思議的是那些不僅無功,還搞小動作的人竟更容易被賞,這就產生了普遍的心理不平衡現象。還有些領導者怕得罪人,對待歪風邪氣總是寬厚有餘,手下留情,有法不依,執法不嚴,輕易地讓那些該受懲罰的人和事悄悄地溜走。

獎勵是一種激勵性力量,懲罰是一種約束性力量,在獎勵和懲罰之間,我們要運用合理,公正公開,不要厚此薄彼。要正確使用賞罰,切莫隨心所欲地無原則賞罰。有法不依,賞罰不公,規章制度就成了一種擺設,一種兒戲,對下屬的約束力根本無從談起。

我們要明確,對違反規章制度的人不進行懲罰,將會引起連鎖反應。因此必須照章辦事,該罰一定要罰,來不得半點仁慈和寬容。如果賞罰之時優柔寡斷、瞻前顧後,就會失去應有的效力,也必然會影響領導者權威的樹立。事實上,最合理的做法是二者並用,做到賞罰分明。問題是很多領導者不懂得賞罰分明,有的領導者只善於獎勵,不善於懲罰,有的領導者只善於懲罰,不善於獎勵,這都不可取,都會讓下屬喪失工作的信心和積極性。

因此,我們要在工作中設定合理的制度,實行公開的賞善罰惡,才能更好地激發下屬的工作熱情。具體來說,要做到以下幾點:

一、獎賞不因私,懲罰不因怨。不因私人關係而獎賞下屬,也不因對自己有成見或彼此有隔閡而懲罰下屬。

二、論功行賞,對按時完成既定目標的下屬進行獎勵。下屬完成某個目標而受到獎勵,他在今後就會更加努力地重複這種行為。我們應當想辦法增加獎勵的透明度,而不是暗地裡獎賞。

三、獎罰要及時。根據下屬在這段時間工作中的功過,論功行賞,論過處罰,不翻老帳,不論資歷,只有這樣,才能使賞罰真正發揮推動下屬前進的作用。

四、懲罰也是一種愛護。有必要提醒一下工作不在狀態的下屬,小小的懲罰令其警醒,改變其工作態度。這是領導的藝術,變懲罰為鼓舞,讓下屬在接受懲罰時懷著感激之情,進而達到激勵的目的。

五、不拘一格使用人才。賞罰分明體現在職位的安排上,是人才的就提拔到新的職位上,授予相應的職務,不是人才的就降格使用。讓下屬看到,只要有能力就有成功的機會,這樣才能提高下屬的積極性。

獎罰分明的同時，我們還要注意避免賞無可賞、罰無可罰的尷尬局面。因為獎賞的起點越高，以後進一步獎賞的空間就會越狹小，何況下屬努力的邊際成本是遞增的，這就要求獎賞必須相應地保持不斷的遞增。獎賞下屬的原則是循序漸進，以一個可持續發展的方法對下屬進行獎勵。獎賞要控制範圍，人人有賞，等於人人無賞，賞而不濫，獎賞應該集中在關鍵的20%的下屬身上，這是我們的領導藝術。懲罰也是如此，把懲罰的力度分為幾個等級，讓下屬看到最嚴重的結果，我們懲罰下屬的目的是矯正，而不是一棍子打死，讓其沒有悔改的空間而破罐子破摔。

在工作過程中，我們賞善罰惡，正確地使用心理引導和心理撫慰方法，真正調動下屬的積極性，為下屬提供一個公平競爭的工作環境，避免人為的矛盾，堅持功獎過罰，才能吸引下屬與我們越走越近。

建立下屬的行動動機

執行是否到位既反映了團隊的整體素養，也反映出我們的管理水準。我們的角色不僅僅是制定策略和下達命令，更重要的是必須具備執行力，團隊中的每位下屬都要培養執行力，應把重點放在所有下屬身上。下屬有執行力能彌補我們策略的不足，而一個再完美的策略也會死在沒有執行力的下屬手中。執行力不足，是制約我們管理落實到位的重大瓶

頸，在這個意義上，培養下屬的執行力是我們引導和管理下屬成敗的關鍵，讓下屬動起來，我們才能在工作中不斷地總結，不斷地提高。

我們推行一項工作時，要得以順利開展，首先要有執行能力。下屬能力能否充分發揮，決定其投入程度，而投入程度又受到公司對員工的要求和公司向員工提供的資源兩個因素的影響。首先，應該對下屬進行執行前強化培訓，讓下屬明白自己要做什麼、該做什麼，這樣才能目標一致，執行到位，各盡其責。其次，下屬要明白自己的工作依據都有哪些。這是他們工作執行力的基礎，也是他們工作執行的目標。這也就是說，下屬要知道自己做的每一件事情依據在哪裡，以及這些依據是否還在執行。

執行力的關鍵在於透過團隊文化影響下屬的行為，培養下屬的執行力，是團隊總體執行力提升的關鍵。如果下屬每天能多花幾分鐘想想如何改善工作流程、如何將工作做得更好，我們的策略自然能夠很好地執行。

當下屬明白了執行的重要性，為什麼在執行過程中還是遇到重重阻力呢？問題到底出在哪裡？

一般來講，下屬對執行力的理解不外乎兩個層次：一是我們布置的工作下屬能夠按時、按品質、按數量完成；二是超越我們的期望值完成工作，不論是在時間進度或者是工作品質上。對於我們來說，下屬能夠做到第一個層次就比較滿

第四章 實戰催眠—人際中的攻心策略

意了,能夠達到第二層次就是奢求。即使我們加大對下屬的催眠,想要鍛造高度責任心的下屬還是非常有難度的。

下屬執行力的強弱取決於兩個重要因素:一是下屬的工作能力,二是下屬的工作態度。沒有工作能力是不可能按照我們的要求完成工作任務的,關於工作態度的不足,相信很多的管理者都認可這個要素,態度的不端正是造成下屬執行力較弱的最主要原因。

然而,我們很多人都認為,缺乏良好的工作態度是下屬的個人問題,是下屬不合格的表現,要解決這個問題只能要求下屬改變他們的工作態度。其實,真正要改變態度的不只是下屬,還有我們自己。原因很簡單,我們是下屬的榜樣,下屬是看著我們的行為模仿的,因此,我們要帶頭扭轉自己的工作態度。

還需要我們提升管理技巧,進行有效促進與有效控制,引導下屬的行為與控制事情的發展不偏離正常軌道,才能更好地把工作落實好,扭轉我們工作態度的方法如下:

1. 事前分析,發現不足及時替下屬修正方向。

2. 事中跟進,發現問題,尋找解決辦法,使下屬的工作重新回到正軌上來。

3. 事後總結,找出成功或失敗的原因,提供補救建議和具體措施,避免下屬再犯同樣的錯。

4. 避免授權不授責,這樣導致的結果就是職位越低的下屬承擔的責任越小,沒有責任的制約,下屬的行動就沒有了限制,就會按個人意願任意發揮,偏離我們制定的目標,這樣的局面注定沒有執行力。

5. 對下屬加強考核和監督。如果沒有有效的監督,準確的工作定義、選拔、管理和培訓,這些工作都不可能輕而易舉地落實到位,下屬也失去了競爭的壓力和高度敬業的精神。

6. 及時解答下屬的疑問。對那些含糊不清或沒有預料的問題,我們要能給予明確而又清晰有力的說明,及時解決下屬的疑問。

總而言之,要讓下屬動起來,我們本身要發揮到正向作用,要讓下屬明確我們對他們工作的期望值,指導下屬制定切實可行的工作計畫,並按照計畫逐一考核下屬的工作進度。執行力要落在實處,落實到每一個人身上,就像是一場拳擊賽,拳頭打得準不準,往往是決出勝負的原因。

尊重與責任

尊重下屬不需要任何成本,只要付出我們的誠心就可以了。每個人都有被尊重的需求,下屬的人格一旦受到尊重,往往會產生比金錢激勵大得多的激勵效果。一位高明的領導者,必須學會尊重每位下屬,不要動不動就發怒,讓下屬覺

得有仗勢欺人之嫌，也不要動不動就威脅辭退下屬，把自己當成下屬的衣食父母。

我們應該採取多種方法調動下屬的主角精神，透過適當的工作安排，激發下屬的工作熱情，產生成就感和歸屬感，尊重下屬的同時，我們也會獲得下屬的尊重。我們的情感催眠法成功了，就能輕易獲得下屬的真心，這是我們使用催眠術的一個有效作用。

身為領導者，有的人可能出身很「高貴」，可能有親朋好友手握大權，或者家庭背景十分顯赫，又或是經濟基礎雄厚。同樣，也會有些領導者出身普通，憑著自己的執著和才能，一步步走到今天。可是，無論什麼出身的領導者都應尊重自己的下屬，否則就會造成團隊內部的分裂。領導者不尊重下屬，也別想得到下屬的愛戴。所以，對待下屬應該一視同仁，尊重每一個人、善待每一個人，這是事業發展的保證。

尊重下屬是一本萬利的生意，只需要付出理解，即會收穫利益。尊重不但使我們得到真正盡心盡力的下屬，還能得到下屬更多的付出。把自己和下屬放在一個平等的位置上，尊重他們，並經常同他們進行開放式的溝通，用這種辦法來使團隊中的每一位成員都感覺到自己在團隊的重要性。

羞辱一個下屬，會影響到其他下屬的工作積極性。不能從個人偏好出發而刻意喜歡或者厭惡某位下屬，應該意識

到，每位下屬的付出都是團隊必不可少的，他們對團隊的存在和發展具有同樣重要的作用。

在一個公司中，等級關係主要體現在職位的高低上，職位高的人一般更容易受到尊重，而職位低的員工可能不易被人重視。身為一名領導者，如果能善待每位下屬，將每位下屬的工作都看作是很重要的事情，尤其是那些不被人重視的底層員工的工作，那麼我們的親和力和影響力就會體現得更加明顯。

要充分尊重我們的下屬，現在有的管理者常常埋怨下屬沒有責任心，因而不尊重、不認可他們。但是，我們要用逆向思維試著去想，如果充分地尊重和認可了員工，那麼他們還會缺乏自信心和責任感嗎？自信和責任受制於主觀和客觀兩個方面，我們的信任是一個很重要的客觀條件，是提升下屬自尊心和責任感的重要因素，下屬才會為這個團隊付出更多的工作熱情。

在日常工作中，我們要注意改進領導作風，改變習慣以勢壓人、以權說事、唯我獨尊、動輒訓斥下屬的行為，這樣只會造成上下級關係不和諧，嚴重損害了團隊的凝聚力和戰力。下屬得不到尊重，沒有尊嚴，就失去了向上的自豪感，變成「做一天和尚撞一天鐘」的混日子的人。

我們尊重下屬，不要取笑下屬，不要揭露下屬的隱私，不要侮辱下屬的人格。我們面帶微笑，下屬就會如沐春風；我們厲聲喝斥，下屬就會敬而遠之。尊重下屬不代表我們沒有威

嚴,相反,這樣的領導者既有親和力,又有不怒而威的氣度。

維護下屬的尊嚴,樹立為下屬著想的工作氛圍,這是一種心理戰術,也是一種心理催眠,讓下屬在充滿尊嚴的工作環境中為團隊真誠奉獻。

與下屬共同承擔風險

有些領導者非常會做人,主動與下屬共同承擔責任,為下屬托起一片天,把下屬犯的錯解釋為自己管理不到位的失誤所致,把主要責任攬過來,不給下屬太多的壓力。這樣的領導者經常說:「我們不應該逃避責任,下屬犯了錯,就說明自己沒有盡到責任。如果下屬被處罰,身為他的領導者應該首當其衝,不找藉口,不辯解,與下屬共同承擔責任。讓下屬放下心中的包袱,減輕壓力,輕裝上陣。」這種勇於承擔主要責任的領導者深受下屬的愛戴,讓下屬有依靠感和庇護感,在這樣的領導者手下工作,有一種可以大展拳腳的感覺。

職場管理表明,領導者不僅應該讓下屬承擔相應的責任,使他承受一定的壓力,身為負責人,自己也應該承擔一份責任。雙方職責分明、榮辱與共,這就是與下屬共同承擔責任的全部含義。

為什麼在用人過程中,我們要十分強調與下屬共同承擔責任呢?

道理很簡單，任何下屬在接受上級委派的任務時，都會產生強烈地追求「安全」的心理要求。這種心理要求，具體表現在兩個方面：其一，對自己，最好少承擔甚至不承擔責任，尤其是在接受沒有多少把握的任務時，更希望上級能讓自己不承擔明確的責任。其二，希望上級能替自己多分擔一些責任，倘若能聽到上級這樣說：「你就大膽做吧，出了問題我負責」，那就再好不過了。顯而易見，前一種心理要求，含有很多負面因素，容易使下屬滋生不思進取、畏縮不前的惰性；而後一種心理要求，卻是正當合理的，應該予以適當滿足。

俗話說得好：「壓力越大，動力越大」。我們在交給下屬某項任務時，不應僅賦予他相應的權力，還應讓他承擔與其職權相稱的一份責任，這樣做，能使下屬感到有一種壓力在驅使他勇往直前。而一定的壓力，能轉化成一定的動力，又能轉化成一定的效率。在這裡，關鍵在於掌握好壓力的程度。壓力過大，會把下屬壓垮，使其不敢接受任務，壓力過小，又無法發揮鞭策、鼓勵作用。唯有壓力適度，責任與職權相稱，下屬才能出色地完成任務。

在讓下屬承擔相應責任的同時，領導者也別「忘了」承擔自己應負的一份責任。因為自己做出的決策，並非金科玉律，其中很可能包含著不正確的因素，有時甚至是完全錯的。再加上下屬在執行任務的過程中，還會受到多種不確定因素的干擾和制約。因此，誰也不能保證下屬的腳步會完全

第四章　實戰催眠—人際中的攻心策略

沿著我們指示的步調前進，即使遇到暫時的挫折和失敗，也是不難理解的。

因此，勇於為下屬撐腰壯膽、勇於在必要時替下屬分擔主要責任，不僅體現了我們的道德品行和領導水準，還直接關係到上下級之間能否建立起互相信賴、互相支持的融洽關係，也關係到整個管理機器能否正常運轉。倘若下屬偶有過失，我們就把他當作「替罪羊」丟開，自己卻不承擔絲毫責任。那麼，還有哪位下屬願意再為我們效勞呢？我們又如何能調動下屬的積極性呢？

在通常情況下，下屬儘管存有希望少承擔甚至不承擔責任的心理要求，但他自己也認為這只不過是一種不切實際的幻想。只要我們能夠實事求是地按照委派任務的性質，讓他明確承擔相應的責任，下屬一般還是願意接受的。問題的關鍵在於，幾乎每位下屬都希望領導者能夠替自己多分擔一些責任，出於這一正當的心理要求，倘若我們不能痛快地給予滿足，下屬是很難忍受的。一旦遇到是非糾葛、利益之爭，下屬就會為了自衛而對我們的決策做出強烈的反應。

由此可見，與下屬共同承擔責任，關鍵不在如何滿足下屬的第一種心理需求，而在於能否盡力滿足下屬的第二種心理需求。在這方面，我們應注意以下5點：

1. 向下屬布置任務時，我們不應故意迴避自己應承擔的一份責任，應該主動說明任務的性質和結果，讓下屬心中有數，這是處理好上下級關係的前提。

2. 我們必須明確區分哪些是下屬應負的直接責任、哪些是自己應負的領導責任，絕不要含糊其詞、模稜兩可，讓下屬聽了心裡沒底。

3. 說話要留有餘地，切忌憑空許諾、大包大攬。有頭腦的下屬並不相信自己的領導者果真能夠承擔一切嚴重後果，過分的承諾，反而容易使人產生懷疑。我們的大包大攬，還容易誘使下屬放鬆警惕，造成工作上一些不必要的麻煩或損失。

4. 應當看到，下屬承擔責任和我們分擔責任，本來是兩個緊密相連、互相制約、缺一不可的。我們替下屬分擔責任的目的，不僅是為了使下屬增添幾分安全感，更重要的還在於有意培養和增強下屬對我們的信任感，使下屬願意承擔自己應負的直接責任。

5. 一旦向下屬做出分擔責任的許諾，就應該遵守諾言，絕不反悔。當下屬果真遇到不應由他負責的責任和失誤時，我們不僅應該馬上兌現自己的承諾，還應該向下屬明確表示，願意為下一個行動計畫繼續分擔責任，以此來鼓勵下屬進一步樹立戰勝困難的信心和勇氣。

■ 第四章 實戰催眠—人際中的攻心策略

總之，承擔責任，一要分清職責，二要適度。在此基礎上，我們要嚴以律己，敢於為下屬分擔責任。只要做到這些，下屬就會心甘情願地服從我們的領導，我們的管理才能取得預期的良好效果。這也是我們在工作中應用催眠術中成就人際關係的目的所在──使我們的工作更順利。

客戶心理的長期經營

客戶是我們存在的基礎，無論哪個行業，都有自己的客戶。沒有客戶，我們也就失去了存在的價值。如果長期對客戶不負責任，有了客戶不知維護，客戶也會遠離我們而去。我們必須學會聆聽客戶的心聲，必須關注客戶對我們的滿意度，必須想方設法提高我們的服務水準和服務品質。那種不顧客戶的利益一味追求高業績和高利潤，忽視服務、忽視客戶利益的做法無疑是在自掘墳墓。

在服務致勝的時代，客戶的地位極其重要。有人說客戶是上帝，也有人說客戶是資源、客戶是財富，甚至更有人認為客戶是資本、客戶是產業！那麼，如何才能讓客戶對我們情有獨鍾？怎樣才能透過管理提升我們的服務水準，實現更好的經濟效益和社會效益？

如果我們的精力、人力、財力都有限，很難經營好所有

的客戶,因此我們要善於發現有價值的重點客戶,我們要拿出 80%的精力服務這 20%的重點客戶。我們的客戶消費我們的產品,帶給我們利潤。要把經營客戶的管理工作做好、做透並不是一件容易的事,需要我們多學習、多創造,在與客戶的交往中,我們可以多多使用讀心、暗示、撫慰,引導等催眠技巧,做好經營有回報價值的客戶的工作。

雙贏關係的人際信任

經營客戶最重要的一個環節就是理順上游下游的關係,我們從上游合作夥伴處採購各項原材料和生產工具,再把我們生產的商品銷售給下游的合作夥伴。在任何一個行業中,如果上游和下游都能有幾家關係比較好的合作夥伴,就可以達到雙贏的局面。合作夥伴之間的互動對雙方都有利,是雙方保持穩定合作的基礎,這就需要任何一方都多為對方著想、多考慮對方的利益。如果只是想著自己多得到一些利益,而讓對方少得到一些利益,這種合作關係必將走向破裂,受害的是合作的雙方。

合作夥伴之間是一種相輔相成、互相彌補、互惠互利的關係,在從事一項業務活動的過程中,如果雙方都拿 50%的利潤,這個活動可以很好地進行下去,因為雙方都感覺到自己的 50%是應該拿的。但如果一方只拿 40%,而願意把利潤

■第四章　實戰催眠─人際中的攻心策略

的60％都讓給對方呢？這樣在短期內或許是吃虧，但從長遠看收穫的是什麼呢？這種慷慨的經營方式就像一個講義氣的大俠，把好處都分給了自己的弟兄，換一句職場中的話就是「既做人，也做事」。結論不言自明，得到額外好處的合作方一定會把這種關係長期堅持下來，長期的合作收益遠遠比一次合作的收益要高得多。有著良好的信譽，在行業內有幾家關係穩定的合作夥伴，是我們事業立於不敗之地的重要保障。

所以，我們千萬不要做「鐵公雞」，一毛不拔，相反，要經常讓些小利給客戶。讓小利於客戶，眼下像是吃了點虧，但從長遠觀點看並非吃虧，客戶不僅不會因爭利而與我們作對，反而會生出感激之情，也會因此信任我們。取得客戶的信任比什麼都重要，信任我們的客戶不僅不會讓別人拆我們的牆角，關鍵時刻還會幫我們一把；即使不能幫我們，他們也不會落井下石。

讓利於人，一定要讓得巧妙，否則難以收到預期的效果。所謂巧妙，其實質在於要抓住客戶的需求心理，給予他想要得到的東西。如：招待所免費為旅客提供盥洗用品、飯店為顧客提供免費早餐等，再如有的商店送貨上門、免費維修等，都是滿足客戶需求心理的做法。

做人是一門藝術，與客戶相處也是一門藝術。從表面來看，做人與經營是兩回事：做人要誠實，經營則多變。

先說經營。做生意需要誠實，誠實要體現在適當的時候，以適當的方式出現，對適當的人講適當的話。偶爾虛偽圓滑必不可免，但不可養成習慣，始終講圓滑的話，即使講的是真話，也無人相信。我們總是誠懇的態度，偶爾講一次假話，別人也會認為是真話。做生意，要敢於暴露自身的弱點，正視前進道路上的困難並不是壞事。

做生意，需要低姿態時就彎彎腰。與客戶談判時，銷售是求人，求人是劣勢，劣勢就會底氣不足一些。人們有一種傳統意識，喜歡幫助比自己弱小的人，看到我們在求他，他才肯幫助我們。如果氣勢上總想著高人一頭，談判就很難成功，但低姿態不要過分，不要讓人感到肉麻、反感。

做生意，要善於發現對方的優點。人們都希望我們喜歡他的優點，我們應該在事前就盡量蒐集對方的各種資訊，找出他引以為傲的優點來。然後，我們就抬高他這一點，讓他高興、滿足，讓他感到我們理解他。如果遇到知識豐富的對手，我們就要調動所有知識與他溝通，只有認真研究社會形式、經濟變化、人生百態，才能有把握做好生意。

再說做人。生意場上，個人的氣度很重要。商道上講信義，做人不要失信，不要優柔寡斷，要豪爽，即使不豪爽，也要耿直。處處耍小聰明，成不了大氣候。做人要心胸寬廣、目標遠大，有了寬廣的胸懷才能招賢納才，有了遠大的

目標就不會為眼前的利益而錙銖必較。做人要大度，要善於聽取不同意見，要能夠理解客戶的苦衷和難處，人有時候不要怕吃虧，受了恩惠的客戶會想辦法回報給我們的。

做人和經營都要注意個人修養，修養有兩個方面：一是內在素養的修養；是外在形象的修養。要見縫插針多學習，使自己的知識和視野始終跟上時代的步伐。知識豐富了，社交才有水準，才能與別人交流。再就是講究言談舉止、彬彬有禮、不卑不亢，才會顯出大家風範。

人格力量，不經意間決定了經營的成敗。老老實實做人、踏踏實實做事、實實在在做生意，這就是做人、做事、做生意的鐵規律，是我們立身處世的法寶，是縱橫商場常勝不敗的奧祕，也是我們樹立自身形象、引導我們經營客戶的一種技巧。我們誠實中不妨有些靈活，多變中也不可丟失本分，二者融合在一起，才能把經營客戶做的和交朋友一樣，遍及五湖四海。

挖掘隱藏的高價值客戶

社會的消費意識每年在不斷地提高，從對生活資訊的更新換代到接受高消費，無一不顯示著市場的巨大。因此，把握住我們的大小客戶將成為獲取更大經濟效益的主要動力。想要在嚴酷的競爭中勝出，就必須使出渾身解數，採取多種

客戶心理的長期經營

競爭手段,比如新的商業模式、靈敏的市場嗅覺、高效的決策效率、系統的流程管理等等。除此之外,了解我們的客戶,利用適當的細分策略,針對不同客戶提供相應的服務,特別是關注核心客戶、有價值的客戶,為客戶制定分級的服務策略、進行客戶分類的經營管理變得日益重要。

以前我們提倡,對待客戶要一視同仁,當我們仔細分析每個月的報表,會發現,我們的主要業績往往來自少數幾個重點客戶,這些客戶有些是實力雄厚的大企業,有些卻是組建不久的小企業。我們都知道與大客戶打交道流程有些繁瑣、態度有些糟糕、進展比較慢,許多人堅持不下去,往往中途放棄;小客戶容易打交道,成功機率也較高,但是回報額太低了。

大客戶的銷售無疑是我們的重要利潤來源。但大客戶常常以其大批次的銷量優勢取得更多優惠條件,並在銷量增加的同時,不斷向我們提出降價要求,施加價格壓力,而且大客戶在付款方式上通常都要求賒銷,占用資金的同時也意味著變相的降價;相比大客戶,小客戶通常是以現金銷售,而且價格要高得多,利潤率相當可觀。也許單個小客戶的銷量並不起眼,但如果積少成多,對我們利潤的貢獻同樣不可忽視。

這種情況,我們應該怎樣面對?還是採取對待客戶一視同仁的辦法嗎?不是的,我們要把精力放在重點客戶身上,而不是平等分配精力。不要以實力大小區分客戶,而是要把重點放

第四章　實戰催眠──人際中的攻心策略

在對我們有回報價值的客戶身上，客戶按回報率排名，無論大小，結合客戶的發展期望，我們投入相應的人力和財力。

我們都期盼擁有優質的客戶資產，在客戶群中擁有較高的知名度、美譽度及忠誠度，無疑是每位經營者夢寐以求的事情。因此，我們必須整合我們的客戶，劃定若干標準，分等級經營客戶，在有效的經營客戶過程中，抓好重要客戶的銷售促進及關係維護，善待我們的其他客戶就行。

非常重要的一個原則，要優化我們的客戶結構，將客戶扁平化，不能把「寶」壓在大客戶身上，我們要將客戶形成一張網，即使破開幾個洞，也不影響整體。如果客戶結構過於單一，重點客戶過於集中在幾個大客戶身上，對於我們來說，常常蘊藏著危機：一旦某個大客戶因經營不善出現波動，就會無限期占用我們大量的資金。一方面賒銷出大量貨物，資金大量占用，而貨款又無法立即回收；另一方面，急需增加新的投入，來增加產能，滿足市場需求。在這種狀態下，對我們來說，眼看著失去市場機會，自身經營也會陷入惡性循環。尤其是在銷量快速增長、急需擴大生產的情況下，我們的資金就會捉襟見肘，受牽連出現危機。

實際上，當我們對大客戶銷出越多產品時，所墊付的資金就越多，承擔的風險相應越大。如果有一批現金銷售的優質小客戶的話，這種狀況則可以得以緩解。現金銷售、資金回流及時的優質小客戶，能夠促進我們的資金周轉，提高我

們的抗風險能力和市場機會掌握能力。在大客戶銷售出現波動的同時，積極促進小客戶銷量的提升，可以在一定程度上緩解由此帶來的銷售衝擊。

利用大客戶的名牌效應傳播企業的品牌形象，是許多企業重要品牌傳播策略之一。這種傳播手法簡單、快捷，但並非在所有的市場環境中都管用。小客戶也是我們品牌傳播的另一重要途徑，實際上，當大家的焦點都聚集在大客戶身上時，利用小客戶做品牌傳播的載體，為行銷策略「造勢」，有時反而發揮意想不到的效果。

在與對手競爭的過程中，我們大小兼顧，不僅有效規避了大客戶帶來的風險，也加速我們搶占市場的流程，樹立了良好的行業口碑，對我們的發展和形象的樹立都是大有益處的。

經營大小客戶的策略規劃應立足於市場、服務於市場，利用系統的管理平臺來為有回報價值的客戶提供最優質服務。我們基於大小客戶所做的一切溝通，都是圍繞著引導客戶和經營客戶開展的。建立客戶對我們的忠誠度，贏得一個相對於競爭對手的持續優勢，建立我們在行業中的地位，獲得理想的業績，從而實現我們自身的發展。這一切也是依賴於我們與對方良好的人際關係基礎。

第四章　實戰催眠──人際中的攻心策略

◊ 有價值的客戶都會隱身

搶手的客戶都很難伺候，與其臨淵羨魚，不如退而結網。對我們來說，避開白熱化的客戶寡頭，選擇新的突破口，是一種經營客戶的智慧。這個道理和「不把雞蛋放在同一個籃子裡」一樣，經營中機制靈活，不被條條框框束縛。事實證明，客戶越扁平化，我們的機遇就越多。如果我們的產品或服務在行業內不是處於壟斷地位，就面臨著開發大量潛在客戶的嚴峻現實。那麼，究竟何謂潛在客戶？為什麼說有價值的客戶都會「隱身」呢？

其實，尋找潛在客戶是我們從事經營始終不渝的一條生命線，任何時候都不過時。放棄尋找潛在客戶，就是坐吃山空的行為，早晚有一天會被市場淘汰。所謂潛在客戶，就是指對我們的產品或服務確實存在需求，並具有購買能力的個人或組織。如果個人或組織存在對我們的產品或服務的可能需求，但這種可能性又尚未被證實，那麼這種有可能購買某種產品或服務的客戶就稱為可能的潛在客戶。可能的潛在客戶被證實確實有需求，就成為「有價值的客戶」，確實表現出強烈購買欲望的有價值客戶就成了我們實際銷售的對象，即目標客戶。

因此，我們應該努力尋找潛在客戶，讓他們成為有價值的客戶，把他們培養成我們的目標客戶，繼而打造成長期穩

定的現實客戶，為現實客戶提供更多更具有吸引力的措施，使現實客戶成為不斷地重複購買的客戶，即成為滿意客戶。

潛在客戶數量的多少以及潛在客戶的品質的高低，諸如支付能力、決策能力以及購買欲望等，往往意味著經營業績的高低。我們尋找潛在客戶應該是一個持續的過程，而不應該把它當成一項沒有銷售對象時才做的工作。眾所周知，沒有足夠的客戶資源，我們的生存與發展就無從談起。我們都應該明白，在尋找潛在客戶方面所做的努力越大，銷售成績將越好。

從理論上的潛在客戶到有價值的客戶僅一步之隔，打造有價值的潛在客戶是一個持續的過程，因此，我們要多使用一些溝通中的心理技巧。事實上，沒有任何通用的原則可以指導我們尋找潛在客戶，這裡僅分享一些具有共性的大方向原則給大家，希望大家在具體工作過程中能結合自己的實際情況靈活借鑑或使用。

首先是量身定製的原則，也就是選擇或定製一個滿足我們自己具體需求的尋找潛在客戶的原則。不同的公司，對尋找潛在客戶的要求不同，因此，我們必須結合自己的具體需求，靈活應對，任何拘泥於形式或條款的原則都可能有悖於我們的發展方向。

其次是重點關注的原則，即八二法則。該原則可以指導我們事先確定尋找客戶的輕重緩急，首要的是把重點放在具有高潛力的、有價值的客戶身上，把潛力低的潛在客戶放在後邊。

最後是循序漸進的原則。對潛在客戶進行訪問，最初的訪問可能只是「混個臉熟」、交換一下名片，隨著訪問次數的增加、訪問頻率的加快，可以增加訪問的深度。

除了上述幾個大的原則之外，我們需要調整尋找潛在客戶的態度。如果想成為一名優秀的經營者，那麼我們需要將尋找潛在客戶變成自己的習慣行為。尋找潛在客戶是我們走向成功之路的第一步，事實上，尋找有價值的潛在客戶不僅是一項有意義的工作，還會充滿樂趣，我們只需要改變一下對待工作的態度，使尋找潛在客戶成為一種樂趣與愛好，成為我們需要提高的技能。

對有價值的客戶，我們要學會引導和管理他們，不要放過任何一個引導潛在客戶的機會，對有價值的潛在客戶管理主要從緊迫性和重要性兩個方面入手。

1. 根據緊迫性分類。描述出有價值的潛在客戶在多長的時間內才能做出對我們的產品或服務的購買決定。通常情況下，在1個月內能做出購買決定的潛在客戶，就稱為渴望型客戶；在2個月內能做出購買決定的潛在客戶，稱為有望型客戶；在3個月內能做出購買決定的客戶，則稱為觀望型客戶。我們應根據客戶的不同類型，安排出不同的拜訪，包括拜訪頻率和拜訪深度等。

2. 根據重要性分類。描述潛在客戶可能購買多少數量的公司產品或服務。為此，可以根據實際情況，將客戶分為三

類：最重要的是關鍵客戶，這類客戶需要我們投入更多的時間和精力增加訪問頻次，增加訪問深度；其次是重要客戶，這類客戶應該安排合適的訪問頻率和內容；最後一類是有價值的普通客戶，這類客戶維持正常的訪問頻率與內容即可。

有價值的客戶都會隱身，不會輕易出現在我們的視野裡，尋找有價值的潛在客戶是一種事半功倍的行為，也是產品銷售的前提。我們不能盲目地面對市場，盲目地投入精力的和人力，目標消費族群不明確，成功機會就很小。我們要做的不僅僅是找到客戶的名單、聯繫方式、家庭地址等這些簡單的客戶資訊，更重要的是在溝通過程中用到催眠術的技巧，引導潛在的客戶成為有價值的客戶。

有價值的客戶都會潛水

在浩如煙海的商業社會中，我們的潛在客戶在哪裡？有價值的客戶都會潛水，需要我們去尋找發現，大海撈針的辦法太笨了，市場的容量和潛力如此巨大，我們努力登高，看到的也只是冰山一角。我們缺少的是發現潛在客戶的有效途徑，我們需要的是立竿見影的方法。為了尋找更多的客戶，我們需要創造需求，有需求才會有市場，這幾乎是所有行銷人的共識。因此，別再坐嘆手中沒有客戶，站起身來，主動出擊，努力創造市場需求，因為只有這樣，才可能贏得自己生存、發展和壯大的機會！

機會只留給有準備的人，許多潛在客戶在我們出現以前，也沒意識到會需要我們的產品或者服務。我們要做個有準備的人，積極地面對生活，積極思考，處處留心，盡可能發掘多種管道去尋找和開發我們的潛在客戶。發現潛在客戶的方式是多種多樣的，我們接觸客戶的管道更是豐富。潛在客戶就在我們的身邊，商機就在我們平日裡忽略的大量的資訊之中。

現實地說，有價值的潛在客戶，意味著滾滾而來的金錢，尋找潛在客戶的方法非常多。我們需要不斷地進行總結，只有不斷地總結，才能找到一套適合自己的方法。不論哪種方法，都是我們接觸有價值的潛在客戶的一種手段，也是我們探討催眠術的意義所在。

1. 逐戶尋訪法。是我們在特定的區域或行業內，用上門訪問的形式，對認為可能成為潛在客戶的公司、組織、家庭乃至個人，逐一地進行訪問，並確定潛在客戶的方法。是一個古老但比較可靠的方法，它可以使我們在尋訪客戶的同時，了解客戶、了解市場、了解社會。該法主要適合於日用消費品或保險等服務的銷售，該法的缺點就是費時、費力、費資金，帶有較大的盲目性，更為嚴峻的是，隨著經濟的發展，人們對住宅、隱私越來越重視，這種逐戶尋訪法的實施面臨著越來越大的難度。

2. 客戶引薦法。是由現有客戶介紹他們認為有可能購買我們產品的有價值潛在客戶的方法。主要有口頭介紹、寫信介紹、電話介紹、名片介紹等。實踐證明，客戶引薦法是一種比較有效的尋找潛在客戶的方法，它不僅可以大大地避免尋找工作的盲目性，還有助於我們贏得潛在客戶的信任。首先我們應該取信於現有客戶，引導其願意為我們效勞，其次對現有客戶介紹的客戶，我們應該對其進行詳細的評估和必要的行銷準備，要盡可能地從現有客戶處了解新客戶的情況，最後，在我們訪問新客戶後，應及時向現有客戶回饋和彙報情況。一方面是對現有客戶的介紹表示感謝，另一方面也可以繼續爭取現有客戶的合作與支持。

3. 光輝效應法。又稱為中心輻射法、名人效應法或影響中心法等，屬於介紹法的一種應用特例。是我們在某一特定的區域內，首先尋找並爭取有較大影響力的中心人物為成功的客戶，然後利用中心人物的影響與協助，把該區域內可能的客戶發展為有價值的潛在客戶的方法。心理學認為，人們對於在自己心目中享有一定威望的人物是信服並願意追隨的。因此，一些中心人物的購買與消費行為，就可能在他的崇拜者心目中形成示範作用與先導效應，從而引發崇拜者的購買行為與消費行為。光輝效應法適合於一些具有一定品牌形象、具有一定品味的產品或服務的銷售，比如高檔服飾、化妝品、健身等，這種方式類似於廣告中的名人催眠效應。

4. 代理人法。是指透過外部人脈協助開發潛在客戶的方式。許多公司會以聘用介紹人或兼職業務的形式執行，佣金由公司依約定標準發放，實際上就是透過合理的酬勞，換取代理人所掌握的社會資源與人脈網絡。不過，這種方式的缺點在於，合適的代理人難尋，而且一旦合作關係不穩定、溝通不良，或對方同時替多家公司引介業務，就容易造成客戶流失甚至商業機密外洩，使我們陷入不公平的競爭環境。因此，與代理人合作的過程中，要適時給予引導與規範，確保行動不會超出我們的掌控範圍。

5. 直接郵寄法。用直接郵寄的方法來尋找大量的潛在客戶不失為一種有效的方式。直接郵寄法具有成本較低、接觸的人較多、覆蓋的範圍較廣等優點，不過，該法的缺點是時間週期較長。

6. 電話行銷法。就是指利用電信技術和受過培訓的人員，針對可能的潛在客戶群進行有計畫的市場行銷溝通。運用電話尋找潛在客戶法可以在短時間內接觸到分布在廣闊地區內的大量潛在客戶。目前電話行銷十分流行，透過一根電話線引導客戶產生購買行為，這種行銷技巧和催眠技巧十分高超。

7. 滾雪球法。就是指在每次訪問潛在客戶之後，我們都向潛在客戶詢問其他可能對該產品或服務感興趣的人的名單，這樣就像滾雪球一樣，在短期內很快就可以開發出數量可觀的潛在客戶，尤其適合於服務性行業，比如保險和證券

等。客氣一點地講,許多從事保健品、保險業的員工培訓都大量採用了催眠術的方法,讓人如醉如痴地投身其中,追求人生的夢想。

8. 數據查閱法。又稱間接市場調查法,透過各種現有數據來尋找潛在客戶的方法。不過,使用該法需要注意以下問題:一是對數據的來源與數據的提供者進行分析,以確認數據與資訊的可靠性;二是注意數據可能因為時間變化而出現的錯漏等問題。

9. 市場諮詢法。就是指我們利用社會上各種專門的資訊諮詢機構或政府有關部門所提供的資訊來尋找潛在客戶的方法。使用該法的前提是存在發達的資訊諮詢行業。優點是比較節省時間,所獲得的資訊比較客觀、準確,缺點是費用較高。

應用上訴方法尋找到的大量潛在客戶並不能直接轉變為目標客戶,找到潛在客戶僅僅是我們銷售過程的起始階段。因此,需要對潛在客戶進行及時、客觀的評估,以便從眾多的潛在客戶名單中篩選出有價值的目標客戶。我們需要掌握評估潛在客戶的一些常用方法,這些方法可以幫助我們事半功倍地完成操縱客戶的心理。

在目標客戶「浮出水面」之前,我們有必要對他們進行挑選、評估。首先明確三個問題:一是潛在客戶是否具備有我們能夠給予滿足的需求;二是在我們滿足其需求之後,這些

潛在客戶是否具有提供適當回報的能力；三是我們是否具有更能滿足這些潛在客戶需求的能力。

1. 帕雷托法則。即八二法則，這是義大利經濟學家維爾弗雷多‧帕雷托（Vilfredo Pareto）於西元 1897 年發現的一個極其重要的社會學法則。該法則具有廣泛的社會實用性，比如 20% 的富有人群擁有整個社會 80% 的財富；20% 的客戶帶給我們 80% 的營業額和利潤等等。帕雷托法則要求我們分清主次，鎖定重要的潛在客戶。

2. MAN 法則。一是該潛在客戶是否有消費此產品或服務的購買資金 M（Money）；二是該潛在客戶是否有購買權力 A（Authority）；三是該潛在客戶是否有購買需求 N（Need）。

有價值的客戶購買需求由內在的、外在的、精神的或物質的刺激所引發，購買需求具有層次性、複雜性、無限性、多樣性和動態性等特點，它能夠反覆地激發每一次的購買決策，我們必須對購買需求具有正確的了解：需求不僅可以被滿足，還可以被創造！

事實上，普通的銷售人員總是去滿足他人需求、適應他人的需求，而優秀的銷售人員則是用大量的技巧「催眠」他們的客戶創造需求、引導客戶的需求、暗示客戶的需求，這才是經營有價值客戶的最高境界！

引導成交的潛意識策略

許多在涉及業務工作的人都感慨，現在的客戶真是太精明了，費盡口舌向他們介紹產品，跟蹤長達數月，就差「燒香磕頭」了，到最後他們依然無動於衷，把我們拒之門外。許多人會指責這些客戶不道德，喋喋不休地發洩自己的不滿，甚至詆毀客戶。我們不妨來逆向思維：客戶為什麼要選擇我們的產品，而不是其他家的產品呢？除了產品本身的利潤外，更重要的一點是：客戶如何從我們這裡得到與其他產品不一樣的資訊和價值？客戶和我們交往的過程中，又從我們身上學到了哪些技巧和經驗呢？

客戶不會無緣無故地和我們簽單，很多時候同類產品之間的差異往往不會太明顯，人們更在乎的是溝通的過程，也就是對人的肯定。洽談業務，追根究柢是要和人打交道，所以，一個出色的業務員一定是一個交際高手，還要是一個資深的催眠高手。他能夠洞察人性、揣摩人心，在洽談的各個環節中都能掌握客戶的心理，讓自己的工作大獲全勝。

我們要鍛鍊自己的人際交往能力，一旦熟練掌握催眠術，運用讀心、誘導、暗示、撫慰等心理技巧，我們和客戶之間便可以做到心有靈犀、一點就通，自然會打開成交之門。因此，學一些催眠心理學的技巧對我們大有幫助。

第四章　實戰催眠──人際中的攻心策略

　　我們要不斷地總結讓客戶無法拒絕的成功約訪方式，讓客戶不斷地說「是」，我們也要適時地對客戶表達我們讚美的語言。客戶不是被擺平的，而是需要用心交往達成合作的。假如與客戶接觸的目的不純，心態不正，過分強調產品和利益的交往，那就失去了我們探討催眠術的初衷。我們要有技巧地完成我們的工作，同時還要把我們自己打造成一個品牌，讓對方接受我們、認可我們，實現最終的合作。

　　這些想法說起來容易，做起來難。在傳統的行銷觀念中，我們和客戶之間就像攻城者和守城者，阻礙成交的大門永遠存在。時至今天，許多經營者仍然沒有弄明白和客戶之間應該建立一種怎樣的互惠雙贏的關係，或者不知道怎樣去建立這樣一種關係。

　　事實上，我們和客戶打交道，攻克客戶的大門最有效的辦法就是進入對方的心理，引導對方的行為，讓對方心服口服。前面已經介紹了催眠術中常用到的讀心術、心理暗示、心理撫慰的實用技巧，這些方法也完全適用於客戶。在今天，專業銷售的本質就是建立並維護雙方的人際關係，建立一種高度的信任與依賴感。在與客戶的交流過程中，客戶的肢體語言、說話方式等等都可以成為我們的突破口。

　　我們簡單總結了幾類客戶的特點，希望能帶給大家一些啟示。

1. 大方,豪爽的客戶。他們和我們不僅是合作,也注重人情,懂得尊重我們,不斤斤計較。因為他們在談判中不僅訴諸自己的需求,也很注重傾聽我們的聲音,只要在大的方面滿足這類人,他們便不願意花多餘的精力在小的方面,所以與這類客戶談判要學做一個懂禮、豪爽的人,學會抓大放小。

2. 幽默風趣的客戶。這類客戶的特點是說話引人發笑,絕大多數是因為性格的原因讓人產生親近感。我們與這類客戶溝通也要學會一點幽默,因為這類客戶很注重工作和生活的樂趣,如果我們很死板,對方就會覺得我們無趣,不太容易產生情感的溝通。他們因為性格的原因,有時會把約好的事忘記,假如這類客戶爽約,我們可以委婉提醒他,但是不能動肝火,否則他的自尊心會受不了,這種人比較容易義氣用事。

3. 斤斤計較的客戶。這類人一般比較認真,與這類人談合作,必須注意細節,對自己的產品要瞭如指掌,最好是對自己的產品和服務有「專家」級的分量。這類人有時會在一個小問題上爭執不休,甚至為了協商價格反覆交涉很多次,這樣精明的人,我們要讓他占點別人占不到的小便宜才行。

4. 言而無信的客戶。客戶出現信用問題,我們要分析一下原因,是客戶突然出現經營危機,還是客戶原本就是一個言而無信的人?如果是前者,我們要控制成交量,期待客戶走出谷底。如果是後者,要當機立斷停止合作,並且跟客戶講清楚利害關係,爭取讓客戶盡快付款,一定要理直氣壯地維護自己的

合法權益,千萬不能求著他們解決問題,這樣更助長了他們的氣焰,我們可以透過各種溝通途徑,直至解決問題。

引導客戶成交對於參與的雙方最終目的直觀表現都是從中獲取各種收益,無論雙方的從商角度、經營性質、經營規模、社會地位差異如何,其根本的出發點都是為了獲得回報。我們要掌握經營客戶的精髓,就要了解人們在人際交往上的心態和目的,有效地使用催眠術技巧,我們真誠打動對方的同時,他們也會以熱情來回報我們。

經營穩定關係的愛情

想要獲得甜如蜜的愛情,我們就要了解愛情中的心理學。真正相愛的男女,不會咄咄逼人,不會公開表現出自己的愛情占有欲,都能互相尊重對方。美滿的愛情,要求我們把愛情只當作生活的一部分,而非全部。愛情在於精神上的和諧、心靈上的溝通,重視對方,不干涉對方的活動,但又不是漠不關心,而是為雙方的個人自由留有充分的餘地。

平淡無味的愛情會使雙方都感到厭倦;驚天動地的愛情難以持久;纏綿悱惻的愛情缺少真實。愛情需要技巧,愛情需要包容,愛情不僅受社會、思想、倫理等因素影響,也受許多複雜心理因素的制約。

我們要了解伴侶的心理,讀懂對方的心思。愛情也需要催眠術,也需要我們及時撫慰伴侶的心理,營造愛情的氛圍。掌握了愛情的玄機,會讓我們沉浸在愛和幸福的海洋裡。我們將愛情無私地給予對方,比向對方索取愛情更感歡欣,並以對方的幸福為滿足。在愛情中的男女在意的是雙方心理上的共鳴,而不是將自己作為對方的依附而存在。

戀愛中的心理引導

談戀愛就像打仗,整體講求策略,細節仰賴戰術。要發動「邱比特之箭」之前,首先得瞄準目標,選定一個主攻方向。這個對象必須是天時、地利、人和的理想人選。一心多用、同時追好幾個,往往容易出狀況:一來戰力分散,二來各處出招也容易讓人看穿企圖。不過我們也不是毫無備案,可以先把戀愛主線定在一個人身上,同時保留一些側翼支援的選項。這些備案角色平常不會啟動,是低調的潛在力量。但如果主戰場不順利,甚至陷入全軍覆沒的危機,就能馬上轉為強攻路線,不至於讓之前的努力全部泡湯,還能順勢從意外中獲得收穫。

談感情,別一頭熱,先觀察局勢。對方目前的生活重心在哪?人際狀況怎麼樣?有沒有明顯的情感歷程或偏好?先替對方的整體狀態做個定位,也順便評估一下自己可能帶來

的吸引力落點。對方重視什麼？在意什麼？我們手上有哪些優勢剛好能對得上？有沒有可能形成互補或共鳴？這些搞清楚了，才知道這場仗值不值得打、會不會有勝算。

情報一旦掌握得差不多，重點就是別拖。機會這種東西，晚一步就換人了。當我們決定要往前，就不能猶豫不決或縮手縮腳。該讓對方感覺到的存在感，要適時釋出，讓人有心理預期，也好做選擇。如果身邊還有其他競爭者，也無須正面交鋒，只要讓對方自然感受到我們的誠意與立場，有時對手就會自己知難而退。

一切準備好之後，接下來就是等一個時機。這時候拚的不是衝勁，而是判斷力。別急著猛攻，先試著放出一點善意的訊號，製造些自然的互動機會，看看對方的反應如何。觀察這段關係有沒有可能慢慢升溫。

如果對方有了回應，就可以慢慢加溫、拉近距離。萬一對方沒有反應，也不代表全盤皆輸，可以換個方式再試著互動，不急著表態，讓好感自然累積。

在這過程中，朋友的角色也很關鍵。透過朋友更理解對方的喜好、個性與顧慮，讓我們能更拿捏互動的分寸。當對一個人的關心不是一頭熱、不是強碰強追，對方的防備自然會慢慢放下。懂得對方的在意點，才有可能走進他願意打開的心防。

談感情有時像下棋,戰術上要靈活,策略上要沉得住氣。整體的節奏掌握得好,才不容易被牽著走。有些時候該先出招,有些時候則要等對方動一下再回應,主動權不在於誰先表白,而是誰能讓互動往對自己有利的方向前進。

至於說話這件事,不必每一句都講得太誠實。有些感受不必馬上攤開,有些立場可以先留白。太快說穿反而容易讓關係走偏。有時候,話說得剛剛好,比什麼都說更有效。

感情的進展不會一蹴可幾,多半是慢慢試出來、一步步拉近的。沒什麼必勝公式,但每一步下得細膩,就可能往我們想要的方向靠。

有時候,懂得退一步,反而更能往前走。不是每次靠近都要馬上見效,有些關係需要一點空間才能沉澱出方向。如果發現對方開始猶豫,最好的做法不是緊追不捨,而是適時讓出一點距離。別死纏爛打,那只會讓原本的好感變成壓力。讓對方有個緩衝的時間,也讓自己有機會重新調整節奏。

當主動靠近暫時卡住時,不妨換個方式繼續存在感,偶爾消失一下也未嘗不是一種提醒。有時候,比起正面表態,那種「好像退了、又沒退乾淨」的模糊感,反而更容易撩動對方的注意力。但這樣的操作得有分寸,過了就像玩弄,太明顯就變手段。

戀愛的進展有時快、有時慢,重點是彼此願不願意讓對方進一步靠近。偶爾的驚喜、一些出乎意料的小安排,確實

■ 第四章　實戰催眠—人際中的攻心策略

能讓關係升溫，但那是建立在有在觀察、有在理解對方的基礎上，而不是亂出奇招。如果努力很久還是沒結果，也要懂得收手。放手不代表輸，不用為了一個總是推開我們的人，把整副牌都打爛了。

◊ 防備情感詐騙

眾所周知，催眠的本質是心理暗示，是個內涵和形式極其豐富的過程。一個人讓異性愛上自己，其手段跟催眠差不多。一些情場老手深諳此道，和社會上那些以利益回報為主的詐騙不同，許多愛情騙子，用的是懾人心魄的「愛情催眠術」，一步步將善良而不設防的人們拖向深淵。

我們要防止那些利用愛情的幌子進行詐騙的催眠術，睜大眼睛，防備愛情騙子的催眠。從許多被愛情騙子騙財、騙色的人身上，我們可以看到，在情與法、真與假、索取與回報的糾纏之間，貪婪的「催眠獵手」是怎樣從意亂情迷的「被催眠獵物」身上獲取非法利益的。

人有時候就是這麼奇妙，對於那些還沒揭開的祕密，總會忍不住多看幾眼、多想幾層。有些人尤其容易因為一點線索，就開始腦補全貌。看到一個穿牛仔褲、背旅行包、掛著單眼相機、留著一頭有點性格的頭髮的男人，腦中立刻浮現出一整個故事情節──他應該經歷過感情低潮、跑過很多地方，說不定還藏著幾段無法言說的過去。

如果這個男人知道怎麼拿捏，他可能不需要多說什麼，就讓人忍不住對他產生投射與信任。他若再提幾句關於地方小鎮的街景，或是哪段在山裡遇雨的回憶，再加上一點若有似無的情緒轉折，氣氛馬上就出來了。但說到底，真正吸引人的從來不是故事本身，而是那種說一半、藏一半的神祕感。一旦這些細節被解釋得太清楚，想像的空間沒了，氣氛自然也就淡了

　　有一些愛情騙子會據此大耍催眠術，他們大多明白人心深處的需求：喜歡被讚美、喜歡被奉承、喜歡被當作最好看的、喜歡被人視為獨一無二的、喜歡被保護……於是，在遇到他們的被獵對象之初，愛情催眠騙子最願意花力氣的，是他們的嘴上功夫，極盡吹捧對方，很快就讓對方產生幾乎不可自拔的好感，尤其是孤獨的、寂寞的、正經歷情感傷害的人。他們最常用的手段是向對方表達愛慕：用口頭、信函、簡訊、鮮花、小禮物等等。因此，提醒讀者，不要被這種愛情騙子所催眠，保持清醒的頭腦，不要被所謂的愛情麻醉了思維。

　　愛情騙子大多非常注重修飾和著裝，表現出對生活享受有很高的情調，尤其是對中年以上、有過不少情愛經歷的獵物對象，他們深懂如何以自己的迷人的姿態、語調、華服等包裝吸引對方。

　　利用催眠術作惡的愛情騙子不分男女。如今的網路聊天風行社會，徜徉在網路裡利用催眠術的愛情騙子，要麼裝扮

成學識淵博的文人墨客；要麼就把自己裝扮成事業有成的企業家；要麼把自己裝扮成愛情至上，但卻**屢屢遭受愛情挫折的人**……

人性深處是容易被觸動的。但生活中，不能因為人心深處的軟弱而失去自我保護的社會常識，尤其是：天下沒有白吃的午餐，不要隨便向別人付出什麼。在這方面，不要濫用自己的同情心、自我保護是人生的智慧。

如今的愛情騙子是又騙錢財又騙色，對方真的是那麼好，那麼優秀嗎？很多人都會相信對方說的一切都是真的。儘管有的人會向親朋好友徵詢一下意見，但是，對於深陷愛情幻想泥潭的人來說，要保持清醒的頭腦已經是不可能的了。最終，迫切想見到對方，讓自己的眼睛來做判斷的欲望占了上風，隨之騙局就進入了高潮。

或許騙子最終會被繩之以法，失去的錢財部分可以追回，但肉體和心靈上的傷害卻會伴隨一生。愛情騙子的催眠術和心理操縱術之高超和可怕，所以我們在戀愛時要睜大雙眼，辨識善良和醜陋的不同，不要盲目對待愛情。

愛，本來就是一件千迴百轉的事。其實，仔細想想，我們的身邊是不是有我們的愛情呢？如果在我們的生活中有這樣的人存在，就不要放棄他，不要追求虛無縹緲的愛情，不要嘗試飛蛾撲火，不要因為年輕就揮霍愛情。該放手的時候

不要猶豫，不要讓難以放手的人一次又一次傷害我們。很多時候我們以為愛的是那個人，其實我們只是愛上了懂得愛情催眠的那個人。

愛情催眠術，催眠著我們的愛情，日常生活中有許多非常優秀的人，卻找不到合適另一半，而一些很多條件一般的人，找到的另一半卻讓人人羨慕，原因是什麼呢？睜大我們的雙眼，了解和正確使用真正的愛情催眠術，我們也會實現這一夢想！

國家圖書館出版品預行編目資料

人際「催眠」術，現代人最該學的溝通法：有意識、無意識、下意識、潛意識，都蘊含著內心的真實意思！掌握看不見的心理節奏，才能真正改變關係 / 張祥斌 編著 . -- 第一版 . -- 臺北市：財經錢線文化事業有限公司, 2025.08
面； 公分
POD 版
ISBN 978-626-408-337-9(平裝)
1.CST: 催眠術 2.CST: 人際關係
175.8　　　　　　　　　114010263

人際「催眠」術，現代人最該學的溝通法：有意識、無意識、下意識、潛意識，都蘊含著內心的真實意思！掌握看不見的心理節奏，才能真正改變關係

編　　著：張祥斌
發 行 人：黃振庭
出 版 者：財經錢線文化事業有限公司
發 行 者：崧燁文化事業有限公司
E - m a i l：sonbookservice@gmail.com
粉 絲 頁：https://www.facebook.com/sonbookss/
網　　址：https://sonbook.net/
地　　址：台北市中正區重慶南路一段 61 號 8 樓
8F., No.61, Sec. 1, Chongqing S. Rd., Zhongzheng Dist., Taipei City 100, Taiwan
電　　話：(02) 2370-3310　　傳　　真：(02) 2388-1990
印　　刷：京峯數位服務有限公司
律師顧問：廣華律師事務所 張珮琦律師

-版權聲明-
本書版權為作者所有授權財經錢線文化事業有限公司獨家發行電子書及繁體書繁體字版。若有其他相關權利及授權需求請與本公司聯繫。
未經書面許可，不可複製、發行。

定　　價：450 元
發行日期：2025 年 08 月第一版
◎本書以 POD 印製